Diogenes Taschenbuch 20983

de
te
be

Thomas Mann

Meister-erzählungen

Herausgegeben von Gerd Haffmans

Diogenes

Die Erzählungen dieses Bandes
sind der Stockholmer Gesamtausgabe
der Werke von Thomas Mann entnommen

Die Jahreszahlen am Schluß der Erzählungen
nennen die Erstveröffentlichung
Umschlag: Anton Räderscheidt, Junge Ehe (Ausschnitt)
Frontispiz: Thomas Mann im Alter
von einunddreißig Jahren

Lizenzausgabe mit freundlicher Genehmigung
des S. Fischer Verlags, Frankfurt am Main

30/83/29/2
ISBN 3 257 20983 5

Inhalt

Der Bajazzo

Nach allem zum Schluß und als würdiger Ausgang, in der Tat, alles dessen ist es nun der Ekel, den mir das Leben – mein Leben –, den mir ›alles das‹ und ›das Ganze‹ einflößt, dieser Ekel, der mich würgt, mich aufjagt, mich schüttelt und wieder niederwirft und der mir vielleicht über kurz oder lang einmal die notwendige Schwungkraft geben wird, die ganze lächerliche und nichtswürdige Angelegenheit überm Knie zu zerbrechen und mich auf und davon zu machen. Sehr möglich immerhin, daß ich es noch diesen und den anderen Monat treibe, daß ich noch ein Viertel- oder Halbjahr fortfahre zu essen, zu schlafen und mich zu beschäftigen, – in derselben mechanischen, wohlgeregelten und ruhigen Art, in der mein äußeres Leben während dieses Winters verlief und die mit dem wüsten Auflösungsprozeß meines Innern in entsetzlichem Widerstreite stand. Scheint es nicht, daß die inneren Erlebnisse eines Menschen desto stärker und angreifender sind, je degagierter, weltfremder und ruhiger er äußerlich lebt? Es hilft nichts: man muß leben; und wenn du dich wehrst, ein Mensch der Aktion zu sein, und dich in die friedlichste Einöde zurückziehst, so werden die Wechselfälle des Daseins dich innerlich überfallen, und du wirst deinen Charakter in ihnen zu bewähren haben, seiest du nun ein Held oder ein Narr.

Ich habe mir dies reinliche Heft bereitet, um meine ›Geschichte‹ darin zu erzählen: warum eigentlich? Vielleicht, um überhaupt etwas zu tun zu haben? Aus Lust am Psychologischen vielleicht und um mich an der Notwendigkeit alles dessen zu laben? Die Notwendigkeit ist so tröstlich! Vielleicht auch, um auf Augenblicke eine Art von Überlegenheit über mich selbst und etwas wie Gleichgültigkeit zu genießen? – Denn Gleichgültigkeit, ich weiß, das wäre eine Art von Glück.

I

Sie liegt so weit dahinten, die kleine, alte Stadt mit ihren schmalen, winkeligen und giebeligen Straßen, ihren gotischen Kirchen und Brunnen, ihren betriebsamen, soliden und einfachen Menschen und dem großen, altersgrauen Patrizierhause, in dem ich aufgewachsen bin.

Das lag inmitten der Stadt und hatte vier Generationen von vermögenden und angesehenen Kaufleuten überdauert. »Ora et labora« stand über der Haustür, und wenn man von der weiten, steinernen Diele, um die sich oben eine Galerie aus weißlackiertem Holze zog, die breite Treppe hinangestiegen war, so mußte man noch einen weitläufigen Vorplatz und eine kleine, dunkle Säulenhalle durchschreiten, um durch eine der hohen, weißen Türen in das Wohnzimmer zu gelangen, wo meine Mutter am Flügel saß und spielte.

Sie saß im Dämmerlicht, denn vor den Fenstern befanden sich schwere, dunkelrote Vorhänge; und die weißen Götterfiguren der Tapete schienen plastisch aus ihrem blauen Hintergrund hervorzutreten und zu lauschen auf diese schweren, tiefen Anfangstöne eines Chopin'schen Notturnos, das sie vor allem liebte und stets sehr langsam spielte, wie um die Melancholie eines jeden Akkordes auszugenießen. Der Flügel war alt und hatte an Klangfülle eingebüßt, aber mit dem Pianopedal, welches die hohen Töne so verschleierte, daß sie an mattes Silber erinnerten, konnte man die seltsamsten Wirkungen erzielen.

Ich saß auf dem massigen, steiflehnigen Damastsofa und lauschte und betrachtete meine Mutter. Sie war klein und zart gebaut und trug meistens ein Kleid aus weichem, hellgrauem Stoff. Ihr schmales Gesicht war nicht schön, aber es war unter dem gescheitelten, leichtgewellten Haar von schüchternem Blond wie ein stilles, zartes, verträumtes Kinderantlitz, und wenn sie, den Kopf ein wenig zur Seite geneigt, am Klaviere saß, so glich sie den kleinen, rührenden Engeln, die sich auf alten Bildern oft zu Füßen der Madonna mit der Gitarre bemühen.

Als ich klein war, erzählte sie mir mit ihrer leisen und zurückhaltenden Stimme oft Märchen, wie sonst niemand sie kannte; oder sie legte auch einfach ihre Hände auf meinen Kopf, der in ihrem Schoße lag, und saß schweigend und unbeweglich. Mich dünkt, das waren die glücklichsten und friedevollsten Stunden meines Lebens. – Ihr Haar wurde nicht grau, und sie schien mir nicht älter zu werden; ihre Gestalt ward nur beständig zarter und ihr Gesicht schmaler, stiller und verträumter.

Mein Vater aber war ein großer und breiter Herr in feinem schwarzen Tuchrock und weißer Weste, auf der ein goldenes Binokel hing. Zwischen seinen kurzen, eisgrauen Koteletten trat das Kinn, das wie die Oberlippe glattrasiert war, rund und stark hervor, und zwischen seinen Brauen standen stets zwei tiefe, senkrechte Falten. Es war ein mächtiger Mann von großem Einfluß auf die öffentlichen Angelegenheiten; ich habe Menschen ihn mit fliegendem Atem und leuchtenden Augen verlassen sehen und andere, die gebrochen und ganz verzweifelt waren. Denn es geschah zuweilen, daß ich und auch wohl meine Mutter und meine beiden älteren Schwestern solchen Szenen beiwohnten; vielleicht, weil mein Vater mir Ehrgeiz einflößen wollte, es so weit in der Welt zu bringen wie er; vielleicht auch, wie ich argwöhne, weil er eines Publikums bedurfte. Er hatte eine Art, an seinen Stuhl gelehnt und die eine Hand in den Rockaufschlag geschoben, dem beglückten oder vernichteten Menschen nachzublicken, die mich schon als Kind diesen Verdacht empfinden ließ.

Ich saß in einem Winkel und betrachtete meinen Vater und meine Mutter, wie als ob ich wählte zwischen beiden und mich bedächte, ob in träumerischem Sinnen oder in Tat und Macht das Leben besser zu verbringen sei. Und meine Augen verweilten am Ende auf dem stillen Gesicht meiner Mutter.

2

Nicht daß ich in meinem äußeren Wesen ihr gleich gewesen wäre, denn meine Beschäftigungen waren zu einem großen Teile durchaus nicht still und geräuschlos. Ich denke an eine davon, die ich dem Verkehr mit Altersgenossen und ihren Arten von Spiel mit Leidenschaft vorzog und die mich noch jetzt, da ich beiläufig dreißig Jahre zähle, mit Heiterkeit und Vergnügen erfüllt.

Es handelte sich um ein großes und wohlausgestattetes Puppentheater, mit dem ich mich ganz allein in meinem Zimmer einschloß, um die merkwürdigsten Musikdramen darauf zur Aufführung zu bringen. Mein Zimmer, das im zweiten Stocke lag und in dem zwei dunkle Vorfahrenporträts mit Wallensteinbärten hingen, ward verdunkelt und eine Lampe neben das Theater gestellt; denn die künstliche Beleuchtung erschien zur Erhöhung der Stimmung erforderlich. Ich nahm unmittelbar vor der Bühne Platz, denn ich war der Kapellmeister, und meine linke Hand ruhte auf einer großen runden Pappschachtel, die das einzige sichtbare Orchesterinstrument ausmachte.

Es trafen nunmehr die mitwirkenden Künstler ein, die ich selbst mit Tinte und Feder gezeichnet, ausgeschnitten und mit Holzleisten versehen hatte, so daß sie stehen konnten. Es waren Herren in Überziehern und Zylindern und Damen von großer Schönheit.

»Guten Abend«, sagte ich, »meine Herrschaften! Wohlauf allerseits? Ich bin bereits zur Stelle, denn es waren noch einige Anordnungen zu treffen. Aber es wird an der Zeit sein, sich in die Garderoben zu begeben.«

Man begab sich in die Garderoben, die hinter der Bühne lagen, und man kehrte bald darauf gänzlich verändert und als bunte Theaterfiguren zurück, um sich durch das Loch, das ich in den Vorhang geschnitten hatte, über die Besetzung des Hauses zu unterrichten. Das Haus war in der Tat nicht übel besetzt, und ich gab mir das Klingelzeichen zum Beginn der Vorstellung, worauf ich den Taktstock erhob und ein Weilchen die große Stille genoß, die dieser Wink hervorrief. Alsbald jedoch ertönte auf eine neue Bewegung hin der ahnungsvoll dumpfe Trommelwirbel, der den Anfang der Ouvertüre bildete und den ich mit der linken Hand auf der Pappschachtel vollführte, – die Trompeten, Klarinetten und Flöten, deren Toncharakter ich mit dem Munde auf unvergleichliche Weise nachahmte, setzten ein, und die Musik spielte fort, bis bei einem machtvollen Crescendo der Vorhang emporrollte und in dunklem Wald oder prangendem Saal das Drama begann.

Es war vorher in Gedanken entworfen, mußte aber im einzelnen improvisiert werden, und was an leidenschaftlichen und süßen Gesängen erscholl, zu denen die Klarinetten trillerten und die Pappschachtel grollte, das waren seltsame, volltönende Verse, die voll großer und kühner Worte steckten und sich zuweilen reimten, einen verstandesmäßigen Inhalt jedoch selten ergaben. Die Oper aber nahm ihren Fortgang, während ich mit der linken Hand trommelte, mit dem Munde sang und musizierte und mit der Rechten nicht nur die darstellenden Figuren, sondern auch alles übrige aufs umsichtigste dirigierte, so daß nach den Aktschlüssen begeisterter Beifall erscholl, der Vorhang wieder und wieder sich öffnen mußte und es manchmal nötig war, daß der Kapellmeister sich auf seinem Sitze wendete und auf stolze zugleich und geschmeichelte Art in die Stube hinein dankte.

Wahrhaftig, wenn ich nach solch einer anstrengenden Aufführung mit heißem Kopf mein Theater zusammenpackte, so erfüllte mich eine glückliche Mattigkeit, wie ein starker Künstler sie empfinden muß, der ein Werk, an das er sein bestes Können gesetzt, siegreich vollendete. – Dieses Spiel blieb bis zu meinem dreizehnten oder vierzehnten Jahre meine Lieblingsbeschäftigung.

3

Wie verging doch meine Kindheit und Knabenzeit in dem großen Hause, in dessen unteren Räumen mein Vater seine Geschäfte leitete, während oben meine Mutter in einem Lehnsessel träumte oder leise und nachdenklich Klavier spielte und meine beiden Schwestern, die zwei und drei Jahre älter waren als ich, in der Küche und an den Wäscheschränken hantierten? Ich erinnere mich an so weniges.

Feststeht, daß ich ein ungeheuer muntrer Junge war, der bei seinen Mitschülern durch bevorzugte Herkunft, durch mustergültige Nachahmung der Lehrer, durch tausend Schauspielerstückchen und durch eine Art überlegener Redensarten sich Respekt und Beliebtheit zu verschaffen wußte. Beim Unterricht aber erging es mir übel, denn ich war zu tief beschäftigt damit, die Komik aus den Bewegungen der Lehrer herauszufinden, als daß ich auf das übrige hätte aufmerksam sein können, und zu Hause war mir der Kopf zu voll von Opernstoffen, Versen und buntem Unsinn, als daß ich ernstlich imstande gewesen wäre, zu arbeiten.

»Pfui«, sagte mein Vater, und die Falten zwischen seinen Brauen vertieften sich, wenn ich ihm nach dem Mittagessen mein Zeugnis ins Wohnzimmer gebracht und er das Papier, die Hand im Rockaufschlag, durchlesen hatte. – »Du machst mir wenig Freude, das ist wahr. Was soll aus dir werden, wenn du die Güte haben willst, mir das zu sagen? Du wirst im Leben niemals an die Oberfläche gelangen.«

Das war betrübend; allein es hinderte nicht, daß ich bereits nach dem Abendessen den Eltern und Schwestern ein Gedicht vorlas, das ich während des Nachmittags geschrieben. Mein Vater lachte dabei, daß sein Pincenez auf der weißen Weste hin und her sprang. – »Was für Narrenpossen!« rief er einmal über das andere. Meine Mutter aber zog mich zu sich, strich mir das Haar aus der Stirn und sagte: »Es ist gar nicht schlecht, mein Junge, ich finde, daß ein paar hübsche Stellen darin sind.«

Später, als ich noch ein wenig älter war, erlernte ich auf eigene Hand eine Art von Klavierspiel. Ich begann damit, in Fis-Dur Akkorde zu greifen, weil ich die schwarzen Tasten besonders reizvoll fand, suchte mir Übergänge zu anderen Tonarten und gelangte allmählich, da ich lange Stunden am Flügel verbrachte, zu einer gewissen Fertigkeit im takt- und melodielosen Wechsel von Harmonien, wobei ich in dies mystische Gewoge so viel Ausdruck legte wie nur immer möglich.

Meine Mutter sagte: »Er hat einen Anschlag, der Geschmack verrät.« Und sie veranlaßte, daß ich Unterricht erhielt, der während eines halben Jahres fortgesetzt wurde, denn ich war wirklich nicht dazu angetan, den gehörigen Fingersatz und Takt zu erlernen. –

Nun, die Jahre vergingen, und ich wuchs trotz der Sorgen, die mir die Schule bereitete, ungemein fröhlich heran. Ich bewegte mich heiter und beliebt im Kreise meiner Bekannten und Verwandten, und ich war gewandt und liebenswürdig aus Lust daran, den Liebenswürdigen zu spielen, obgleich ich alle diese Leute, die trocken und phantasielos waren, aus einem Instinkt heraus zu verachten begann.

4

Eines Nachmittags, als ich etwa achtzehn Jahre alt war und an der Schwelle der hohen Schulklassen stand, belauschte ich ein kurzes Zwiegespräch zwischen meinen Eltern, die im Wohnzimmer an dem runden Sofatisch beisammensaßen und nicht wußten, daß ich im anliegenden Speisezimmer tatenlos im Fenster lag und über den Giebelhäusern den blassen Himmel betrachtete. Als ich meinen Namen verstand, trat ich leise an die weiße Flügeltür, die halb offenstand.

Mein Vater saß in seinen Sessel zurückgelehnt, ein Bein über das andere geschlagen, und hielt mit der einen Hand das Börsenblatt auf den Knien, während er mit der anderen langsam zwischen den Koteletten sein Kinn streichelte. Meine Mutter saß auf dem Sofa und hatte ihr stilles Gesicht über eine Stickerei geneigt. Die Lampe stand zwischen beiden.

Mein Vater sagte: »Ich bin der Meinung, daß wir ihn demnächst aus der Schule entfernen und in ein großangelegtes Geschäft in die Lehre tun.«

»Oh«, sagte meine Mutter ganz betrübt und blickte auf. »Ein so begabtes Kind!«

Mein Vater schwieg einen Augenblick, während er mit Sorgfalt eine Staubfaser von seinem Rocke blies.

Dann hob er die Achseln empor, breitete die Arme aus, indem er meiner Mutter beide Handflächen entgegenhielt, und sagte:

»Wenn du annimmst, meine Liebe, daß zu der Tätigkeit eines Kaufmanns keinerlei Begabung gehört, so ist diese Auffassung eine irrige. Andererseits bringt es der Junge, wie ich zu meinem Leidwesen mehr und mehr erkennen muß, auf der Schule schlechterdings zu nichts. Seine Begabung, von der du sprichst, ist eine Art von Bajazzobegabung, wobei ich mich beeile, hinzuzufügen, daß ich dergleichen durchaus nicht unterschätze. Er kann liebenswürdig sein, wenn er Lust hat, er versteht es, mit den Leuten umzugehen, sie zu amüsieren, ihnen zu schmeicheln, er hat das Bedürfnis, ihnen zu gefallen und Erfolge zu erzielen; mit derartiger Veranlagung hat bereits mancher sein Glück gemacht, und mit ihr ist er angesichts seiner sonstigen Indifferenz zum Handelsmann größeren Stils relativ geeignet.«

Hier lehnte mein Vater sich befriedigt zurück, nahm eine Zigarette aus dem Etui und setzte sie langsam in Brand.

»Du hast sicherlich recht«, sagte meine Mutter und blickte wehmütig im Zimmer umher. »Ich habe nur oftmals geglaubt und gewissermaßen gehofft, es könne einmal ein Künstler aus ihm werden ... Es ist wahr, auf sein musikalisches Talent, das unausgebildet geblieben ist, darf wohl kein Gewicht gelegt werden; aber hast du bemerkt, daß er sich neuerdings, seitdem er die kleine Kunstausstellung besuchte, ein wenig mit Zeichnen beschäftigt? Es ist gar nicht schlecht, dünkt mich ...«

Mein Vater blies den Rauch von sich, setzte sich im Sessel zurecht und sagte kurz:

»Das alles ist Clownerie und Blague. Im übrigen kann man, wie billig, ihn selbst ja nach seinen Wünschen fragen.«

Nun, was sollte wohl ich für Wünsche haben? Die Aussicht auf Veränderung meines äußeren Lebens wirkte durchaus erheiternd auf mich, ich erklärte mich ernsten Angesichtes bereit, die Schule zu verlassen, um Kaufmann zu werden, und trat in das große Holzgeschäft des Herrn Schlievogt, unten am Fluß, als Lehrling ein.

5

Die Veränderung war ganz äußerlich, das versteht sich. Mein Interesse für das große Holzgeschäft des Herrn Schlievogt war ungemein geringfügig, und ich saß auf meinem Drehsessel unter der Gasflamme in dem engen und dunklen Kontor so fremd und abwesend wie ehemals auf der Schulbank. Ich hatte weniger Sorgen nunmehr; darin bestand der Unterschied.

Herr Schlievogt, ein beleibter Mensch mit rotem Gesicht und grauem, hartem Schifferbart, kümmerte sich wenig um mich, da er sich meistens in der Sägemühle aufhielt, die ziemlich weit von Kontor und Lagerplatz entfernt lag, und die Angestellten des Geschäftes behandelten mich mit Respekt. In freundschaftlichem Verkehr stand ich nur mit einem von ihnen, einem begabten und vergnügten jungen Menschen aus guter Familie, den ich auf der Schule bereits gekannt hatte und der übrigens Schilling hieß. Er mokierte sich gleich mir über alle Welt, legte jedoch nebenher ein eifriges

Interesse für den Holzhandel an den Tag und verfehlte an keinem Tage, den bestimmten Vorsatz zu äußern, auf irgendeine Weise ein reicher Mann zu werden.

Ich meinesteils erledigte mechanisch meine notwendigen Angelegenheiten, um im übrigen auf dem Lagerplatz zwischen den Bretterstapeln und den Arbeitern umherzuschlendern, durch das hohe Holzgitter den Fluß zu betrachten, an dem dann und wann ein Güterzug vorüberrollte, und dabei an eine Theateraufführung oder an ein Konzert zu denken, dem ich beigewohnt, oder an ein Buch, das ich gelesen.

Ich las viel, las alles, was mir erreichbar war, und meine Eindrucksfähigkeit war groß. Jede dichterische Persönlichkeit verstand ich mit dem Gefühl, glaubte in ihr mich selbst zu erkennen und dachte und empfand so lange in dem Stile eines Buches, bis ein neues seinen Einfluß auf mich ausgeübt hatte. In meinem Zimmer, in dem ich ehemals mein Puppentheater aufgebaut hatte, saß ich nun mit einem Buch auf den Knien und blickte zu den beiden Vorfahrenbildern empor, um den Tonfall der Sprache nachzugenießen, der ich mich hingegeben hatte, während ein unfruchtbares Chaos von halben Gedanken und Phantasiebildern mich erfüllte . . .

Meine Schwestern hatten sich kurz nacheinander verheiratet, und ich ging, wenn ich nicht im Geschäft war, oft ins Wohnzimmer hinunter, wo meine Mutter, die ein wenig kränkelte und deren Gesicht stets kindlicher und stiller wurde, nun meistens ganz einsam saß. Wenn sie mir Chopin vorgespielt und ich ihr einen neuen Einfall von Harmonienverbindung gezeigt hatte, fragte sie mich wohl, ob ich zufrieden in meinem Berufe und glücklich sei . . . Kein Zweifel, daß ich glücklich war.

Ich war nicht viel älter als zwanzig Jahre, meine Lebenslage war nichts als provisorisch, und der Gedanke war mir nicht fremd, daß ich ganz und gar nicht gezwungen sei, mein Leben bei Herrn Schlievogt oder in einem Holzgeschäfte noch größeren Stils zu verbringen, daß ich mich eines Tages frei machen könne, um die giebelige Stadt zu verlassen und irgendwo in der Welt meinen Neigungen zu leben: gute und feingeschriebene Romane zu lesen, ins Theater zu gehen, ein wenig Musik zu machen ... Glücklich? Aber ich speiste vorzüglich, ich ging aufs beste gekleidet, und früh bereits, wenn ich etwa während meiner Schulzeit gesehen hatte, wie arme und schlecht gekleidete Kameraden sich gewohnheitsmäßig duckten und mich und meinesgleichen mit einer Art schmeichlerischer Scheu willig als Herren und Tonangebende anerkannten, war ich mir mit Heiterkeit bewußt gewesen, daß ich zu den Oberen, Reichen, Beneideten gehörte, die nun einmal das Recht haben, mit wohlwollender Verachtung auf die Armen, Unglücklichen und Neider hinabzublicken. Wie sollte ich nicht glücklich sein? Mochte alles seinen Gang gehen. Fürs erste hatte es seinen Reiz, sich fremd, überlegen und heiter unter diesen Verwandten und Bekannten zu bewegen, über deren Begrenztheit ich mich mokierte, während ich ihnen, aus Lust daran, zu gefallen, mit gewandter Liebenswürdigkeit begegnete und mich wohlgefällig in dem unklaren Respekte sonnte, den alle diese Leute vor meinem Sein und Wesen erkennen ließen, weil sie mit Unsicherheit etwas Oppositionelles und Extravagantes darin vermuteten.

6

Es begann eine Veränderung mit meinem Vater vor sich zu gehen. Wenn er um vier Uhr zu Tische kam, so schienen die Falten zwischen seinen Brauen täglich tiefer, und er schob nicht mehr mit einer imposanten Gebärde die Hand in den Rockaufschlag, sondern zeigte ein gedrücktes, nervöses und scheues Wesen. Eines Tages sagte er zu mir:

»Du bist alt genug, die Sorgen, die meine Gesundheit untergraben, mit mir zu teilen. Übrigens habe ich die Verpflichtung, dich mit ihnen bekannt zu machen, damit du dich über deine künftige Lebenslage keinen falschen Erwartungen hingibst. Du weißt, daß die Heiraten deiner Schwestern beträchtliche Opfer gefordert haben. Neuerdings hat die Firma Verluste erlitten, welche geeignet waren, das Vermögen erheblich zu reduzieren. Ich bin ein alter Mann, fühle mich entmutigt und glaube nicht, daß an der Sachlage Wesentliches zu ändern sein wird. Ich bitte dich, zu bemerken, daß du auf dich selbst gestellt sein wirst . . .«

Dies sprach er zwei Monate etwa vor seinem Tode. Eines Tages fand man ihn gelblich, gelähmt und lallend in dem Armsessel seines Privatkontors, und eine Woche darauf nahm die ganze Stadt an seinem Begräbnis teil.

Meine Mutter saß zart und still auf dem Sofa an dem runden Tische im Wohnzimmer, und ihre Augen waren meist geschlossen. Wenn meine Schwestern und ich uns um sie bemühten, so nickte sie vielleicht und lächelte, worauf sie fortfuhr, zu schweigen und regungslos, die Hände im Schoße gefaltet, mit einem großen, fremden und traurigen Blick eine Götterfigur der Tapete zu betrachten. Wenn die Herren in Gehröcken kamen, um über den Verlauf der Liquidation Bericht zu erstatten, so nickte sie gleichfalls und schloß aufs neue die Augen.

Sie spielte nicht mehr Chopin, und wenn sie hie und da leise über den Scheitel strich, so zitterte ihre blasse, zarte und müde Hand. Kaum ein halbes Jahr nach meines Vaters Tode legte sie sich nieder, und sie starb, ohne einen Wehelaut, ohne einen Kampf um ihr Leben ...

Nun war das alles zu Ende. Was hielt mich eigentlich am Orte? Die Geschäfte waren erledigt worden, gehe es gut oder schlecht, es ergab sich, daß auf mich ein Erbteil von ungefähr hunderttausend Mark gefallen war, und das genügte, um mich unabhängig zu machen – von aller Welt, um so mehr als man mich aus irgendeinem gleichgültigen Grunde für militäruntüchtig erklärt hatte.

Nichts verband mich länger mit den Leuten, zwischen denen ich aufgewachsen war, deren Blicke mich stets fremder und erstaunter betrachteten und deren Weltanschauung zu einseitig war, als daß ich geneigt gewesen wäre, mich ihr zu fügen. Zugegeben, daß sie mich richtig kannten, und zwar als ausgemacht unnützlichen Menschen, so kannte auch ich mich. Aber skeptisch und fatalistisch genug, um – mit dem Worte meines Vaters – meine »Bajazzobegabung« von der heiteren Seite zu nehmen, und fröhlich gewillt, das Leben auf meine Art zu genießen, fehlte mir nichts an Selbstzufriedenheit.

Ich erhob mein kleines Vermögen, und beinahe ohne mich zu verabschieden, verließ ich die Stadt, um mich vorerst auf Reisen zu begeben.

7

Dieser drei Jahre, die nun folgten und in denen ich mich mit begieriger Empfänglichkeit tausend neuen, wechselnden, reichen Eindrücken hingab, erinnere ich mich wie eines schönen, fernen Traumes. Wie lange ist es her, daß ich bei den Mönchen auf dem Simplon zwischen Schnee und Eis ein Neujahrsfest verbrachte; daß ich zu Verona über die Piazza Erbe schlenderte; daß ich vom Borgo San Spirito aus zum ersten Male unter die Kolonnaden von Sankt Peter trat und meine eingeschüchterten Augen sich auf dem ungeheuren Platze verloren; daß ich vom Corso Vittorio Emanuele über das weißschimmernde Neapel hinabblickte und fern im Meere die graziöse Silhouette von Capri in blauem Dunst verschwimmen sah ... Es sind in Wirklichkeit sechs Jahre und nicht viel mehr.

Oh, ich lebte vollkommen vorsichtig und meinen Verhältnissen entsprechend: in einfachen Privatzimmern, in wohlfeilen Pensionen; – bei dem häufigen Ortswechsel aber, und weil es mir anfangs schwerfiel, mich meiner gutbürgerlichen Gewohnheiten zu entwöhnen, waren größere Ausgaben gleichwohl nicht zu vermeiden. Ich hatte mir für die Zeit meiner Wanderungen fünfzehntausend Mark meines Kapitals ausgesetzt; diese Summe freilich ward überschritten.

Übrigens befand ich mich wohl unter den Leuten, mit denen ich unterwegs hier und da in Berührung kam, uninteressierte und sehr interessierte Existenzen oft, denen ich allerdings nicht wie meiner ehemaligen Umgebung ein Gegenstand des Respekts war, aber von denen ich auch keine befremdeten Blicke und Fragen zu befürchten hatte.

Mit meiner Art von gesellschaftlicher Begabung erfreute ich mich in Pensionen zuweilen aufrichtiger Beliebtheit bei der übrigen Reisegesellschaft, – wobei ich mich einer Szene im Salon der Pension Minelli zu Palermo erinnere. In einem Kreise von Franzosen verschiedenen Alters hatte ich am Pianino von ungefähr begonnen, mit großem Aufwand von tragischem Mienenspiel, deklamierendem Gesang und rollenden Harmonien ein Musikdrama »von Richard Wagner« zu improvisieren, und ich hatte soeben unter ungeheurem Beifall geschlossen, als ein alter Herr auf mich zueilte, der beinahe kein Haar mehr auf dem Kopfe hatte und dessen weiße, spärliche Koteletten auf seine graue Reisejoppe hinabflatterten. Er ergriff meine beiden Hände und rief mit Tränen in den Augen:

»Aber das ist erstaunlich! Das ist erstaunlich, mein teurer Herr! Ich schwöre Ihnen, daß ich mich seit dreißig Jahren nicht mehr so köstlich unterhalten habe! Ah, Sie gestatten, daß ich Ihnen aus vollem Herzen danke, nicht wahr! Aber es ist nötig, daß Sie Schauspieler oder Musiker werden!«

Es ist wahr, daß ich bei solchen Gelegenheiten etwas von dem genialen Übermut eines großen Malers empfand, der im Freundeskreise sich herbeiließ, eine lächerliche zugleich und geistreiche Karikatur auf die Tischplatte zu zeichnen. Nach dem Diner aber begab ich mich allein in den Salon zurück und verbrachte eine einsame und wehmütige Stunde damit, dem Instrumente getragene Akkorde zu entlocken, in die ich die Stimmung zu legen glaubte, die der Anblick Palermos in mir erweckt.

Ich hatte von Sizilien aus Afrika ganz flüchtig

berührt, war alsdann nach Spanien gegangen, und dort, in der Nähe von Madrid, auf dem Lande war es, im Winter, an einem trüben, regnerischen Nachmittage, als ich zum ersten Male den Wunsch empfand, nach Deutschland zurückzukehren, – und die Notwendigkeit obendrein. Denn abgesehen davon, daß ich begann, mich nach einem ruhigen, geregelten und ansässigen Leben zu sehnen, war es nicht schwer, mir auszurechnen, daß bis zu meiner Ankunft in Deutschland bei aller Einschränkung zwanzigtausend Mark verausgabt sein würden.

Ich zögerte nicht allzulange, den langsamen Rückweg durch Frankreich anzutreten, auf den ich bei längerem Aufenthalt in einzelnen Städten annähernd ein halbes Jahr verwendete, und ich erinnere mich mit wehmütiger Deutlichkeit des Sommerabends, an dem ich in den Bahnhof der mitteldeutschen Residenzstadt einfuhr, die ich mir beim Beginn meiner Reise bereits ausersehen hatte, – ein wenig unterrichtet nunmehr, mit einigen Erfahrungen und Kenntnissen versehen und ganz voll von einer kindlichen Freude, mir hier, in meiner sorglosen Unabhängigkeit und gern meinen bescheidenen Mitteln gemäß, nun ein ungestörtes und beschauliches Dasein gründen zu können.

Damals war ich fünfundzwanzig Jahre alt.

8

Der Platz war nicht übel gewählt. Es ist eine ansehnliche Stadt, noch ohne allzu lärmenden Großstadttrubel und allzu anstößiges Geschäftstreiben, mit einigen ziemlich beträchtlichen alten Plätzen andererseits und einem Straßenleben, das weder der Lebhaftigkeit noch zum Teile der Eleganz entbehrt. Die Umgebung besitzt mancherlei angenehme Punkte; aber ich habe stets die geschmackvoll angelegte Promenade bevorzugt, die sich auf dem ›Lerchenberge‹ hinzieht, einem schmalen und langgestreckten Hügel, an den ein großer Teil der Stadt sich lehnt und von dem man einen weiten Ausblick über Häuser, Kirchen und den weich geschlängelten Fluß hinweg ins Freie genießt. An einigen Punkten, und besonders, wenn an schönen Sommernachmittagen eine Militärkapelle konzertiert und Equipagen und Spaziergänger sich hin und her bewegen, wird man dort an den Pincio erinnert. – Aber ich werde dieser Promenade noch zu erwähnen haben ...

Niemand glaubt, mit welchem umständlichen Vergnügen ich mir das geräumige Zimmer herrichtete, das ich nebst anstoßender Schlafkammer etwa inmitten der Stadt, in belebter Gegend gemietet hatte. Die elterlichen Möbel waren zwar zum größten Teil in den Besitz meiner Schwestern übergegangen, indessen war mir immerhin zugefallen, was ich gebrauchte: stattliche und gediegene Dinge, die zusammen mit meinen Büchern und den beiden Vorfahrenporträts eintrafen; vor allem aber der alte Flügel, den meine Mutter für mich bestimmt hatte.

In der Tat, als alles aufgestellt und geordnet war, als die Photographien, die ich auf Reisen gesammelt, alle Wände sowie den schweren Mahagonischreibtisch und die bauchige Kommode schmückten, und als ich mich, fertig und geborgen, in einem Lehnsessel am Fenster niederließ, um abwechselnd die Straßen draußen und meine neue Wohnung zu betrachten, war mein Behagen nicht gering. Und dennoch – ich habe diesen Augenblick nicht vergessen –, dennoch regte sich neben Zufriedenheit und Vertrauen sacht etwas anderes in mir, irgendein kleines Gefühl von Ängstlichkeit und Unruhe, das leise Bewußtsein irgendeiner Art von Empörung und Auflehnung meinerseits gegen eine drohende Macht ... der leicht bedrückende Gedanke, daß meine Lage, die bislang niemals mehr als etwas Vorläufiges gewesen war, nunmehr zum ersten Male als definitiv und unabänderlich betrachtet werden mußte.

Ich verschweige nicht, daß diese und ähnliche Empfindungen sich hie und da wiederholten. Aber sind die gewissen Nachmittagsstunden überhaupt zu vermeiden, in denen man hinaus in die wachsende Dämmerung und vielleicht in einen langsamen Regen blickt und das Opfer trübseherischer Anwandlungen wird? In jedem Falle stand fest, daß meine Zukunft vollkommen gesichert war. Ich hatte die runde Summe von achtzigtausend Mark der städtischen Bank vertraut, die Zinsen betrugen – mein Gott, die Zeiten sind schlecht! – etwa sechshundert Mark für das Vierteljahr und gestatteten mir also, anständig zu leben, mich mit Lektüre zu versehen, hier und da ein Theater zu besuchen, – ein bißchen leichteren Zeitvertreibs nicht ausgeschlossen.

Meine Tage vergingen fortab in Wirklichkeit dem Ideale gemäß, das von jeher mein Ziel gewesen war. Ich erhob mich etwa um zehn Uhr, frühstückte und verbrachte die Zeit bis zum Mittage am Klavier und mit der Lektüre einer literarischen Zeitschrift oder eines Buches. Dann schlenderte ich die Straße hinauf zu dem kleinen Restaurant, in dem ich mit Regelmäßigkeit verkehrte, speiste und machte darauf einen längeren Spaziergang durch die Straßen, durch eine Galerie, in die Umgegend, auf den Lerchenberg. Ich kehrte nach Hause zurück und nahm die Beschäftigungen des Vormittags wieder auf: ich las, musizierte, unterhielt mich manchmal sogar mit einer Art von Zeichenkunst oder schrieb mit Sorgfalt einen Brief. Wenn ich mich nach dem Abendessen nicht in ein Theater oder ein Konzert begab, so hielt ich mich im Café auf und las bis zum Schlafengehen die Zeitungen. Der Tag aber war gut und schön gewesen, er hatte einen beglückenden Inhalt gehabt, wenn mir am Klaviere ein Motiv gelungen war, das mir neu und schön erschien, wenn ich aus der Lektüre einer Novelle, aus dem Anblick eines Bildes eine zarte und anhaltende Stimmung davongetragen hatte ...

Übrigens unterlasse ich es nicht, zu sagen, daß ich in meinen Dispositionen mit einer gewissen Idealität zu Werke ging und daß ich mit Ernst darauf bedacht war, meinen Tagen so viel ›Inhalt‹ zu geben wie nur immer möglich. Ich speiste bescheiden, hielt mir in der Regel nur einen Anzug, kurz, schränkte meine leiblichen Bedürfnisse mit Vorsicht ein, um andererseits in der Lage zu sein, für einen guten Platz in der Oper oder im Konzert einen hohen Preis zu zahlen, mir neue literarische Erscheinungen zu kaufen, diese oder jene Kunstausstellung zu besuchen ...

Die Tage aber verstrichen, und es wurden Wochen und Monate daraus, – Langeweile? Ich gebe zu: es ist nicht immer ein Buch zur Hand, das einer Reihe von Stunden den Inhalt verschaffen könnte; übrigens hast du ohne jedes Glück versucht, auf dem Klavier zu phantasieren, du sitzest am Fenster, rauchst Zigaretten, und unwiderstehlich beschleicht dich ein Gefühl der Abneigung von aller Welt und dir selbst; die Ängstlichkeit befällt dich wieder, die übelbekannte Ängstlichkeit, und du springst auf und machst dich davon, um dir auf der Straße mit dem heiteren Achselzucken des Glücklichen die Berufs- und Arbeitsleute zu betrachten, die geistig und materiell zu unbegabt sind für Muße und Genuß.

9

Ist ein Siebenundzwanzigjähriger überhaupt imstande, an die endgültige Unabänderlichkeit seiner Lage, und sei diese Unabänderlichkeit nur zu wahrscheinlich, im Ernste zu glauben? Das Zwitschern eines Vogels, ein winziges Stück Himmelsblau, irgendein halber und verwischter Traum zur Nacht, alles ist geeignet, plötzliche Ströme von vager Hoffnung in sein Herz zu ergießen und es mit der festlichen Erwartung eines großen, unvorhergesehenen Glückes zu erfüllen ... Ich schlenderte von einem Tag in den andern, – beschaulich, ohne ein Ziel, beschäftigt mit dieser oder jener kleinen Hoffnung, handele es sich auch nur um den Tag der Herausgabe einer unterhaltenden Zeitschrift, mit der energischen Überzeugung, glücklich zu sein, und hin und wieder ein wenig müde vor Einsamkeit.

Wahrhaftig, die Stunden waren nicht gerade selten, in denen ein Unwille über Mangel an Verkehr und Gesellschaft mich ergriff, – denn ist es nötig, diesen Mangel zu erklären? Mir fehlte jede Verbindung mit der guten Gesellschaft und den ersten und zweiten

Kreisen der Stadt; um mich bei der goldenen Jugend als fêtard einzuführen, gebrach es mir bei Gott an Mitteln, – und andererseits die Boheme? Aber ich bin ein Mensch von Erziehung, ich trage saubere Wäsche und einen heilen Anzug, und ich finde schlechterdings keine Lust darin, mit ungepflegten jungen Leuten an absinthklebrigen Tischen anarchistische Gespräche zu führen. Um kurz zu sein: es gab keinen bestimmten Gesellschaftskreis, dem ich mit Selbstverständlichkeit angehört hätte, und die Bekanntschaften, die sich auf eine oder die andere Weise von selbst ergaben, waren selten, oberflächlich und kühl, – durch mein eigenes Verschulden, wie ich zugebe, denn ich hielt mich auch in solchen Fällen mit einem Gefühl der Unsicherheit zurück und mit dem unangenehmen Bewußtsein, nicht einmal einem verbummelten Maler auf kurze, klare und Anerkennung erweckende Weise sagen zu können, wer und was ich eigentlich sei.

Übrigens hatte ich ja wohl mit der ›Gesellschaft‹ gebrochen und auf sie verzichtet, als ich mir die Freiheit nahm, ohne ihr in irgendeiner Weise zu dienen, meine eigenen Wege zu gehen, und wenn ich, um glücklich zu sein, der ›Leute‹ bedurft hätte, so mußte ich mir erlauben, mich zu fragen, ob ich in diesem Falle nicht zur Stunde damit beschäftigt gewesen wäre, mich als Geschäftsmann größeren Stils gemeinnützlich zu bereichern und mir den allgemeinen Neid und Respekt zu verschaffen.

Indessen – indessen! Die Tatsache bestand, daß mich meine philosophische Vereinsamung in viel zu hohem Grade verdroß und daß sie am Ende durchaus nicht mit meiner Auffassung von ›Glück‹ übereinstimmen wollte, mit meinem Bewußtsein, meiner Überzeugung, glücklich zu sein, deren Erschütterung doch – es bestand kein Zweifel – schlechthin unmöglich war. Nicht glücklich sein, unglücklich sein: aber war das überhaupt denkbar? Es war undenkbar, und mit diesem Entscheid war die Frage erledigt, bis aufs neue Stunden kamen, in denen mir dieses Für-sich-Sitzen, diese Zurückgezogenheit und Außerhalbstellung nicht in der Ordnung, durchaus nicht in der Ordnung erscheinen wollte und mich zum Erschrecken mürrisch machte.

›Mürrisch‹ – war das eine Eigenschaft des Glücklichen? Ich erinnerte mich meines Lebens daheim in dem beschränkten Kreise, in dem ich mich mit dem vergnügten Bewußtsein meiner genial-artistischen Veranlagung bewegt hatte, – gesellig, liebenswürdig, die Augen voll Heiterkeit, Mokerie und überlegenem Wohlwollen für alle Welt, im Urteil der Leute ein wenig verwunderlich und dennoch beliebt. Damals war ich glücklich gewesen, trotzdem ich in dem großen Holzgeschäft des Herrn Schlievogt hatte arbeiten müssen; und nun? Und nun? …

Aber ein über die Maßen interessantes Buch ist erschienen, ein neuer französischer Roman, dessen Ankauf ich mir gestattet habe und den ich, behaglich im Lehnsessel, mit Muße genießen werde. Dreihundert Seiten, wieder einmal, voll Geschmack, Blague und auserlesener Kunst! Ah, ich habe mir mein Leben zu meinem Wohlgefallen eingerichtet! Bin ich vielleicht nicht glücklich? Eine Lächerlichkeit, diese Frage, und weiter nichts …

10

Wieder einmal ist ein Tag zu Ende, ein Tag, dem nicht abzusprechen ist, Gott sei Dank, daß er Inhalt hatte; der Abend ist da, die Vorhänge des Fensters sind geschlossen, auf dem Schreibtische brennt die Lampe, es ist beinahe schon Mitternacht. Man könnte zu Bette gehen, aber man verharrt halb liegend im Lehnsessel, und die Hände im Schoße gefaltet, blickt man zur Decke empor, um mit Ergebenheit das leise Graben und Zehren irgendeines halb unbestimmten Schmerzes zu verfolgen, der nicht hat verscheucht werden können.

Vor ein paar Stunden noch habe ich mich der Wirkung eines großen Kunstwerkes hingegeben, einer dieser ungeheuren und grausamen Schöpfungen, welche mit dem verderbten Pomp eines ruchlos genialen Dilettantismus rütteln, betäuben, peinigen, beseligen, niederschmettern ... Meine Nerven beben noch, meine Phantasie ist aufgewühlt, seltene Stimmungen wogen in mir auf und nieder, Stimmungen von Sehnsucht, religiöser Inbrunst, Triumph, mystischem Frieden, – und ein Bedürfnis ist dabei, das sie stets aufs neue emportreibt, das sie heraustreiben möchte: das Bedürfnis, sie zu äußern, sie mitzuteilen, sie zu zeigen, »etwas daraus zu machen« ...

Wie, wenn ich in der Tat ein Künstler wäre, befähigt, mich in Ton, Wort oder Bildwerk zu äußern, – am liebsten, aufrichtig gesprochen, in allem zu gleicher Zeit? – Aber es ist wahr, daß ich allerhand vermag! Ich kann, zum guten Beispiel, mich am Flügel niederlassen, um mir im stillen Kämmerlein meine schönen Gefühle vollauf zum besten zu geben, und das sollte mir billig genügen; denn wenn ich, um glücklich zu sein, der

›Leute‹ bedürfte, – zugegeben dies alles! Allein gesetzt, daß ich auch auf den Erfolg ein wenig Wert legte, auf den Ruhm, die Anerkennung, das Lob, den Neid, die Liebe? ... Bei Gott! Schon wenn ich mich an die Szene in jenem Salon zu Palermo erinnere, so muß ich zugeben, daß ein ähnlicher Vorfall in diesem Augenblick für mich eine unvergleichlich wohltuende Ermunterung bedeuten würde.

Wohlüberlegt, ich kann nicht umhin, mir diese sophistische und lächerliche Begriffsunterscheidung zu gestehen: die Unterscheidung zwischen innerem und äußerem Glück! – Das ›äußere Glück‹, was ist das eigentlich? – Es gibt eine Art von Menschen, Lieblingskinder Gottes, wie es scheint, deren Glück das Genie und deren Genie das Glück ist, Lichtmenschen, die mit dem Widerspiel und Abglanz der Sonne in ihren Augen auf eine leichte, anmutige und liebenswürdige Weise durchs Leben tändeln, während alle Welt sie umringt, während alle Welt sie bewundert, belobt, beneidet und liebt, weil auch der Neid unfähig ist, sie zu hassen. Sie aber blicken darein wie die Kinder, spöttisch, verwöhnt, launisch, übermütig, mit einer sonnigen Freundlichkeit, sicher ihres Glückes und Genies, und als könne das alles durchaus nicht anders sein ...

Was mich betrifft, ich leugne die Schwäche nicht, daß ich zu diesen Menschen gehören möchte, und es will mich, gleichviel ob mit Recht oder Unrecht, immer aufs neue bedünken, als hätte ich einstmals zu ihnen gehört: vollkommen »gleichviel«, denn seien wir ehrlich: es kommt darauf an, für was man sich hält, für was man sich gibt, für was man die Sicherheit hat, sich zu geben!

Vielleicht verhält es sich in Wirklichkeit nicht anders,

als daß ich auf dieses ›äußere Glück‹ verzichtet habe, indem ich mich dem Dienst der ›Gesellschaft‹ entzog und mir mein Leben ohne die ›Leute‹ einrichtete. An meiner Zufriedenheit aber damit ist, wie selbstverständlich, in keinem Augenblick zu zweifeln, kann nicht gezweifelt werden, darf nicht gezweifelt werden; – denn, um es zu wiederholen, und zwar mit einem verzweifelten Nachdruck zu wiederholen: Ich will und muß glücklich sein! Die Auffassung des ›Glückes‹ als eine Art von Verdienst, Genie, Vornehmheit, Liebenswürdigkeit, die Auffassung des ›Unglücks‹ als etwas Häßliches, Lichtscheues, Verächtliches und mit einem Worte Lächerliches ist mir zu tief eigentlich, als daß ich mich selbst noch zu achten vermöchte, wenn ich unglücklich wäre.

Wie dürfte ich mir gestatten, unglücklich zu sein? Welche Rolle müßte ich vor mir spielen? Müßte ich nicht als eine Art von Fledermaus oder Eule im Dunkeln hocken und neidisch zu den ›Lichtmenschen‹ hinüberblinzeln, den liebenswürdigen Glücklichen? Ich müßte sie hassen, mit jenem Haß, der nichts ist als eine vergiftete Liebe, – und mich verachten!

»Im Dunkeln hocken!« Ah, und mir fällt ein, was ich seit manchem Monat hin und wieder über meine ›Außerhalbstellung‹ und ›philosophische Vereinsamung‹ gedacht und gefühlt habe! Und die Angst meldet sich wieder, die übelbekannte Angst! Und das Bewußtsein irgendeiner Art von Empörung gegen eine drohende Macht ...

– Unzweifelhaft, daß sich ein Trost fand, eine Ablenkung, eine Betäubung für dieses Mal und ein anderes und wiederum ein nächstes. Aber es kehrte wieder, alles dies, es kehrte tausendmal wieder im Laufe der Monate und der Jahre.

II

Es gibt Herbsttage, die wie ein Wunder sind. Der Sommer ist vorüber, draußen hat längst das Laub zu vergilben begonnen, und in der Stadt hat tagelang bereits der Wind um alle Ecken gepfiffen, während in den Rinnsteinen unreinliche Bäche sprudelten. Du hast dich darein ergeben, du hast dich sozusagen am Ofen bereit gesetzt, um den Winter über dich ergehen zu lassen; eines Morgens aber beim Erwachen bemerkst du mit ungläubigen Augen, daß ein schmaler Streif von leuchtendem Blau zwischen den Fenstervorhängen hindurch in dein Zimmer blitzt. Ganz erstaunt springst du aus dem Bette, du öffnest das Fenster, eine Woge von zitterndem Sonnenlicht strömt dir entgegen, und zugleich vernimmst du durch alles Straßengeräusch hindurch ein geschwätziges und munteres Vogelgezwitscher, während es dir nicht anders ist, als atmetest du mit der frischen und leichten Luft eines Oktobertages die unvergleichlich süße und verheißungsvolle Würze ein, die sonst den Winden des Mai gehört. Es ist Frühling, es ist ganz augenscheinlich Frühling, dem Kalender zum Trotz, und du wirfst dich in die Kleider, um unter dem schimmernden Himmel durch die Straßen und ins Freie zu eilen . . .

Ein so unverhoffter und merkwürdiger Tag erschien vor nunmehr etwa vier Monaten – wir stehen augenscheinlich am Anfang des Februar –, und an diesem Tage sah ich etwas ausnehmend Hübsches. Vor neun Uhr am Morgen hatte ich mich aufgemacht, und ganz erfüllt von einer leichten und freudigen Stimmung, von einer unbestimmten Hoffnung auf Veränderungen,

Überraschungen und Glück schlug ich den Weg zum Lerchenberge ein. Ich stieg am rechten Ende den Hügel hinan, und ich verfolgte seinen ganzen Rücken der Länge nach, indem ich mich stets auf der Hauptpromenade am Rande und an der niedrigen Steinrampe hielt, um auf dem ganzen Wege, der wohl eine kleine halbe Stunde in Anspruch nimmt, den Ausblick über die leicht terrassenförmig abfallende Stadt und den Fluß frei zu haben, dessen Schlingungen in der Sonne blinkten und hinter dem die Landschaft mit Hügeln und Grün im Sonnendunst verschwamm.

Es war noch beinahe menschenleer hier oben. Die Bänke jenseits des Weges standen einsam, und hie und da blickte zwischen den Bäumen eine Statue hervor, weißschimmernd vor Sonne, während doch ein welkes Blatt dann und wann langsam darauf niedertaumelte. Die Stille, der ich horchte, während ich im Wandern den Blick auf das lichte Panorama zur Seite gerichtet hielt, blieb ungestört, bis ich das Ende des Hügels erreicht hatte und der Weg sich zwischen alten Kastanien zu senken begann. Hier jedoch klang hinter mir Pferdegestampf und das Rollen eines Wagens auf, der sich in raschem Trabe näherte und dem ich an der Mitte etwa des Abstieges Platz machen mußte. Ich trat zur Seite und blieb stehen.

Es war ein kleiner, ganz leichter und zweirädriger Jagdwagen, bespannt mit zwei großen, blanken und lebhaft schnaubenden Füchsen. Die Zügel hielt eine junge Dame von neunzehn vielleicht oder zwanzig Jahren, neben der ein alter Herr von stattlichem und vornehmem Äußern saß, mit weißem à la russe aufgebürstetem Schnurrbart und dichten, weißen Augenbrauen. Ein Bedienter in einfacher, schwarz-silberner Livree dekorierte den Rücksitz.

Das Tempo der Pferde war bei Beginn des Abstieges zum Schritt verzögert worden, da das eine von ihnen nervös und unruhig schien. Es hatte sich weit seitwärts von der Deichsel entfernt, drückte den Kopf auf die Brust und setzte seine schlanken Beine mit einem so zitternden Widerstreben, daß der alte Herr, ein wenig besorgt, sich vorbeugte, um mit seiner elegant behandschuhten Linken der jungen Dame beim Straffziehen der Zügel behilflich zu sein. Die Lenkung schien ihr nur vorübergehend und halb zum Scherze anvertraut worden, wenigstens sah es aus, als ob sie das Kutschieren mit einer Art von kindlicher Wichtigkeit und Unerfahrenheit zugleich behandelte. Sie machte eine kleine, ernsthafte und indignierte Kopfbewegung, während sie das scheuende und stolpernde Tier zu beruhigen suchte.

Sie war brünett und schlank. Auf ihrem Haar, das überm Nacken zu einem festen Knoten gewunden war und das sich ganz leicht und lose um Stirn und Schläfen legte, so daß einzelne lichtbraune Fäden zu unterscheiden waren, saß ein runder, dunkelfarbiger Strohhut, geschmückt ausschließlich mit einem kleinen Arrangement von Bandwerk. Übrigens trug sie eine kleine, dunkelblaue Jacke und einen schlichtgearbeiteten Rock aus hellgrauem Tuch.

In ihrem ovalen und feingeformten Gesicht, dessen zartbrünetter Teint von der Morgenluft frisch gerötet war, bildeten das Anziehendste sicherlich die Augen: ein Paar schmaler und langgeschnittener Augen, deren kaum zur Hälfte sichtbare Iris blitzend schwarz war und über denen sich außerordentlich gleichmäßige und wie mit der Feder gezeichnete Brauen wölbten. Die Nase war vielleicht ein wenig lang, und der Mund, dessen Lippenlinien jedenfalls klar und fein waren, hätte schmaler sein dürfen. Im Augenblicke aber wurde ihm durch die schimmernd weißen und etwas voneinander entfernt stehenden Zähne ein Reiz gegeben, die das junge Mädchen bei den Bemühungen um das Pferd energisch auf die Unterlippe drückte und mit denen sie das fast kindlich runde Kinn ein wenig emporzog.

Es wäre ganz falsch, zu sagen, daß dieses Gesicht von auffallender und bewunderungswürdiger Schönheit gewesen sei. Es besaß den Reiz der Jugend und der fröhlichen Frische, und dieser Reiz war gleichsam geglättet, stillgemacht und veredelt durch wohlhabende Sorglosigkeit, vornehme Erziehung und luxuriöse Pflege; es war gewiß, daß diese schmalen und blitzenden Augen, die jetzt mit verwöhnter Ärgerlichkeit auf das störrische Pferd blickten, in der nächsten Minute wieder den Ausdruck sicheren und selbstverständlichen Glückes annehmen würden. – Die Ärmel der Jacke, die an den Schultern weit und bauschig waren, umspannten ganz knapp die schlanken Handgelenke, und niemals habe ich einen entzückenderen Eindruck von auserlesener Eleganz empfangen als durch die Art, mit der diese schmalen, unbekleideten, mattweißen Hände die Zügel hielten! –

Ich stand am Wege, von keinem Blicke gestreift, während der Wagen vorüberfuhr, und ich ging langsam weiter, als er sich wieder in Trab setzte und rasch verschwand. Was ich empfand, war Freude und Bewunderung; aber irgendein seltsamer und stechender Schmerz meldete sich zur gleichen Zeit, ein herbes und drängendes Gefühl von – Neid? von Liebe? – ich wagte es nicht auszudenken –, von Selbstverachtung?

Während ich schreibe, kommt mir die Vorstellung eines armseligen Bettlers, der vor dem Schaufenster eines Juweliers in den kostbaren Schimmer eines Edelsteinkleinods starrt. Dieser Mensch wird es in seinem Inneren nicht zu dem klaren Wunsche bringen, das Geschmeid zu besitzen; denn schon der Gedanke an diesen Wunsch wäre eine lächerliche Unmöglichkeit, die ihn vor sich selbst zum Gespött machen würde.

12

Ich will erzählen, daß ich infolge eines Zufalles diese junge Dame nach Verlauf von acht Tagen bereits zum zweiten Male sah, und zwar in der Oper. Man gab Gounods ›Margarethe‹, und kaum hatte ich den hellerleuchteten Saal betreten, um mich zu meinem Parkettplatze zu begeben, als ich sie zur Linken des alten Herrn in einer Proszeniumsloge der anderen Seite gewahrte. Nebenbei stellte ich fest, daß mich lächerlicherweise ein kleiner Schreck und etwas wie Verwirrung dabei berührte und daß ich aus irgendeinem Grunde meine Augen sofort abschweifen und über die anderen Ränge und Logen hinwandern ließ. Erst beim Beginn der Ouvertüre entschloß ich mich, die Herrschaften ein wenig eingehender zu betrachten.

Der alte Herr, in streng geschlossenem Gehrock mit schwarzer Schleife, saß mit einer ruhigen Würde in seinen Sessel zurückgelehnt und ließ die eine der braunbekleideten Hände auf dem Sammet der Logenbrüstung ruhen, während die andere hie und da langsam über den Bart oder über das kurzgehaltene ergraute Haupthaar strich. Das junge Mädchen dagegen – seine Tochter, ohne Zweifel – saß interessiert und lebhaft vorgebeugt, beide Hände, in denen sie ihren Fächer hielt, auf dem Sammetpolster. Dann und wann machte sie eine kurze Kopfbewegung, um das lockere, lichtbraune Haar ein wenig von der Stirn und den Schläfen zurückzuwerfen.

Sie trug eine ganz leichte Bluse aus heller Seide, in deren Gürtel ein Veilchensträußchen steckte, und ihre schmalen Augen blitzten in der scharfen Beleuchtung noch schwärzer als vor acht Tagen. Übrigens machte ich die Beobachtung, daß die Mundhaltung, die ich damals an ihr bemerkt hatte, ihr überhaupt eigentümlich war: in jedem Augenblicke setzte sie ihre weißen, in kleinen, regelmäßigen Abständen schimmernden Zähne auf die Unterlippe und zog das Kinn ein wenig empor. Diese unschuldige Miene, die von gar keiner Koketterie zeugte, der ruhig und fröhlich zugleich umherwandernde Blick ihrer Augen, ihr zarter und weißer Hals, welcher frei war und um den sich ein schmales Seidenband von der Farbe der Taille schmiegte, die Bewegung, mit der sie sich hie und da an den alten Herrn wandte, um ihn auf irgend etwas im Orchester, am Vorhang, in einer Loge aufmerksam zu machen, – alles brachte den Eindruck einer unsäglich feinen und lieblichen Kindlichkeit hervor, die jedoch nichts in irgendeinem Grade Rührendes und ›Mitleid‹-Erregendes an sich hatte. Es war eine vornehme, abgemessene und durch elegantes Wohlleben sicher und überlegen gemachte Kindlichkeit, und sie legte ein Glück an den Tag, dem nichts Übermütiges, sondern eher etwas Stilles eignete, weil es selbstverständlich war.

Gounods geistreiche und zärtliche Musik war wie mich dünkte keine falsche Begleitung zu diesem Anblick, und ich lauschte ihr, ohne auf die Bühne zu achten und ganz und gar hingegeben an eine milde und nachdenkliche Stimmung, deren Wehmut ohne diese Musik vielleicht schmerzlicher gewesen wäre. In der Pause aber bereits, die dem ersten Akte folgte, erhob sich von seinem Parkettplatz ein Herr von, sagen wir einmal: siebenundzwanzig bis dreißig Jahren, welcher verschwand und gleich darauf mit einer geschickten Verbeugung in der Loge meiner Aufmerksamkeit erschien. Der alte Herr streckte ihm alsbald die Hand entgegen, und auch die junge Dame reichte ihm mit einem freundlichen Kopfnicken die ihre, die er mit Anstand an seine Lippen führte, worauf man ihn nötigte, Platz zu nehmen.

Ich erkläre mich bereit, zu bekennen, daß dieser Herr den unvergleichlichsten Hemdeinsatz besaß, den ich in meinem Leben erblicken durfte. Er war vollkommen bloßgelegt, dieser Hemdeinsatz, denn die Weste war nichts als ein schmaler, schwarzer Streifen, und die Frackjacke, die nicht früher als weit unterhalb des Magens durch einen Knopf geschlossen wurde, war von den Schultern aus in ungewöhnlich weitem Bogen ausgeschnitten. Der Hemdeinsatz aber, der an dem hohen und scharf zurückgeschlagenen Stehkragen durch eine breite, schwarze Schleife abgeschlossen wurde und auf dem in gemessenen Abständen zwei große, viereckige und ebenfalls schwarze Knöpfe standen, war von blendendem Weiß, und er war bewunderungswürdig gestärkt, ohne darum der Schmiegsamkeit zu ermangeln, denn in der Gegend des Magens bildete er auf angenehme Art eine Vertiefung, um sich dann wiederum zu einem gefälligen und schimmernden Buckel zu erheben.

Es versteht sich, daß dieses Hemd den größten Teil der Aufmerksamkeit für sich verlangte; der Kopf aber, seinerseits, der vollkommen rund war und dessen Schädel eine Decke ganz kurzgeschorenen, hellblonden Haares überzog, war geschmückt mit einem rand- und bandlosen Binokel, einem nicht zu starken, blonden und leichtgekräuselten Schnurrbart und auf der einen Wange mit einer Menge von kleinen Mensurschrammen, die sich bis zur Schläfe hinaufzogen. Übrigens war dieser Herr ohne Fehler gebaut und bewegte sich mit Sicherheit.

Ich habe im Verlauf des Abends - denn er verblieb in der Loge - zwei Positionen an ihm beobachtet, die ihm besonders eigentümlich schienen. Gesetzt nämlich, daß die Unterhaltung mit den Herrschaften ruhte, so saß er, ein Bein über das andere geschlagen und das Fernglas auf den Knien, mit Bequemlichkeit zurückgelehnt, senkte das Haupt und schob den ganzen Mund heftig hervor, um sich in die Betrachtung seiner beiden Schnurrbartenden zu versenken, gänzlich hypnotisiert davon, wie es schien, und indem er langsam und still den Kopf von der einen Seite nach der anderen wandte. In einer Konversation, andernfalls, mit der jungen Dame begriffen, änderte er aus Ehrerbietung die Stellung seiner Beine, lehnte sich jedoch noch weiter zurück, wobei er mit beiden Händen seinen Sessel erfaßte, erhob das Haupt so weit wie immer möglich und lächelte mit ziemlich weit geöffnetem Munde in liebenswürdiger und bis zu einem gewissen Grade überlegener Weise auf seine junge Nachbarin nieder. Diesen Herrn mußte ein wundervoll glückliches Selbstbewußtsein erfüllen...

Im Ernste gesprochen, ich weiß dergleichen zu schätzen. Keiner seiner Bewegungen, und sei ihre Nonchalance immerhin gewagt gewesen, folgte eine peinliche Verlegenheit; er war getragen von Selbstgefühl. Und warum sollte dies anders sein? Es war klar: er hatte, ohne sich vielleicht besonders hervorzutun, seinen korrekten Weg gemacht, er würde denselben bis zu klaren und nützlichen Zielen verfolgen, er lebte im Schatten des Einverständnisses mit aller Welt und in der Sonne der allgemeinen Achtung. Mittlerweile saß er dort in der Loge und plauderte mit einem jungen Mädchen, für dessen reinen und köstlichen Reiz er vielleicht nicht unzugänglich war und dessen Hand er in diesem Falle sich guten Mutes erbitten konnte. Wahrhaftig, ich spüre keine Lust, irgendein mißächtliches Wort über diesen Herrn zu äußern!

Ich aber, ich meinesteils? Ich saß hier unten und mochte aus der Entfernung, aus dem Dunkel heraus grämlich beobachten, wie jenes kostbare und unerreichliche Geschöpf mit diesem Nichtswürdigen plauderte und lachte! Ausgeschlossen, unbeachtet, unberechtigt, fremd, hors ligne, deklassiert, Paria, erbärmlich vor mir selbst...

Ich blieb bis zum Ende, und ich traf die drei Herrschaften in der Garderobe wieder, wo man sich beim Umlegen der Pelze ein wenig aufhielt und mit diesem oder jenem ein paar Worte wechselte, hier mit einer

Dame, dort mit einem Offizier ... Der junge Herr begleitete Vater und Tochter, als sie das Theater verließen, und ich folgte ihnen in einem kleinen Abstande durch das Vestibül.

Es regnete nicht, es standen ein paar Sterne am Himmel, und man nahm keinen Wagen. Gemächlich und plaudernd schritten die drei vor mir her, der ich sie in scheuer Entfernung verfolgte, – niedergedrückt, gepeinigt von einem stechend schmerzlichen, höhnischen, elenden Gefühl ... Man hatte nicht weit zu gehen; kaum war eine Straße zurückgelegt, als man vor einem stattlichen Hause mit schlichter Fassade stehenblieb, und gleich darauf verschwanden Vater und Tochter nach herzlicher Verabschiedung von ihrem Begleiter, der seinerseits beschleunigten Schrittes davonging.

An der schweren, geschnitzten Tür des Hauses war der Name »Justizrat Rainer« zu lesen.

13

Ich bin entschlossen, diese Niederschrift zu Ende zu führen, obgleich ich vor innerem Widerstreben in jedem Augenblicke aufspringen und davonlaufen möchte. Ich habe in dieser Angelegenheit so bis zur Erschlaffung gegraben und gebohrt! Ich bin alles dessen so bis zur Übelkeit überdrüssig! ...

Es sind nicht völlig drei Monate, daß mich die Zeitungen über einen ›Basar‹ unterrichteten, der zu Zwecken der Wohltätigkeit im Rathause der Stadt arrangiert worden war, und zwar unter Beteiligung der vornehmen Welt. Ich las diese Annonce mit Aufmerksamkeit, und ich war gleich darauf entschlossen, den Basar zu besuchen. Sie wird dort sein, dachte ich, vielleicht als Verkäuferin, und in diesem Falle wird nichts mich abhalten, mich ihr zu nähern. Ruhig überlegt, bin ich Mensch von Bildung und guter Familie, und wenn mir dieses Fräulein Rainer gefällt, so ist es mir bei solcher Gelegenheit so wenig wie dem Herrn mit dem erstaunlichen Hemdeinsatz verwehrt, sie anzureden, ein paar scherzhafte Worte mit ihr zu wechseln ...

Es war ein windiger und regnerischer Nachmittag, als ich mich zum Rathause begab, vor dessen Portal ein Gedränge von Menschen und Wagen herrschte. Ich bahnte mir einen Weg in das Gebäude, erlegte das Eintrittsgeld, gab Überzieher und Hut in Verwahrung und gelangte mit einiger Anstrengung die breite, mit Menschen bedeckte Treppe hinauf ins erste Stockwerk und in den Festsaal, aus dem mir ein schwüler Dunst von Wein, Speisen, Parfüms und Tannengeruch, ein wirrer Lärm von Gelächter, Gespräch, Musik, Ausrufen und Gongschlägen entgegendrang.

Der ungeheuer hohe und weite Raum war mit Fahnen und Girlanden buntfarbig geschmückt, und an den Wänden wie in der Mitte zogen sich die Buden hin, offene Verkaufsstellen sowohl wie geschlossene Verschläge, deren Besuch phantastisch maskierte Herren aus vollen Lungen empfahlen. Die Damen, die ringsumher Blumen, Handarbeiten, Tabak und Erfrischungen aller Art verkauften, waren gleichfalls in verschiedener Weise kostümiert. Am oberen Ende des Saales lärmte auf einer mit Pflanzen besetzten Estrade die Musikkapelle, während in dem nicht breiten Gange, den die Buden frei ließen, ein kompakter Zug von Menschen sich langsam vorwärts bewegte.

Ein wenig frappiert von dem Geräusch der Musik, der Glückshäfen, der lustigen Reklame, schloß ich mich dem Strome an, und noch war keine Minute vergangen, als ich vier Schritte links vom Eingange die junge Dame erblickte, die ich hier suchte. Sie hielt in einer kleinen, mit Tannenlaub bekränzten Bude Weine und Limonaden feil und war als Italienerin gekleidet: mit dem bunten Rock, der weißen, rechtwinkligen Kopfbedeckung und dem kurzen Mieder der Albanerinnen, dessen Hemdärmel ihre zarten Arme bis zu den Ellenbogen entblößt ließen. Ein wenig erhitzt lehnte sie seitwärts am Verkaufstisch, spielte mit ihrem bunten Fächer und plauderte mit einer Anzahl von Herren, die rauchend die Bude umstanden und unter denen ich mit dem ersten Blicke den Wohlbekannten gewahrte; ihr zunächst stand er am Tische, vier Finger jeder Hand in den Seitentaschen seines Jacketts.

Ich drängte langsam vorüber, entschlossen, zu ihr zu treten, sobald eine Gelegenheit sich böte, sobald sie weniger in Anspruch genommen wäre. – Ah! Es sollte sich erweisen nunmehr, ob ich noch über einen Rest von fröhlicher Sicherheit und selbstbewußter Gewandtheit verfügte oder ob die Morosität und die halbe Verzweiflung meiner letzten Wochen berechtigt gewesen war! Was hatte mich eigentlich angefochten? Woher angesichts dieses Mädchens dies peinigende und elende Mischgefühl aus Neid, Liebe, Scham und gereizter Bitterkeit, das mir auch nun wieder, ich bekenne es, das Gesicht erhitzte? Freimut! Liebenswürdigkeit! Heitere und anmutige Selbstgefälligkeit, zum Teufel, wie sie einem begabten und glücklichen Menschen geziemt! Und ich dachte mit einem nervösen Eifer der scherzhaften Wendung, dem guten Worte, der italienischen Anrede nach, mit der ich mich ihr zu nähern beabsichtigte ...

Es währte eine gute Weile, bis ich in der schwerfällig vorwärts schiebenden Menge den Weg um den Saal zurückgelegt hatte, - und in der Tat: als ich mich aufs neue bei der kleinen Weinbude befand, war der Halbkreis von Herren verschwunden, und nur der Wohlbekannte lehnte noch am Schanktische, indem er sich aufs lebhafteste mit der jungen Verkäuferin unterhielt. Nun wohl, so mußte ich mir erlauben, diese Unterhaltung zu unterbrechen ... Und mit einer kurzen Wendung verließ ich den Strom und stand am Tische.

Was geschah? Ah, nichts! Beinahe nichts! Die Konversation brach ab, der Wohlbekannte trat einen Schritt zur Seite, indem er mit allen fünf Fingern sein rand- und bandloses Binokel erfaßte und mich zwischen diesen Fingern hindurch betrachtete, und die junge Dame ließ einen ruhigen und prüfenden Blick über mich hingleiten, - über meinen Anzug bis auf die Stiefel hinab. Dieser Anzug war keineswegs neu, und diese Stiefel waren vom Straßenkot besudelt, ich wußte das. Überdies war ich erhitzt, und mein Haar war sehr möglicherweise in Unordnung. Ich war nicht kühl, nicht frei, nicht auf der Höhe der Situation. Das Gefühl, daß ich, ein Fremder, Unberechtigter, Unzugehöriger, hier störte und mich lächerlich machte, befiel mich. Unsicherheit, Hilflosigkeit, Haß und Jämmerlichkeit verwirrten mir den Blick, und mit einem Worte, ich führte meine munteren Absichten aus, indem ich mit finster zusammengezogenen Brauen, mit heiserer Stimme und auf kurze, beinahe grobe Weise sagte:

»Ich bitte um ein Glas Wein.«

Es ist vollkommen gleichgültig, ob ich mich irrte, als ich zu bemerken glaubte, daß das junge Mädchen einen raschen und spöttischen Blick zu ihrem Freunde hinüberspielen ließ. Schweigend wie er und ich gab sie mir den Wein, und ohne den Blick zu erheben, rot und verstört vor Wut und Schmerz, eine unglückliche und lächerliche Figur, stand ich zwischen diesen beiden, trank ein paar Schlucke, legte das Geld auf den Tisch, verbeugte mich fassungslos, verließ den Saal und stürzte ins Freie.

Seit diesem Augenblicke ist es zu Ende mit mir, und es fügt der Sache bitterwenig hinzu, daß ich ein paar Tage später in den Journalen die Verkündigung fand:

»Die Verlobung meiner Tochter Anna mit Herrn Assessor Dr. Alfred Witznagel beehre ich mich ergebenst anzuzeigen. Justizrat Rainer.«

14

Seit diesem Augenblick ist es zu Ende mit mir. Mein letzter Rest von Glücksbewußtsein und Selbstgefälligkeit ist zu Tode gehetzt zusammengebrochen, ich kann nicht mehr, ja, ich bin unglücklich, ich gestehe es ein, und ich sehe eine klägliche und lächerliche Figur in mir! – Aber ich halte das nicht aus! Ich gehe zugrunde! Ich werde mich totschießen, sei es heute oder morgen!

Meine erste Regung, mein erster Instinkt war der schlaue Versuch, das Belletristische aus der Sache zu ziehen und mein erbärmliches Übelbefinden in ›unglückliche Liebe‹ umzudeuten: eine Albernheit, wie sich von selbst versteht. Man geht an keiner unglücklichen Liebe zugrunde. Eine unglückliche Liebe ist eine Attitüde, die nicht übel ist. In einer unglücklichen Liebe gefällt man sich. Ich aber gehe daran zugrunde, daß es mit allem Gefallen an mir selbst so ohne Hoffnung zu Ende ist!

Liebte ich, wenn endlich einmal diese Frage erlaubt ist, liebte ich dieses Mädchen denn eigentlich? – Vielleicht ... aber wie und warum? War diese Liebe nicht eine Ausgeburt meiner längst schon gereizten und kranken Eitelkeit, die beim ersten Anblick dieser unerreichbaren Kostbarkeit peinigend aufbegehrt war und Gefühle von Neid, Haß und Selbstverachtung hervorgebracht hatte, für die dann die Liebe bloß Vorwand, Ausweg und Rettung war?

Ja, das alles ist Eitelkeit! Und hat mich nicht mein Vater schon einst einen Bajazzo genannt?

Ach, ich war nicht berechtigt, ich am wenigsten, mich seitab zu setzen und die ›Gesellschaft‹ zu ignorieren, ich, der ich zu eitel bin, ihre Miß- und Nichtachtung zu ertragen, der ich ihrer und ihres Beifalls nicht zu entraten vermag! – Aber es handelt sich nicht um Berechtigung? Sondern um Notwendigkeit? Und mein unbrauchbares Bajazzotum hätte für keine soziale Stellung getaugt? Nun wohl, eben dieses Bajazzotum ist es, an dem ich in jedem Falle zugrunde gehen mußte.

Gleichgültigkeit, ich weiß, das wäre eine Art von Glück ... Aber ich bin nicht imstande, gleichgültig gegen mich zu sein, ich bin nicht imstande, mich mit anderen Augen anzusehen als mit denen der ›Leute‹, und ich gehe an bösem Gewissen zugrunde, – erfüllt von Unschuld ... Sollte das böse Gewissen denn niemals etwas anderes sein als eiternde Eitelkeit? –

Es gibt nur ein Unglück: das Gefallen an sich selbst einbüßen. Sich nicht mehr zu gefallen, das ist das Unglück, – ah, und ich habe das stets sehr deutlich gefühlt! Alles übrige ist Spiel und Bereicherung des Lebens, in jedem anderen Leiden kann man so außerordentlich mit sich zufrieden sein, sich so vorzüglich ausnehmen. Die Zwietracht erst mit dir selbst, das böse Gewissen im Leiden, die Kämpfe der Eitelkeit erst sind es, die dich zu einem kläglichen und widerwärtigen Anblick machen . . .

Ein alter Bekannter erschien auf der Bildfläche, ein Herr namens Schilling, mit dem ich einst in dem großen Holzgeschäfte des Herrn Schlievogt gemeinschaftlich der Gesellschaft diente. Er berührte in Geschäften die Stadt und kam, mich zu besuchen, – ein ›skeptisches Individuum‹, die Hände in den Hosentaschen, mit einem schwarzgeränderten Pincenez und einem realistisch duldsamen Achselzucken. Er traf des Abends ein und sagte: »Ich bleibe ein paar Tage hier.« – Wir gingen in eine Weinstube.

Er begegnete mir, als sei ich noch der glückliche Selbstgefällige, als den er mich gekannt hatte, und in dem guten Glauben, mir nur meine eigne fröhliche Meinung entgegenzubringen, sagte er:

»Bei Gott, du hast dir dein Leben angenehm eingerichtet, mein Junge! Unabhängig, was? frei! Eigentlich hast du recht, zum Teufel! Man lebt nur einmal, wie? Was geht einen im Grunde das übrige an? Du bist der Klügere von uns beiden, das muß ich sagen. Übrigens, du warst immer ein Genie . . .« Und wie ehemals fuhr er fort, mich bereitwilligst anzuerkennen und mir gefällig zu sein, ohne zu ahnen, daß ich meinerseits voll Angst war, zu mißfallen.

Mit verzweifelten Anstrengungen bemühte ich mich, den Platz zu behaupten, den ich in seinen Augen einnahm, nach wie vor auf der Höhe zu erscheinen, glücklich und selbstzufrieden zu erscheinen, – umsonst! Mir fehlte jedes Rückgrat, jeder gute Mut, jede Kontenance, ich kam ihm mit einer matten Verlegenheit, einer geduckten Unsicherheit entgegen, – und er erfaßte das mit unglaublicher Schnelligkeit! Es war entsetzlich, zu sehen, wie er, der vollkommen bereit gewesen war, mich als glücklichen und überlegenen Menschen anzuerkennen, begann, mich zu durchschauen, mich erstaunt anzusehen, kühl zu werden, überlegen zu werden, ungeduldig und widerwillig zu werden und mir schließlich seine Verachtung mit jeder Miene zu zeigen. Er brach früh auf, und am nächsten Tage belehrten mich ein paar flüchtige Zeilen darüber, daß er dennoch genötigt gewesen sei, abzureisen.

Es ist Tatsache, alle Welt ist viel zu angelegentlich mit sich selbst beschäftigt, als daß man ernstlich eine Meinung über einen anderen zu haben vermöchte; man akzeptiert mit träger Bereitwilligkeit den Grad von Respekt, den du die Sicherheit hast, vor dir selber an den Tag zu legen. Sei, wie du willst, lebe, wie du willst, aber zeige kecke Zuversicht und kein böses Gewissen, und niemand wird moralisch genug sein, dich zu verachten. Erlebe es andererseits, die Einigkeit mit dir zu verlieren, die Selbstgefälligkeit einzubüßen, zeige, daß du dich verachtest, und blindlings wird man dir recht geben. – Was mich betrifft, ich bin verloren ...

Ich höre auf zu schreiben, ich werfe die Feder fort, – voll Ekel, voll Ekel! – Ein Ende machen: aber wäre das nicht beinahe zu heldenhaft für einen ›Bajazzo‹? Es wird sich ergeben, fürchte ich, daß ich weiterleben, weiteressen, schlafen und mich ein wenig beschäftigen werde und mich allgemach dumpfsinnig daran gewöhnen, eine ›unglückliche und lächerliche Figur‹ zu sein.

Mein Gott, wer hätte es gedacht, wer hätte es denken können, daß es ein solches Verhängnis und Unglück ist, als ein ›Bajazzo‹ geboren zu werden! . . .

[1897]

Luischen

I

Es gibt Ehen, deren Entstehung die belletristisch geübteste Phantasie sich nicht vorzustellen vermag. Man muß sie hinnehmen, wie man im Theater die abenteuerlichen Verbindungen von Gegensätzen wie Alt und Stupide mit Schön und Lebhaft hinnimmt, die als Voraussetzung gegeben sind und die Grundlage für den mathematischen Aufbau einer Posse bilden.

Was die Gattin des Rechtsanwalts Jacoby betrifft, so war sie jung und schön, eine Frau von ungewöhnlichen Reizen. Vor – sagen wir einmal – dreißig Jahren war sie auf die Namen Anna, Margarethe, Rosa, Amalie getauft worden, aber man hatte sie, indem man die Anfangsbuchstaben dieser Vornamen zusammenstellte, von jeher nicht anders als Amra genannt, ein Name, der mit seinem exotischen Klange zu ihrer Persönlichkeit paßte wie kein anderer. Denn obgleich die Dunkelheit ihres starken, weichen Haares, das sie seitwärts gescheitelt und nach beiden Seiten schräg von der schmalen Stirn hinweggestrichen trug, nur die Bräune des Kastanienkernes war, so zeigte ihre Haut doch ein vollkommen südliches mattes und dunkles Gelb, und diese Haut umspannte Formen, die ebenfalls von einer südlichen Sonne gereift erschienen und mit ihrer vegetativen und indolenten Üppigkeit an diejenigen einer Sultanin gemahnten. Mit diesem Eindruck, den jede ihrer begehrlich trägen Bewegungen hervorrief, stimmte durchaus überein, daß höchstwahrscheinlich ihr Verstand von Herzen untergeordnet war. Sie brauchte jemanden ein einziges Mal, indem sie auf originelle Art ihre hübschen Brauen ganz waagerecht in die fast rührend schmale Stirn erhob, aus ihren unwissenden, braunen Augen angeblickt zu haben, und man wußte das. Aber auch sie selbst, sie war nicht einfältig genug, es nicht zu wissen; sie vermied es ganz einfach, sich Blößen zu geben, indem sie selten und wenig sprach: und gegen eine Frau, welche schön ist und schweigt, ist nichts einzuwenden. Oh! das Wort ›einfältig‹ war überhaupt wohl am wenigsten bezeichnend für sie. Ihr Blick war nicht nur töricht, sondern auch von einer gewissen lüsternen Verschlagenheit, und man sah wohl, daß diese Frau nicht zu beschränkt war, um geneigt zu sein, Unheil zu stiften ... Übrigens war vielleicht ihre Nase im Profile ein wenig zu stark und fleischig; aber ihr üppiger und breiter Mund war vollendet schön, wenn auch ohne einen anderen Ausdruck als den der Sinnlichkeit.

Diese besorgniserregende Frau also war die Gattin des etwa vierzig Jahre alten Rechtsanwaltes Jacoby, – und wer diesen sah, der staunte. Er war beleibt, der Rechtsanwalt, er war mehr als beleibt, er war ein wahrer Koloß von einem Manne! Seine Beine, die stets in aschgrauen Hosen steckten, erinnerten in ihrer säulenhaften Formlosigkeit an diejenigen eines Elefanten, sein von Fettpolstern gewölbter Rücken war der eines Bären, und über der ungeheuren Rundung seines Bauches war das sonderbare grüngraue Jäckchen, das er zu tragen pflegte, so mühsam mit einem einzigen Knopfe geschlossen, daß es nach beiden Seiten hin bis zu den Schultern zurückschnellte, sobald der Knopf geöffnet wurde. Auf diesem gewaltigen Rumpf aber saß, fast ohne den Übergang eines Halses, ein verhältnismäßig kleiner Kopf mit schmalen und wässerigen Äuglein, einer kurzen, gedrungenen Nase und vor Überfülle herabhängenden Wangen, zwischen denen sich ein ganz winziger Mund mit wehmütig gesenkten Winkeln verlor. Den runden Schädel sowie die Oberlippe bedeckten spärliche und harte, hellblonde Borsten, die überall die nackte Haut hervorschimmern ließen, wie bei einem überfütterten Hunde... Ach! es mußte aller Welt klar sein, daß die Leibesfülle des Rechtsanwalts nicht von gesunder Art war. Sein in der Länge wie in der Breite riesenhafter Körper war überfett, ohne muskulös zu sein, und oft konnte man beobachten, wie ein plötzlicher Blutstrom sich in sein verquollenes Gesicht ergoß, um ebenso plötzlich einer gelblichen Blässe zu weichen, während sein Mund sich auf säuerliche Weise verzog...

Die Praxis des Rechtsanwalts war ganz beschränkt; aber da er, zum Teile von seiten seiner Gattin, ein gutes Vermögen besaß, so bewohnte das – übrigens kinderlose – Paar in der Kaiserstraße ein komfortables Stockwerk und unterhielt einen lebhaften gesellschaftlichen Verkehr: lediglich, wie gewiß ist, den Neigungen Frau Amra's gemäß, denn es ist unmöglich, daß der Rechtsanwalt, der nur mit einem gequälten Eifer bei der Sache zu sein schien, sich glücklich dabei befand. Der Charakter dieses dicken Mannes war der sonderbarste.

Es gab keinen Menschen, der gegen alle Welt höflicher, zuvorkommender, nachgiebiger gewesen wäre als er; aber ohne es sich vielleicht auszusprechen, empfand man, daß sein überfreundliches und schmeichlerisches Betragen aus irgendwelchen Gründen erzwungen war, daß es auf Kleinmut und innerer Unsicherheit beruhte, und fühlte sich unangenehm berührt. Kein Anblick ist häßlicher als derjenige eines Menschen, der sich selbst verachtet, der aber aus Feigheit und Eitelkeit dennoch liebenswürdig sein und gefallen möchte: und nicht anders verhielt es sich, meiner Überzeugung nach, mit dem Rechtsanwalt, der in seiner fast kriechenden Selbstverkleinerung zu weit ging, als daß er sich die notwendige persönliche Würde bewahrt haben konnte. Er war imstande, zu einer Dame, die er zu Tische führen wollte, zu sprechen: »Gnädige Frau, ich bin ein widerlicher Mensch, aber wollen Sie die Güte haben? ...« Und dies sagte er, ohne Talent zur Selbstverspottung, bittersüßlich, gequält und abstoßend. – Die folgende Anekdote beruht gleichfalls auf Wahrheit. Als der Rechtsanwalt eines Tages spazierenging, kam ein rüder Dienstmann mit einem Handwagen daher und fuhr ihm mit dem einen Rade heftig über den Fuß. Zu spät hielt der Mann den Wagen an und wandte sich um, – worauf der Rechtsanwalt, gänzlich fassungslos, blaß und mit bebenden Wangen, ganz tief den Hut zog und stammelte: »Verzeihen Sie mir!« – Dergleichen empört. Aber dieser sonderbare Koloß schien beständig vom bösen Gewissen geplagt zu sein. Wenn er mit seiner Gattin auf dem ›Lerchenberge‹ erschien, der Hauptpromenade der Stadt, so grüßte er, während er hie und da einen scheuen Blick auf die wundervoll elastisch daherschreitende Amra warf, so übereifrig, ängstlich und beflissen nach allen Seiten, als ob er das Bedürfnis empfände, sich demütig vor jedem Leutnant zu bücken und um Verzeihung zu bitten, daß er, gerade er im Besitz dieser schönen Frau sich befinde; und der kläglich freundliche Ausdruck seines Mundes schien zu flehen, daß man ihn nicht verspotten möge.

2

Es ist schon angedeutet worden: Warum eigentlich Amra den Rechtsanwalt Jacoby geheiratet hatte, das steht dahin. Er aber, von seiner Seite, er liebte sie, und zwar mit einer Liebe, so inbrünstig, wie sie bei Leuten seiner Körperbildung sicherlich selten zu finden ist, und so demütig und angstvoll, wie sie seinem übrigen Wesen entsprach. Oftmals, spät abends, wenn Amra bereits in dem großen Schlafzimmer, dessen hohe Fenster mit faltigen geblümten Gardinen verhängt waren, sich zur Ruhe gelegt hatte, kam der Rechtsanwalt, so leise, daß man nicht seine Schritte, sondern nur das langsame Schüttern des Fußbodens und der Möbel vernahm, an ihr schweres Bett, kniete nieder und ergriff mit unendlicher Vorsicht ihre Hand. Amra pflegte in solchen Fällen ihre Brauen waagerecht in die Stirn zu ziehen und ihren ungeheuren Gatten, der im schwachen Licht der Nachtlampe vor ihr lag, schweigend und mit einem Ausdruck sinnlicher Bosheit zu betrachten. Er aber, während er mit seinen plumpen und zitternden Händen behutsam das Hemd von ihrem Arm zurückstrich und sein traurig dickes Gesicht in das weiche Gelenk dieses vollen und bräunlichen Armes drückte, dort, wo sich kleine, blaue Adern von dem dunklen Teint abzeichneten, – er begann mit unterdrückter und bebender Stimme zu sprechen, wie ein verständiger Mensch eigentlich im alltäglichen Leben nicht zu sprechen pflegt. »Amra«, flüsterte er, »meine liebe Amra! Ich störe dich nicht? Du schliefst noch nicht? Lieber Gott, ich habe den ganzen Tag darüber nachgedacht, wie schön du bist und wie ich dich liebe! ... Paß auf, was ich dir sagen will (es ist so schwer, es auszudrücken) ... Ich liebe dich so sehr, daß sich manchmal mein Herz zusammenzieht und ich nicht weiß, wohin ich gehen soll; ich liebe dich über meine Kraft! Du verstehst das wohl nicht, aber du wirst es mir glauben, und du mußt mir ein einziges Mal sagen, daß du mir ein wenig dankbar dafür sein wirst, denn, siehst du, eine solche Liebe, wie die meine zu dir, hat ihren Wert in diesem Leben ... und daß du mich niemals verraten und hintergehen wirst, auch wenn du mich wohl nicht lieben kannst, aber aus Dankbarkeit, allein aus Dankbarkeit ... ich komme zu dir, um dich darum zu bitten, so herzlich, so innig ich bitten kann ...« Und solche Reden pflegten damit zu enden, daß der Rechtsanwalt, ohne seine Lage zu verändern, anfing, leise und bitterlich zu weinen. In diesem Falle aber ward Amra gerührt, strich mit der Hand über die Borsten ihres Gatten und sagte mehrere Male in dem langgezogenen, tröstenden und mokanten Tone, in dem man zu einem Hunde spricht, der kommt, einem die Füße zu lecken: »Ja! – Ja! – Du gutes Tier –!«

Dieses Benehmen Amra's war sicherlich nicht dasjenige einer Frau von Sitten. Auch ist es an der Zeit, daß ich mich der Wahrheit entlaste, die ich bislang zurückhielt, der Wahrheit nämlich, daß sie ihren Gatten dennoch täuschte, daß sie ihn, sage ich, betrog, und zwar mit einem Herrn namens Alfred Läutner. Dies war ein junger Musiker von Begabung, der sich durch amüsante kleine Kompositionen mit seinen siebenundzwanzig Jahren bereits einen hübschen Ruf erworben hatte; ein schlanker Mensch mit keckem Gesicht, einer blonden, losen Frisur und einem sonnigen Lächeln in den Augen, das sehr bewußt war. Er gehörte zu dem Schlage jener kleinen Artisten von heutzutage, die nicht allzuviel von sich verlangen, in erster Linie glückliche und liebenswürdige Menschen sein wollen, sich ihres angenehmen kleinen Talentes bedienen, um ihre persönliche Liebenswürdigkeit zu erhöhen, und in Gesellschaft gern das naive Genie spielen. Bewußt kindlich, unmoralisch, skrupellos, fröhlich, selbstgefällig, wie sie sind, und gesund genug, um sich auch in ihren Krankheiten noch gefallen zu können, ist ihre Eitelkeit in der Tat liebenswürdig, solange sie noch niemals verwundet wurde. Wehe jedoch diesen kleinen Glücklichen und Mimen, wenn ein ernsthaftes Unglück sie befällt, ein Leiden, mit dem sich nicht kokettieren läßt, in dem sie sich nicht mehr gefallen können! Sie werden es nicht verstehen, auf anständige Art unglücklich zu sein, sie werden mit dem Leiden nichts ›anzufangen‹ wissen, sie werden zugrunde gehen ... allein das ist eine Geschichte für sich. – Herr Läutner machte hübsche Sachen: Walzer und Mazurken zumeist, deren Vergnügtheit zwar ein wenig zu populär war, als daß sie (soweit ich mich darauf verstehe) zur ›Musik‹ hätten gerechnet werden können, würde nicht jede dieser

Kompositionen eine kleine originelle Stelle enthalten haben, einen Übergang, einen Einsatz, eine harmonische Wendung, irgendeine kleine nervöse Wirkung, die Witz und Erfindsamkeit verriet, um derentwillen sie gemacht schienen und die sie auch für ernsthafte Kenner interessant machte. Oftmals hatten diese zwei einsamen Takte etwas wunderlich Wehmütiges und Melancholisches an sich, was plötzlich und schnell vergehend in der Tanzsaalheiterkeit der Werkchen aufklang ...

Für diesen jungen Mann also war Amra Jacoby in sträflicher Neigung entbrannt, und er seinesteils hatte nicht genug Sittlichkeit besessen, ihren Anlockungen zu widerstehen. Man traf sich hier, man traf sich dort, und ein unkeusches Verhältnis verband seit Jahr und Tag die beiden: ein Verhältnis, von dem die ganze Stadt wußte und über das sich die ganze Stadt hinter dem Rücken des Rechtsanwalts unterhielt. Und was ihn, den letzteren, betraf? Amra war zu dumm, um an bösem Gewissen leiden und sich ihm dadurch verraten zu können. Es muß durchaus als ausgemacht hingestellt werden, daß der Rechtsanwalt, wie sehr auch immer sein Herz von Sorge und Angst beschwert gewesen sein mag, keinen bestimmten Verdacht gegen seine Gattin hegen konnte.

3

Nun war, um jedes Herz zu erfreuen, der Frühling ins Land gezogen, und Amra hatte einen allerliebsten Einfall gehabt.

»Christian«, sagte sie – der Rechtsanwalt hieß

Christian –, »wir wollen ein Fest geben, ein großes Fest dem neugebrauten Frühlingsbiere zu Ehren, – ganz einfach natürlich, nur kalter Kalbsbraten, aber mit vielen Leuten.«

»Gewiß«, antwortete der Rechtsanwalt. »Aber könnten wir es nicht vielleicht noch ein wenig hinausschieben?«

Hierauf antwortete Amra nicht, sondern ging sofort auf Einzelheiten ein.

»Es werden so viele Leute sein, weißt du, daß unser Raum hier zu beschränkt sein wird; wir müssen uns ein Etablissement, einen Garten, einen Saal vorm Tore mieten, um hinreichend Platz und Luft zu haben. Das wirst du begreifen. Ich denke in erster Linie an den großen Saal des Herrn Wendelin, am Fuße des Lerchenberges. Dieser Saal liegt frei und ist mit der eigentlichen Wirtschaft und der Brauerei nur durch einen Durchgang verbunden. Man kann ihn festlich ausschmücken, man kann dort lange Tische aufstellen und Frühlingsbier trinken; man kann dort tanzen und musizieren, vielleicht auch ein bißchen Theater spielen, denn ich weiß, daß eine kleine Bühne dort ist, worauf ich besonderes Gewicht lege ... Kurz und gut: es soll ein ganz originelles Fest werden, und wir werden uns wundervoll unterhalten.«

Das Gesicht des Rechtsanwaltes war während dieses Gespräches leicht gelblich geworden, und seine Mundwinkel zuckten abwärts. Er sagte:

»Ich freue mich von Herzen darauf, meine liebe Amra. Ich weiß, daß ich alles deiner Geschicklichkeit überlassen darf. Ich bitte dich, deine Vorbereitungen zu treffen.«

4

Und Amra traf ihre Vorbereitungen. Sie nahm Rücksprache mit verschiedenen Damen und Herren, sie mietete persönlich den großen Saal des Herrn Wendelin, sie bildete sogar eine Art von Komitee aus Herrschaften, die aufgefordert worden waren oder sich erboten hatten, bei den heiteren Darstellungen mitzuwirken, welche das Fest verschönern sollten ... Dieses Komitee bestand ausschließlich aus Herren, bis auf die Gattin des Hofschauspielers Hildebrandt, welche Sängerin war. Im übrigen zählten Herr Hildebrandt selbst, ein Assessor Witznagel, ein junger Maler und Herr Alfred Läutner dazu, abgesehen von einigen Studenten, die durch den Assessor eingeführt worden waren und Negertänze zur Aufführung bringen sollten.

Acht Tage bereits, nachdem Amra ihren Entschluß gefaßt hatte, war dieses Komitee, um Rats zu pflegen, in der Kaiserstraße versammelt, und zwar in Amra's Salon, einem kleinen, warmen und vollen Raum, der mit einem dicken Teppich, einer Ottomane nebst vielen Kissen, einer Fächerpalme, englischen Ledersesseln und einem Mahagonitisch mit geschweiften Beinen ausgestattet war, auf dem eine Plüschdecke und mehrere Prachtwerke lagen. Auch ein Kamin war vorhanden, der noch ein wenig geheizt war; auf der schwarzen Steinplatte standen einige Teller mit feinbelegtem Butterbrot, Gläser und zwei Karaffen mit Sherry. – Amra lehnte, einen Fuß leicht über den andern gestellt, in den Kissen der Ottomane, die von der Fächerpalme beschattet ward, und war schön wie eine warme Nacht. Eine Bluse aus heller und ganz leichter Seide umhüllte ihre Büste, ihr Rock aber war aus einem schweren, dunklen und mit großen Blumen bestickten Stoff; hier und da strich sie mit einer Hand die kastanienbraune Haarwelle aus der schmalen Stirn. – Frau Hildebrandt, die Sängerin, saß gleichfalls auf der Ottomane neben ihr; sie hatte rotes Haar und war im Reitkleide. Gegenüber aber den beiden Damen hatten in gedrängtem Halbkreise die Herren Platz genommen – mitten unter ihnen der Rechtsanwalt, der nur einen ganz niedrigen Ledersessel gefunden hatte und sich unsäglich unglücklich ausnahm; dann und wann tat er einen schweren Atemzug und schluckte hinunter, als ob er gegen aufsteigende Übelkeit kämpfte ... Herr Alfred Läutner, im Lawn-Tennis-Anzug, hatte auf einen Stuhl verzichtet und lehnte schmuck und fröhlich am Kamin, weil er behauptete, nicht so lange ruhig sitzen zu können.

Herr Hildebrandt sprach mit wohltönender Stimme über englische Lieder. Er war ein äußerst solid und gut in Schwarz gekleideter Mann mit dickem Cäsarenkopf und sicherem Auftreten – ein Hofschauspieler von Bildung, gediegenen Kenntnissen und geläutertem Geschmack. Er liebte es, in ernsten Gesprächen Ibsen, Zola und Tolstoi zu verurteilen, die ja die gleichen verwerflichen Ziele verfolgten; heute aber war er mit Leutseligkeit bei der geringfügigen Sache.

»Kennen die Herrschaften vielleicht das köstliche Lied ›That's Maria!‹?« sagte er ... »Es ist ein wenig pikant, aber von ganz ungemeiner Wirksamkeit. Auch wäre da noch das berühmte –«, und er brachte noch einige Lieder in Vorschlag, über die man sich schließlich einigte und die Frau Hildebrandt singen zu wollen erklärte. – Der junge Maler, ein Herr mit stark abfallenden Schultern und blondem Spitzbart, sollte einen Zauberkünstler parodieren, während Herr Hildebrandt beabsichtigte, berühmte Männer darzustellen ... kurz, alles entwickelte sich zum besten, und das Programm schien bereits fertiggestellt zu sein, als Herr Assessor Witznagel, der über kulante Bewegungen und viele Mensurnarben verfügte, plötzlich aufs neue das Wort ergriff.

»Schön und gut, meine Herrschaften, das alles verspricht in der Tat unterhaltend zu werden. Allein, ich stehe nicht an, noch eines auszusprechen. Mich dünkt, uns fehlt noch etwas, und zwar die Hauptnummer, die Glanznummer, der Clou, der Höhepunkt ... etwas ganz Besonderes, ganz Verblüffendes, ein Spaß, der die Heiterkeit auf den Gipfel bringt ... kurz, ich stelle anheim, ich habe keinen bestimmten Gedanken; jedoch meinem Gefühle nach ...«

»Das ist im Grunde wahr!« ließ Herr Läutner vom Kamine her seine Tenorstimme vernehmen. »Witznagel hat recht. Eine Haupt- und Schlußnummer wäre sehr wünschenswert. Denken wir nach ...« Und während er mit einigen raschen Griffen seinen roten Gürtel zurechtschob, blickte er forschend umher. Der Ausdruck seines Gesichtes war wirklich liebenswürdig.

»Je nun«, sagte Herr Hildebrandt; »wenn man die großen Männer nicht als Höhepunkt auffassen will ...«

Alle stimmten dem Assessor bei. Eine besonders scherzhafte Hauptnummer sei wünschenswert. Selbst der Rechtsanwalt nickte und sagte leise: »Wahrhaftig, – etwas hervorragend Heiteres ...« Alle versanken in Nachdenken.

Und am Ende dieser Gesprächspause, die etwa eine Minute dauerte und nur durch kleine Ausrufe des Überlegens unterbrochen ward, geschah das Seltsame. Amra saß in die Kissen der Ottomane zurückgelehnt und nagte flink und eifrig wie eine Maus an dem spitzen Nagel ihres kleinen Fingers, während ihr Gesicht einen ganz eigenartigen Ausdruck zeigte. Ein Lächeln lag um ihren Mund, ein abwesendes und beinahe irres Lächeln, das von einer schmerzlichen und zugleich grausamen Lüsternheit redete, und ihre Augen, welche ganz weit geöffnet und ganz blank waren, schweiften langsam zum Kamin hinüber, wo sie für eine Sekunde in dem Blicke des jungen Musikers hängenblieben. Dann aber, mit einem Ruck, schob sie den ganzen Oberkörper zur Seite, ihrem Gatten, dem Rechtsanwalte, entgegen, und während sie ihm, beide Hände im Schoß, mit einem klammernden und saugenden Blick ins Gesicht starrte, wobei ihr Antlitz sichtlich erbleichte, sprach sie mit voller und langsamer Stimme:

»Christian, ich schlage vor, daß du zum Schlusse als Chanteuse mit einem rotseidenen Babykleide auftrittst und uns etwas vortanzest.« –

Die Wirkung dieser wenigen Worte war ungeheuer. Nur der junge Maler versuchte gutmütig zu lachen, während Herr Hildebrandt mit steinkaltem Gesicht seinen Ärmel säuberte, die Studenten husteten und unziemlich laut ihre Schnupftücher gebrauchten, Frau Hildebrandt heftig errötete, was nicht oft geschah, und Assessor Witznagel einfach davonlief, um sich ein Butterbrot zu holen. Der Rechtsanwalt hockte in qualvoller Stellung auf seinem niedrigen Sessel und blickte mit gelbem Gesicht und einem angsterfüllten Lächeln umher, indem er stammelte:

»Aber mein Gott ... ich ... wohl kaum befähigt ... nicht als ob ... verzeihen Sie mir ...«

Alfred Läutner hatte kein sorgloses Gesicht mehr. Es sah aus, als ob er ein wenig rot geworden sei, und mit vorgestrecktem Kopf blickte er in Amra's Augen, gestört, verständnislos, forschend ...

Sie aber, Amra, ohne ihre eindringliche Stellung zu verändern, fuhr mit derselben gewichtigen Betonung zu sprechen fort:

»Und zwar solltest du ein Lied singen, Christian, das Herr Läutner komponiert hat und das er dich auf dem Klavier begleiten wird; das wird der beste und wirksamste Höhepunkt unseres Festes sein.«

Eine Pause trat ein, eine drückende Pause. Dann jedoch, ganz plötzlich, begab sich das Sonderbare, daß Herr Läutner, angesteckt gleichsam, mitgerissen und aufgeregt, einen Schritt hervortrat und zitternd vor einer Art jäher Begeisterung rasch zu sprechen begann:

»Bei Gott, Herr Rechtsanwalt, ich bin bereit, ich erkläre mich bereit, Ihnen etwas zu komponieren ... Sie müssen es singen, Sie müssen es tanzen ... Es ist der einzig denkbare Höhepunkt des Festes ... Sie werden sehen, Sie werden sehen, – es wird das Beste sein, was ich gemacht habe und jemals machen werde ... In rotseidenem Babykleide! Ach, Ihre Frau Gemahlin ist eine Künstlerin, eine Künstlerin sage ich! Sie hätte sonst nicht auf diesen Gedanken kommen können! Sagen Sie ja, ich flehe Sie an, willigen Sie ein! Ich werde etwas leisten, ich werde etwas machen, Sie werden sehen ...«

Hier löste sich alles, und alles geriet in Bewegung. Sei es aus Bosheit oder aus Höflichkeit, – alles begann, auf den Rechtsanwalt mit Bitten einzustürmen, und

Frau Hildebrandt ging so weit, mit ihrer Brünnhildenstimme ganz laut zu sagen: »Herr Rechtsanwalt, Sie sind doch sonst ein lustiger und unterhaltender Mann!« Aber auch er selbst, der Rechtsanwalt, fand nun Worte, und ein wenig gelb noch, aber mit einem starken Aufwand von Entschiedenheit, sagte er:

»Hören Sie mich an, meine Herrschaften – was soll ich Ihnen sagen? Ich bin nicht geeignet, glauben Sie mir. Ich besitze wenig komische Begabung, und abgesehen davon ... kurz, nein, das ist leider unmöglich.«

Bei dieser Weigerung beharrte er hartnäckig, und da Amra nicht mehr in die Unterhaltung eingriff, da sie mit ziemlich abwesendem Gesichtsausdruck zurückgelehnt saß, und da auch Herr Läutner kein Wort mehr sprach, sondern in tiefer Betrachtung auf eine Arabeske des Teppichs starrte, so gelang es Herrn Hildebrandt, dem Gespräche eine andere Wendung zu geben, und bald darauf löste sich die Gesellschaft auf, ohne über die letzte Frage zu einer Entscheidung gelangt zu sein. –

Am Abend des nämlichen Tages jedoch, als Amra schlafen gegangen war und mit offenen Augen lag, trat schweren Schrittes ihr Gatte ein, zog einen Stuhl an ihr Bett, ließ sich nieder und sagte leise und zögernd:

»Höre, Amra, um offen zu sein, so bin ich von Bedenken bedrückt. Wenn ich heute den Herrschaften allzu abweisend begegnet bin, wenn ich sie vor die Stirn gestoßen habe – Gott weiß, daß es nicht meine Absicht war! Oder solltest du ernstlich der Meinung sein ... ich bitte dich ...«

Amra schwieg einen Augenblick, während ihre Brauen sich langsam in die Stirn zogen. Dann zuckte sie die Achseln und sagte:

»Ich weiß nicht, was ich dir antworten soll, mein Freund. Du hast dich betragen, wie ich es niemals von dir erwartet hätte. Du hast dich mit unfreundlichen Worten geweigert, die Aufführungen durch deine Mitwirkung zu unterstützen, die, was dir nur schmeichelhaft sein kann, von allen für notwendig gehalten wurde. Du hast alle Welt, um mich eines gelinden Ausdruckes zu bedienen, aufs schwerste enttäuscht, und du hast das ganze Fest durch deine rauhe Ungefälligkeit gestört, während es deine Pflicht als Gastgeber gewesen wäre ...«

Der Rechtsanwalt hatte den Kopf sinken lassen, und schwer atmend sagte er:

»Nein, Amra, ich habe nicht ungefällig sein wollen, glaube mir das. Ich will niemand beleidigen und niemandem mißfallen, und wenn ich mich häßlich benommen habe, so bin ich bereit, es wieder gutzumachen. Es handelt sich um einen Scherz, eine Mummerei, einen unschuldigen Spaß, – warum nicht? Ich will das Fest nicht stören, ich erkläre mich bereit ...«

– Am nächsten Nachmittag fuhr Amra wieder einmal aus, um ›Besorgungen‹ zu machen. Sie hielt in der Holzstraße Nr. 78 und stieg in das zweite Stockwerk hinauf, woselbst man sie erwartete. Und während sie hingestreckt und aufgelöst in Liebe seinen Kopf an ihre Brust drückte, flüsterte sie mit Leidenschaft:

»Setze es vierhändig, hörst du! Wir werden ihn miteinander begleiten, während er singt und tanzt. Ich, ich werde für das Kostüm sorgen ...«

Und ein seltsamer Schauer, ein unterdrücktes und krampfhaftes Gelächter ging durch die Glieder beider. –

5

Jedem, der ein Fest zu geben wünscht, eine Unterhaltung größeren Stils im Freien, sind die Lokalitäten des Herrn Wendelin am Lerchenberge aufs beste zu empfehlen. Von der anmutigen Vorstadtstraße aus betritt man durch ein hohes Gattertor den parkartigen Garten, der dem Etablissement zugehört und in dessen Mitte die weitläufige Festhalle gelegen ist. Diese Halle, die nur ein schmaler Durchgang mit dem Restaurant, der Küche und der Brauerei verbindet und die aus lustig bunt bemaltem Holz in einem drolligen Stilgemisch aus Chinesisch und Renaissance erbaut ist, besitzt große Flügeltüren, die man bei gutem Wetter geöffnet halten kann, um den Atem der Bäume hereinzulassen, und faßt eine Menge von Menschen.

Heute wurden die heranrollenden Wagen schon in der Ferne von farbigem Lichtschimmer begrüßt, denn das ganze Gitter, die Bäume des Gartens und die Halle selbst waren dicht mit bunten Lampions geschmückt, und was den inneren Festsaal betrifft, so bot er einen wahrhaft freudigen Anblick. Unterhalb der Decke zogen sich starke Girlanden hin, an denen wiederum zahlreiche Papierlaternen befestigt waren, obgleich zwischen dem Schmuck der Wände, der aus Fahnen, Strauchwerk und künstlichen Blumen bestand, eine Menge elektrischer Glühlampen hervorstrahlten, die den Saal aufs glänzendste beleuchteten. An seinem Ende befand sich die Bühne, zu deren Seiten Blattpflanzen standen und auf deren rotem Vorhang ein von Künstlerhand gemalter Genius schwebte. Vom andern Ende des Raumes aber zogen sich, fast bis zur Bühne hin, die langen, mit Blumen geschmückten Tafeln, an denen die Gäste des Rechtsanwalts Jacoby sich in Frühlingsbier und Kalbsbraten gütlich taten: Juristen, Offiziere, Kaufherren, Künstler, hohe Beamte nebst ihren Gattinnen und Töchtern, - mehr als hundertundfünfzig Herrschaften sicherlich. Man war ganz einfach, in schwarzem Rock und halbheller Frühlingstoilette, erschienen, denn heitere Ungezwungenheit war heute Gesetz. Die Herren liefen persönlich mit den Krügen zu den großen Fässern, die an der einen Seitenwand aufgestellt waren, und in dem weiten, bunten und lichten Raume, den der süßliche und schwüle Festdunst von Tannen, Blumen, Menschen, Bier und Speisen erfüllte, schwirrte und toste das Geklapper, das laute und einfache Gespräch, das helle, höfliche, lebhafte und sorglose Gelächter aller dieser Leute... Der Rechtsanwalt saß unförmig und hilflos am Ende der einen Tafel, nahe der Bühne; er trank nicht viel und richtete hie und da ein mühsames Wort an seine Nachbarin, die Regierungsrätin Havermann. Er atmete widerwillig mit hängenden Mundwinkeln, und seine verquollenen, trübewässerigen Augen blickten unbeweglich und mit einer Art schwermütiger Befremdung in das fröhliche Treiben hinein, als läge in diesem Festdunst, in dieser geräuschvollen Heiterkeit etwas unsäglich Trauriges und Unverständliches...

Nun wurden große Torten herumgereicht, wozu man anfing, süßen Wein zu trinken und Reden zu halten. Herr Hildebrandt, der Hofschauspieler, feierte das Frühlingsbier in einer Ansprache, die ganz aus klassischen Zitaten, ja, auch aus griechischen, bestand, und Assessor Witznagel toastete mit seinen kulantesten Bewegungen in der feinsinnigsten Weise auf die anwesenden Damen, indem er aus der nächsten Vase und vom Tischtuch eine Handvoll Blumen nahm und jeder davon eine Dame verglich. Amra Jacoby aber, die ihm in einer Toilette aus dünner, gelber Seide gegenübersaß, ward »die schönere Schwester der Teerose« genannt.

Gleich darauf strich sie mit der Hand über ihren weichen Scheitel, hob die Augenbrauen und nickte ihrem Gatten ernsthaft zu, – worauf der dicke Mann sich erhob und beinahe die ganze Stimmung verdorben hätte, indem er in seiner peinlichen Art mit häßlichem Lächeln ein paar armselige Worte stammelte ... Nur ein paar künstliche Bravos wurden laut, und einen Augenblick herrschte bedrücktes Schweigen. Alsbald jedoch trug die Fröhlichkeit wieder den Sieg davon, und schon begann man auch, sich rauchend und ziemlich bezecht zu erheben und eigenhändig unter großem Lärm die Tische aus dem Saale zu schaffen, denn man wollte tanzen.

Es war nach elf Uhr, und die Zwanglosigkeit war vollkommen geworden. Ein Teil der Gesellschaft war in den bunt beleuchteten Garten hinausgeströmt, um frische Luft zu schöpfen, während ein anderer im Saale verblieb, in Gruppen beisammenstand, rauchte, plauderte, Bier zapfte, im Stehen trank ... Da erscholl von der Bühne ein starker Trompetenstoß, der alles in den Saal berief. Musiker – Bläser und Streicher – waren eingetroffen und hatten sich vorm Vorhang niedergelassen; Stuhlreihen, auf denen rote Programme lagen, waren aufgestellt worden, und die Damen ließen sich nieder, während die Herren hinter ihnen oder zu beiden Seiten sich aufstellten. Es herrschte erwartungsvolle Stille.

Dann spielte das kleine Orchester eine rauschende Ouvertüre, der Vorhang öffnete sich – und siehe, da stand eine Anzahl scheußlicher Neger, in schreienden Kostümen und mit blutroten Lippen, welche die Zähne fletschten und ein barbarisches Geheul begannen ... Diese Aufführungen bildeten in der Tat den Höhepunkt von Amra's Fest. Begeisterter Applaus brach los, und Nummer für Nummer entwickelte sich das klug komponierte Programm: Frau Hildebrandt trat mit einer gepuderten Perücke auf, stieß mit einem langen Stock auf den Fußboden und sang überlaut: »That's Maria!« Ein Zauberkünstler erschien in ordenbedecktem Frack, um das Erstaunlichste zu vollführen, Herr Hildebrandt stellte Goethe, Bismarck und Napoleon zum Erschrecken ähnlich dar, und Redakteur Doktor Wiesensprung übernahm im letzten Augenblick einen humoristischen Vortrag über das Thema: ›Das Frühlingsbier in seiner sozialen Bedeutung.‹ Am Ende jedoch erreichte die Spannung ihren Gipfel, denn die letzte Nummer stand bevor, diese geheimnisvolle Nummer, die auf dem Programm mit einem Lorbeerkranze eingerahmt war und also lautete: »*Luischen.* Gesang und Tanz. Musik von Alfred Läutner.« –

Eine Bewegung ging durch den Saal, und die Blicke trafen sich, als die Musiker ihre Instrumente beiseite stellten und Herr Läutner, der bislang schweigsam und die Zigarette zwischen den gleichgültig aufgeworfenen Lippen an einer Tür gelehnt hatte, zusammen mit Amra Jacoby an dem Piano Platz nahm, das in der Mitte vorm Vorhang stand. Sein Gesicht war gerötet, und er blätterte nervös in den geschriebenen Noten, während Amra, die im Gegenteile ein wenig blaß war, einen

Arm auf die Stuhllehne gestützt, mit einem lauernden Blick ins Publikum sah. Dann erscholl, während alle Hälse sich reckten, das scharfe Klingelzeichen. Herr Läutner und Amra spielten ein paar Takte belangloser Einleitung, der Vorhang rollte empor, Luischen erschien . . .

Ein Ruck der Verblüffung und des Erstarrens pflanzte sich durch die Menge der Zuschauer fort, als diese traurige und gräßlich aufgeputzte Masse in mühsamem Bärentanzschritt hereinkam. Es war der Rechtsanwalt. Ein weites, faltenloses Kleid aus blutroter Seide, welches bis zu den Füßen hinabfiel, umgab seinen unförmigen Körper, und dieses Kleid war ausgeschnitten, so daß der mit Mehlpuder betupfte Hals widerlich freilag. Auch die Ärmel waren an den Schultern ganz kurz gepufft, aber lange, hellgelbe Handschuhe bedeckten die dicken und muskellosen Arme, während auf dem Kopfe eine hohe, semmelblonde Lockencoiffüre saß, auf der eine grüne Feder hin und wider wankte. Unter dieser Perücke aber blickte ein gelbes, verquollenes, unglückliches und verzweifelt munteres Gesicht hervor, dessen Wangen beständig in mitleiderregender Weise auf und nieder bebten und dessen kleine, rotgeränderte Augen, ohne etwas zu sehen, angestrengt auf den Fußboden niederstarrten, während der dicke Mann sich mühsam von einem Bein auf das andere warf, wobei er entweder mit beiden Händen sein Kleid erfaßt hielt oder mit kraftlosen Armen beide Zeigefinger emporhob, – er wußte keine andere Bewegung; und mit gepreßter und keuchender Stimme sang er zu den Klängen des Pianos ein albernes Lied.

Ging nicht mehr als jemals von dieser jammervollen

Figur ein kalter Hauch des Leidens aus, der jede unbefangene Fröhlichkeit tötete und sich wie ein unabwendbarer Druck peinvoller Mißstimmung über diese ganze Gesellschaft legte? ... Das nämliche Grauen lag im Grunde aller der zahllosen Augen, die sich wie gebannt geradeaus auf dieses Bild richteten, auf dieses Paar am Klaviere und auf diesen Ehegatten dort oben ... Der stille, unerhörte Skandal dauerte wohl fünf lange Minuten.

Dann aber trat der Augenblick ein, den niemand, der ihm beigewohnt, während der Dauer seines Lebens vergessen wird ... Vergegenwärtigen wir uns, was in dieser kleinen furchtbaren und komplizierten Zeitspanne eigentlich vor sich ging.

Man kennt das lächerliche Couplet, das ›Luischen‹ betitelt ist, und man erinnert sich ohne Zweifel der Zeilen, welche lauten:

> Den Walzertanz und auch die Polke
> Hat keine noch wie ich vollführt;
> Ich bin Luischen aus dem Volke,
> Die manches Männerherz gerührt ...

– dieser unschönen und leichtfertigen Verse, die den Refrain der drei ziemlich langen Strophen bilden. Nun wohl, bei der Neukomposition dieser Worte hatte Alfred Läutner sein Meisterstück vollbracht, indem er seine Manier, inmitten eines vulgären und komischen Machwerkes durch ein plötzliches Kunststück der hohen Musik zu verblüffen, auf die Spitze getrieben hatte. Die Melodie, die sich in Cis-Dur bewegte, war während der ersten Strophen ziemlich hübsch und ganz banal gewesen. Zu Beginn des zitierten Refrains wurde das Zeitmaß belebter, und Dissonanzen traten auf, die durch das immer lebhaftere Hervorklingen eines h einen Übergang nach Fis-Dur erwarten ließen. Diese Disharmonien komplizierten sich bis zu dem Worte »vollführt«, und nach dem »ich bin«, das die Verwicklung und Spannung vollständig machte, mußte eine Auflösung nach Fis-Dur hin erfolgen. Statt dessen geschah das Überraschendste. Durch eine jähe Wendung nämlich, vermittelst eines nahezu genialen Einfalles, schlug hier die Tonart nach F-Dur um, und dieser Einsatz, der unter Benutzung beider Pedale auf der lang ausgehaltenen zweiten Silbe des Wortes »Luischen« erfolgte, war von unbeschreiblicher, von ganz unerhörter Wirkung! Es war eine vollkommen verblüffende Überrumpelung, eine jähe Berührung der Nerven, die den Rücken hinunterschauerte, es war ein Wunder, eine Enthüllung, eine in ihrer Plötzlichkeit fast grausame Entschleierung, ein Vorhang, der zerreißt ...

Und bei diesem F-Dur-Akkord hörte der Rechtsanwalt Jacoby zu tanzen auf. Er stand still, er stand inmitten der Bühne wie angewurzelt, beide Zeigefinger noch immer erhoben – einen ein wenig niedriger als den anderen –, das i von »Luischen« brach ihm vom Munde ab, er verstummte, und während fast gleichzeitig auch die Klavierbegleitung sich scharf unterbrach, starrte diese abenteuerliche und gräßlich lächerliche Erscheinung dort oben mit tierisch vorgeschobenem Kopf und entzündeten Augen geradeaus ... Er starrte in diesen geputzten, hellen und menschenvollen Festsaal hinein, in dem, wie eine Ausdünstung aller dieser Menschen, der fast zur Atmosphäre verdichtete Skandal lagerte ... Er starrte in alle diese erhobenen, verzogenen und scharfbeleuchteten Gesichter, in diese Hunderte von Augen, die alle sich mit dem gleichen Ausdruck von Wissen auf das Paar dort unten vor ihm und auf ihn selbst richteten ... Er ließ, während eine furchtbare, von keinem Laut unterbrochene Stille über allen lagerte, seine immer mehr sich erweiternden Augen langsam und unheimlich von diesem Paar auf das Publikum und von dem Publikum auf dies Paar wandern, ... eine Erkenntnis schien plötzlich über sein Gesicht zu gehen, ein Blutstrom ergoß sich in dieses Gesicht, um es rot wie das Seidenkleid aufquellen zu machen und es gleich darauf wachsgelb zurückzulassen, – und der dicke Mann brach zusammen, daß die Bretter krachten.

– Während eines Augenblickes herrschte die Stille fort; dann wurden Schreie laut, Tumult entstand, ein paar beherzte Herren, darunter ein junger Arzt, sprangen vom Orchester aus auf die Bühne, der Vorhang ward herabgelassen ...

Amra Jacoby und Alfred Läutner saßen, voneinander abgewandt, noch immer am Klavier. Er, gesenkten Hauptes, schien noch seinem Übergang nach F-Dur nachzuhorchen; sie, unfähig, mit ihrem Spatzenhirn so rasch zu begreifen, was vor sich ging, blickte mit vollkommen leerem Gesichte um sich her ...

Gleich darauf erschien der junge Arzt aufs neue im Saal, ein kleiner jüdischer Herr mit ernstem Gesicht und schwarzem Spitzbart. Einigen Herrschaften, die ihn an der Tür umringten, antwortete er achselzuckend:

»Aus.«

[1900]

Tristan

I

Hier ist ›Einfried‹, das Sanatorium! Weiß und geradlinig liegt es mit seinem langgestreckten Hauptgebäude und seinem Seitenflügel inmitten des weiten Gartens, der mit Grotten, Laubengängen und kleinen Pavillons aus Baumrinde ergötzlich ausgestattet ist, und hinter seinen Schieferdächern ragen tannengrün, massig und weich zerklüftet die Berge himmelan.

Nach wie vor leitet Doktor Leander die Anstalt. Mit seinem zweispitzigen schwarzen Bart, der hart und kraus ist wie das Roßhaar, mit dem man die Möbel stopft, seinen dicken, funkelnden Brillengläsern und diesem Aspekt eines Mannes, den die Wissenschaft gekältet, gehärtet und mit stillem, nachsichtigem Pessimismus erfüllt hat, hält er auf kurz angebundene und verschlossene Art die Leidenden in seinem Bann, – alle diese Individuen, die, zu schwach, sich selbst Gesetze zu geben und sie zu halten, ihm ihr Vermögen ausliefern, um sich von seiner Strenge stützen lassen zu dürfen.

Was Fräulein von Osterloh betrifft, so steht sie mit unermüdlicher Hingabe dem Haushalte vor. Mein Gott, wie tätig sie, treppauf und treppab, von einem Ende der Anstalt zum anderen eilt! Sie herrscht in

Küche und Vorratskammer, sie klettert in den Wäscheschränken umher, sie kommandiert die Dienerschaft und bestellt unter den Gesichtspunkten der Sparsamkeit, der Hygiene, des Wohlgeschmacks und der äußeren Anmut den Tisch des Hauses, sie wirtschaftet mit einer rasenden Umsicht, und in ihrer extremen Tüchtigkeit liegt ein beständiger Vorwurf für die gesamte Männerwelt verborgen, von der noch niemand darauf verfallen ist, sie heimzuführen. Auf ihren Wangen aber glüht in zwei runden, karmoisinroten Flecken die unauslöschliche Hoffnung, dereinst Frau Doktor Leander zu werden ...

Ozon und stille, stille Luft ... für Lungenkranke ist ›Einfried‹, was Doktor Leanders Neider und Rivalen auch sagen mögen, aufs wärmste zu empfehlen. Aber es halten sich nicht nur Phthisiker, es halten sich Patienten aller Art, Herren, Damen und sogar Kinder hier auf: Doktor Leander hat auf den verschiedensten Gebieten Erfolg aufzuweisen. Es gibt hier gastrisch Leidende, wie die Magistratsrätin Spatz, die überdies an den Ohren krankt, Herrschaften mit Herzfehlern, Paralytiker, Rheumatiker und Nervöse in allen Zuständen. Ein diabetischer General verzehrt hier unter immerwährendem Murren seine Pension. Mehrere Herren mit entfleischten Gesichtern werfen auf jene unbeherrschte Art ihre Beine, die nichts Gutes bedeutet. Eine fünfzigjährige Dame, die Pastorin Höhlenrauch, die neunzehn Kinder zur Welt gebracht hat und absolut keines Gedankens mehr fähig ist, gelangt dennoch nicht zum Frieden, sondern irrt, von einer blöden Unrast getrieben, seit einem Jahre bereits am Arm ihrer Privatpflegerin starr und stumm, ziellos und unheimlich durch das ganze Haus.

Dann und wann stirbt jemand von den ›Schweren‹, die in ihren Zimmern liegen und nicht zu den Mahlzeiten noch im Konversationszimmer erscheinen, und niemand, selbst der Zimmernachbar nicht, erfährt etwas davon. In stiller Nacht wird der wächserne Gast beiseite geschafft, und ungestört nimmt das Treiben in ›Einfried‹ seinen Fortgang, das Massieren, Elektrisieren und Injizieren, das Duschen, Baden, Turnen, Schwitzen und Inhalieren in den verschiedenen mit allen Errungenschaften der Neuzeit ausgestatteten Räumlichkeiten …

Ja, es geht lebhaft zu hierselbst. Das Institut steht in Flor. Der Portier, am Eingange des Seitenflügels, rührt die große Glocke, wenn neue Gäste eintreffen, und in aller Form geleitet Doktor Leander, zusammen mit Fräulein von Osterloh, die Abreisenden zum Wagen. Was für Existenzen hat ›Einfried‹ nicht schon beherbergt! Sogar ein Schriftsteller ist da, ein exzentrischer Mensch, der den Namen irgendeines Minerals oder Edelsteines führt und hier dem Herrgott die Tage stiehlt …

Übrigens ist, neben Herrn Doktor Leander, noch ein zweiter Arzt vorhanden, für die leichten Fälle und die Hoffnungslosen. Aber er heißt Müller und ist überhaupt nicht der Rede wert.

2

Anfang Januar brachte Großkaufmann Klöterjahn – in Firma A. C. Klöterjahn & Comp. – seine Gattin nach ›Einfried‹; der Portier rührte die Glocke, und

Fräulein von Osterloh begrüßte die weither gereisten Herrschaften im Empfangszimmer zu ebener Erde, das, wie beinahe das ganze vornehme alte Haus, in wunderbar reinem Empirestil eingerichtet war. Gleich darauf erschien auch Doktor Leander; er verbeugte sich, und es entspann sich eine erste, für beide Teile orientierende Konversation.

Draußen lag der winterliche Garten mit Matten über den Beeten, verschneiten Grotten und vereinsamten Tempelchen, und zwei Hausknechte schleppten vom Wagen her, der auf der Chaussee vor der Gatterpforte hielt – denn es führte keine Anfahrt zum Hause –, die Koffer der neuen Gäste herbei.

»Langsam, Gabriele, take care, mein Engel, und halte den Mund zu«, hatte Herr Klöterjahn gesagt, als er seine Frau durch den Garten führte; und in dieses »take care« mußte zärtlichen und zitternden Herzens jedermann innerlich einstimmen, der sie erblickte, – wenn auch nicht zu leugnen ist, daß Herr Klöterjahn es anstandslos auf deutsch hätte sagen können.

Der Kutscher, welcher die Herrschaften von der Station zum Sanatorium gefahren hatte, ein roher, unbewußter Mann ohne Feingefühl, hatte geradezu die Zunge zwischen die Zähne genommen vor ohnmächtiger Behutsamkeit, während der Großkaufmann seiner Gattin beim Aussteigen behilflich war; ja, es hatte ausgesehen, als ob die beiden Braunen, in der stillen Frostluft qualmend, mit rückwärts gerollten Augen angestrengt diesen ängstlichen Vorgang verfolgten, voll Besorgnis für soviel schwache Grazie und zarten Liebreiz.

Die junge Frau litt an der Luftröhre, wie ausdrücklich in dem anmeldenden Schreiben zu lesen stand, das Herr

Klöterjahn vom Strande der Ostsee aus an den dirigierenden Arzt von ›Einfried‹ gerichtet hatte, und Gott sei Dank, daß es nicht die Lunge war! Wenn es aber dennoch die Lunge gewesen wäre, – diese neue Patientin hätte keinen holderen und veredelteren, keinen entrückteren und unstofflicheren Anblick gewähren können als jetzt, da sie an der Seite ihres stämmigen Gatten, weich und ermüdet in den weißlackierten, gradlinigen Armsessel zurückgelehnt, dem Gespräche folgte.

Ihre schönen, blassen Hände, ohne Schmuck bis auf den schlichten Ehering, ruhten in den Schoßfalten eines schweren und dunklen Tuchrockes, und sie trug eine silbergraue, anschließende Taille mit festem Stehkragen, die mit hochaufliegenden Sammetarabesken über und über besetzt war. Aber diese gewichtigen und warmen Stoffe ließen die unsägliche Zartheit, Süßigkeit und Mattigkeit des Köpfchens nur noch rührender, unirdischer und lieblicher erscheinen. Ihr lichtbraunes Haar, tief im Nacken zu einem Knoten zusammengefaßt, war glatt zurückgestrichen, und nur in der Nähe der rechten Schläfe fiel eine krause, lose Locke in die Stirn, unfern der Stelle, wo über der markant gezeichneten Braue ein kleines, seltsames Äderchen sich blaßblau und kränklich in der Klarheit und Makellosigkeit dieser wie durchsichtigen Stirn verzweigte. Dies blaue Äderchen über dem Auge beherrschte auf eine beunruhigende Art das ganze feine Oval des Gesichts. Es trat sichtbarer hervor, sobald die Frau zu sprechen begann, ja, sobald sie auch nur lächelte, und es gab alsdann dem Gesichtsausdruck etwas Angestrengtes, ja selbst Bedrängtes, was unbestimmte Befürchtungen erweckte. Dennoch sprach sie und lächelte. Sie sprach freimütig und freundlich mit ihrer leicht verschleierten Stimme, und sie lächelte mit ihren Augen, die ein wenig mühsam blickten, ja hie und da eine kleine Neigung zum Verschießen zeigten, und deren Winkel, zu beiden Seiten der schmalen Nasenwurzel, in tiefem Schatten lagen, sowie mit ihrem schönen, breiten Munde, der blaß war und dennoch zu leuchten schien, vielleicht, weil seine Lippen so überaus scharf und deutlich umrissen waren. Manchmal hüstelte sie. Hierbei führte sie ihr Taschentuch zum Munde und betrachtete es alsdann.

»Hüstle nicht, Gabriele«, sagte Herr Klöterjahn. »Du weißt, daß Doktor Hinzpeter zu Hause es dir extra verboten hat, darling, und es ist bloß, daß man sich zusammennimmt, mein Engel. Es ist, wie gesagt, die Luftröhre«, wiederholte er. »Ich glaubte wahrhaftig, es wäre die Lunge, als es losging, und kriegte, weiß Gott, einen Schreck. Aber es ist nicht die Lunge, nee, Deubel noch mal, auf so was lassen wir uns nicht ein, was, Gabriele? hö, hö!«

»Zweifelsohne«, sagte Doktor Leander und funkelte sie mit seinen Brillengläsern an.

Hierauf verlangte Herr Klöterjahn Kaffee, – Kaffee und Buttersemmeln, und er hatte eine anschauliche Art, den K-Laut ganz hinten im Schlunde zu bilden und »Bottersemmeln« zu sagen, daß jedermann Appetit bekommen mußte.

Er bekam, was er wünschte, bekam auch Zimmer für sich und seine Gattin, und man richtete sich ein.

Übrigens übernahm Doktor Leander selbst die Behandlung, ohne Doktor Müller für den Fall in Anspruch zu nehmen.

3

Die Persönlichkeit der neuen Patientin erregte ungewöhnliches Aufsehen in ›Einfried‹, und Herr Klöterjahn, gewöhnt an solche Erfolge, nahm jede Huldigung, die man ihr darbrachte, mit Genugtuung entgegen. Der diabetische General hörte einen Augenblick zu murren auf, als er ihrer zum ersten Male ansichtig wurde, die Herren mit den entfleischten Gesichtern lächelten und versuchten angestrengt, ihre Beine zu beherrschen, wenn sie in ihre Nähe kamen, und die Magistratsrätin Spatz schloß sich ihr sofort als ältere Freundin an. Ja, sie machte Eindruck, die Frau, die Herrn Klöterjahns Namen trug! Ein Schriftsteller, der seit ein paar Wochen in ›Einfried‹ seine Zeit verbrachte, ein befremdender Kauz, dessen Name wie der eines Edelsteines lautete, verfärbte sich geradezu, als sie auf dem Korridor an ihm vorüberging, blieb stehen und stand noch immer wie angewurzelt, als sie schon längst entschwunden war.

Zwei Tage waren noch nicht vergangen, als die ganze Kurgesellschaft mit ihrer Geschichte vertraut war. Sie war aus Bremen gebürtig, was übrigens, wenn sie sprach, an gewissen liebenswürdigen Lautverzerrungen zu erkennen war, und hatte dortselbst vor zwiefacher Jahresfrist dem Großhändler Klöterjahn ihr Jawort fürs Leben erteilt. Sie war ihm in seine Vaterstadt, dort oben am Ostseestrande, gefolgt und hatte ihm vor nun etwa zehn Monaten unter ganz außergewöhnlich schweren und gefährlichen Umständen ein Kind, einen bewundernswert lebhaften und wohlgeratenen Sohn und Erben beschert. Seit diesen furchtbaren Tagen aber war sie nicht wieder zu Kräften gekommen, gesetzt, daß sie jemals bei Kräften gewesen war. Sie war kaum vom Wochenbette erstanden, äußerst erschöpft, äußerst verarmt an Lebenskräften, als sie beim Husten ein wenig Blut aufgebracht hatte, - oh, nicht viel, ein unbedeutendes bißchen Blut; aber es wäre doch besser überhaupt nicht zum Vorschein gekommen, und das Bedenkliche war, daß derselbe kleine unheimliche Vorfall sich nach kurzer Zeit wiederholte. Nun, es gab Mittel hiergegen, und Doktor Hinzpeter, der Hausarzt, bediente sich ihrer. Vollständige Ruhe wurde geboten, Eisstückchen wurden geschluckt, Morphium ward gegen den Hustenreiz verabfolgt und das Herz nach Möglichkeit beruhigt. Die Genesung aber wollte sich nicht einstellen, und während das Kind, Anton Klöterjahn der Jüngere, ein Prachtstück von einem Baby, mit ungeheurer Energie und Rücksichtslosigkeit seinen Platz im Leben eroberte und behauptete, schien die junge Mutter in einer sanften und stillen Glut dahinzuschwinden ... Es war, wie gesagt, die Luftröhre, ein Wort, das in Doktor Hinzpeters Munde eine überraschend tröstliche, beruhigende, fast erheiternde Wirkung auf alle Gemüter ausübte. Aber obgleich es nicht die Lunge war, hatte der Doktor schließlich den Einfluß eines milderen Klimas und des Aufenthaltes in einer Kuranstalt zur Beschleunigung der Heilung als dringend wünschenswert erachtet, und der Ruf des Sanatoriums ›Einfried‹ und seines Leiters hatte das übrige getan.

So verhielt es sich; und Herr Klöterjahn selbst erzählte es jedem, der Interesse dafür an den Tag legte. Er redete laut, salopp und gutgelaunt, wie ein Mann, dessen Verdauung sich in so guter Ordnung befindet wie seine Börse, mit weit ausladenden Lippenbewegungen, in der breiten und dennoch rapiden Art der Küstenbewohner vom Norden. Manche Worte schleuderte er hervor, daß jeder Laut einer kleinen Entladung glich, und lachte darüber wie über einen gelungenen Spaß.

Er war mittelgroß, breit, stark und kurzbeinig und besaß ein volles, rotes Gesicht mit wasserblauen Augen, die von ganz hellblonden Wimpern beschattet waren, geräumigen Nüstern und feuchten Lippen. Er trug einen englischen Backenbart, war ganz englisch gekleidet und zeigte sich entzückt, eine englische Familie, Vater, Mutter und drei hübsche Kinder mit ihrer nurse, in ›Einfried‹ anzutreffen, die sich hier aufhielt, einzig und allein, weil sie nicht wußte, wo sie sich sonst aufhalten sollte, und mit der er morgens englisch frühstückte. Überhaupt liebte er es, viel und gut zu speisen und zu trinken, zeigte sich als ein wirklicher Kenner von Küche und Keller und unterhielt die Kurgesellschaft aufs anregendste von den Diners, die daheim in seinem Bekanntenkreise gegeben wurden, sowie mit der Schilderung gewisser auserlesener, hier unbekannter Platten. Hierbei zogen seine Augen sich mit freundlichem Ausdruck zusammen und seine Sprache erhielt etwas Gaumiges und Nasales, indes leicht schmatzende Geräusche im Schlunde sie begleiteten. Daß er auch anderen irdischen Freuden nicht grundsätzlich abhold war, bewies er an jenem Abend, als ein Kurgast von ›Einfried‹, ein Schriftsteller von Beruf, ihn auf dem Korridor in ziemlich unerlaubter Weise mit einem Stubenmädchen scherzen sah, – ein kleiner, humoristischer Vorgang, zu dem der betreffende Schriftsteller eine lächerlich angeekelte Miene machte.

Was Herrn Klöterjahns Gattin anging, so war klar und deutlich zu beobachten, daß sie ihm von Herzen zugetan war. Sie folgte lächelnd seinen Worten und Bewegungen: nicht mit der überheblichen Nachsicht, die manche Leidenden den Gesunden entgegenbringen, sondern mit der liebenswürdigen Freude und Teilnahme gutgearteter Kranker an den zuversichtlichen Lebensäußerungen von Leuten, die in ihrer Haut sich wohlfühlen.

Herr Klöterjahn verweilte nicht lange in ›Einfried‹. Er hatte seine Gattin hierher geleitet; nach Verlauf einer Woche aber, als er sie wohl aufgehoben und in guten Händen wußte, war seines Bleibens nicht länger. Pflichten von gleicher Wichtigkeit, sein blühendes Kind, sein ebenfalls blühendes Geschäft, riefen ihn in die Heimat zurück; sie zwangen ihn, abzureisen und seine Frau im Genusse der besten Pflege zurückzulassen.

4

Spinell hieß der Schriftsteller, der seit mehreren Wochen in ›Einfried‹ lebte, Detlev Spinell war sein Name, und sein Äußeres war wunderlich.

Man vergegenwärtige sich einen Brünetten am Anfang der Dreißiger und von stattlicher Statur, dessen Haar an den Schläfen schon merklich zu ergrauen beginnt, dessen rundes, weißes, ein wenig gedunsenes Gesicht aber nicht die Spur irgendeines Bartwuchses zeigt. Es war nicht rasiert, – man hätte es gesehen;

weich, verwischt und knabenhaft, war es nur hier und da mit einzelnen Flaumhärchen besetzt. Und das sah ganz merkwürdig aus. Der Blick seiner rehbraunen, blanken Augen war von sanftem Ausdruck, die Nase gedrungen und ein wenig zu fleischig. Ferner besaß Herr Spinell eine gewölbte, poröse Oberlippe römischen Charakters, große, kariöse Zähne und Füße von seltenem Umfange. Einer der Herren mit den unbeherrschten Beinen, der ein Zyniker und Witzbold war, hatte ihn hinter seinem Rücken »der verweste Säugling« getauft; aber das war hämisch und wenig zutreffend. – Er ging gut und modisch gekleidet, in langem schwarzen Rock und farbig punktierter Weste.

Er war ungesellig und hielt mit keiner Seele Gemeinschaft. Nur zuweilen konnte eine leutselige, liebevolle und überquellende Stimmung ihn befallen, und das geschah jedesmal, wenn Herr Spinell in ästhetischen Zustand verfiel, wenn der Anblick von irgend etwas Schönem, der Zusammenklang zweier Farben, eine Vase von edler Form, das vom Sonnenuntergang bestrahlte Gebirge ihn zu lauter Bewunderung hinriß. »Wie schön!« sagte er dann, indem er den Kopf auf die Seite legte, die Schultern emporzog, die Hände spreizte und Nase und Lippen krauste. »Gott, sehen Sie, wie schön!« Und er war imstande, blindlings die distinguiertesten Herrschaften, ob Mann oder Weib, zu umhalsen in der Bewegung solcher Augenblicke . . .

Beständig lag auf seinem Tische, für jeden sichtbar, der sein Zimmer betrat, das Buch, das er geschrieben hatte. Es war ein Roman von mäßigem Umfange, mit einer vollkommen verwirrenden Umschlagzeichnung versehen und gedruckt auf einer Art von Kaffeesiebpapier mit Buchstaben, von denen ein jeder aussah wie eine gotische Kathedrale. Fräulein von Osterloh hatte es in einer müßigen Viertelstunde gelesen und fand es »raffiniert«, was ihre Form war, das Urteil »unmenschlich langweilig« zu umschreiben. Es spielte in mondänen Salons, in üppigen Frauengemächern, die voller erlesener Gegenstände waren, voll von Gobelins, uralten Meubles, köstlichem Porzellan, unbezahlbaren Stoffen und künstlerischen Kleinodien aller Art. Auf die Schilderung dieser Dinge war der liebevollste Wert gelegt, und beständig sah man dabei Herrn Spinell, wie er die Nase kraus zog und sagte: »Wie schön! Gott, sehen Sie, wie schön!« ... Übrigens mußte es wundernehmen, daß er noch nicht mehr Bücher verfaßt hatte als dieses eine, denn augenscheinlich schrieb er mit Leidenschaft. Er verbrachte den größeren Teil des Tages schreibend auf seinem Zimmer und ließ außerordentlich viele Briefe zur Post befördern, fast täglich einen oder zwei, – wobei es nur als befremdend und belustigend auffiel, daß er seinerseits höchst selten welche empfing ...

5

Herr Spinell saß der Gattin Herrn Klöterjahns bei Tische gegenüber. Zur ersten Mahlzeit, an der die Herrschaften teilnahmen, erschien er ein wenig zu spät in dem großen Speisesaal im Erdgeschoß des Seitenflügels, sprach mit weicher Stimme einen an alle gerichteten Gruß und begab sich an seinen Platz, worauf Doktor Leander ihn ohne viel Zeremonie den neu Angekommenen vorstellte. Er verbeugte sich und begann dann, offenbar ein wenig verlegen, zu essen, indem er Messer und Gabel mit seinen großen, weißen und schön geformten Händen, die aus sehr engen Ärmeln hervorsahen, in ziemlich affektierter Weise bewegte. Später ward er frei und betrachtete in Gelassenheit abwechselnd Herrn Klöterjahn und seine Gattin. Auch richtete Herr Klöterjahn im Verlaufe der Mahlzeit einige Fragen und Bemerkungen betreffend die Anlage und das Klima von ›Einfried‹ an ihn, in die seine Frau in ihrer lieblichen Art zwei oder drei Worte einfließen ließ, und die Herr Spinell höflich beantwortete. Seine Stimme war mild und recht angenehm; aber er hatte eine etwas behinderte und schlürfende Art zu sprechen, als seien seine Zähne der Zunge im Wege.

Nach Tische, als man ins Konversationszimmer hinübergegangen war und Doktor Leander den neuen Gästen im besonderen eine gesegnete Mahlzeit wünschte, erkundigte sich Herrn Klöterjahns Gattin nach ihrem Gegenüber.

»Wie heißt der Herr?« fragte sie ... »Spinelli? Ich habe den Namen nicht verstanden.«

»Spinell ... nicht Spinelli, gnädige Frau. Nein, er ist kein Italiener, sondern bloß aus Lemberg gebürtig, soviel ich weiß ...«

»Was sagten Sie? Er ist Schriftsteller? Oder was?« fragte Herr Klöterjahn; er hielt die Hände in den Taschen seiner bequemen englischen Hose, neigte sein Ohr dem Doktor zu und öffnete, wie manche Leute pflegen, den Mund beim Horchen.

»Ja, ich weiß nicht, – er schreibt ...«, antwortete

Doktor Leander. »Er hat, glaube ich, ein Buch veröffentlicht, eine Art Roman, ich weiß wirklich nicht...«

Dieses wiederholte »Ich weiß nicht« deutete an, daß Doktor Leander keine großen Stücke auf den Schriftsteller hielt und jede Verantwortung für ihn ablehnte.

»Aber das ist ja sehr interessant!« sagte Herrn Klöterjahns Gattin. Sie hatte noch nie einen Schriftsteller von Angesicht zu Angesicht gesehen.

»O ja«, erwiderte Doktor Leander entgegenkommend. »Er soll sich eines gewissen Rufes erfreuen...« Dann wurde nicht mehr von dem Schriftsteller gesprochen.

Aber ein wenig später, als die neuen Gäste sich zurückgezogen hatten und Doktor Leander ebenfalls das Konversationszimmer verlassen wollte, hielt Herr Spinell ihn zurück und erkundigte sich auch seinerseits.

»Wie ist der Name des Paares?« fragte er ... »Ich habe natürlich nichts verstanden.«

»Klöterjahn«, antwortete Doktor Leander und ging schon wieder.

»Wie heißt der Mann?« fragte Herr Spinell ...

»*Klöterjahn* heißen sie!« sagte Doktor Leander und ging seiner Wege. – Er hielt gar keine großen Stücke auf den Schriftsteller.

6

Waren wir schon soweit, daß Herr Klöterjahn in die Heimat zurückgekehrt war? Ja, er weilte wieder am Ostseestrande, bei seinen Geschäften und seinem Kinde, diesem rücksichtslosen und lebensvollen kleinen Geschöpf, das seiner Mutter sehr viel Leiden und einen kleinen Defekt an der Luftröhre gekostet hatte. Sie selbst aber, die junge Frau, blieb in ›Einfried‹ zurück, und die Magistratsrätin Spatz schloß sich ihr als ältere Freundin an. Das aber hinderte nicht, daß Herrn Klöterjahns Gattin auch mit den übrigen Kurgästen gute Kameradschaft pflegte, zum Beispiel mit Herrn Spinell, der ihr zum Erstaunen aller (denn er hatte bislang mit keiner Seele Gemeinschaft gehalten) von Anbeginn eine außerordentliche Ergebenheit und Dienstfertigkeit entgegenbrachte, und mit dem sie in den Freistunden, die eine strenge Tagesordnung ihr ließ, nicht ungern plauderte.

Er näherte sich ihr mit einer ungeheuren Behutsamkeit und Ehrerbietung und sprach zu ihr nicht anders als mit sorgfältig gedämpfter Stimme, so daß die Rätin Spatz, die an den Ohren krankte, meistens überhaupt nichts von dem verstand, was er sagte. Er trat auf den Spitzen seiner großen Füße zu dem Sessel, in dem Herrn Klöterjahns Gattin zart und lächelnd lehnte, blieb in einer Entfernung von zwei Schritten stehen, hielt das eine Bein zurückgestellt und den Oberkörper vorgebeugt und sprach in seiner etwas behinderten und schlürfenden Art leise, eindringlich und jeden Augenblick bereit, eilends zurückzutreten und zu verschwinden, sobald ein Zeichen von Ermüdung und Überdruß sich auf ihrem Gesicht bemerkbar machen würde. Aber er verdroß sie nicht; sie forderte ihn auf, sich zu ihr und der Rätin zu setzen, richtete irgendeine Frage an ihn und hörte ihm dann lächelnd und neugierig zu, denn manchmal ließ er sich so amüsant und seltsam vernehmen, wie es ihr noch niemals begegnet war.

»Warum sind Sie eigentlich in ›Einfried‹?« fragte sie. »Welche Kur gebrauchen Sie, Herr Spinell?«

»Kur? ... Ich werde ein bißchen elektrisiert. Nein, das ist nicht der Rede wert. Ich werde Ihnen sagen, gnädige Frau, warum ich hier bin. – Des Stiles wegen.«

»Ah!« sagte Herrn Klöterjahns Gattin, stützte das Kinn in die Hand und wandte sich ihm mit einem übertriebenen Eifer zu, wie man ihn Kindern vorspielt, wenn sie etwas erzählen wollen.

»Ja, gnädige Frau. ›Einfried‹ ist ganz empire, es ist ehedem ein Schloß, eine Sommerresidenz gewesen, wie man mir sagt. Dieser Seitenflügel ist ja ein Anbau aus späterer Zeit, aber das Hauptgebäude ist alt und echt. Es gibt nun Zeiten, in denen ich das empire einfach nicht entbehren kann, in denen es mir, um einen bescheidenen Grad des Wohlbefindens zu erreichen, unbedingt nötig ist. Es ist klar, daß man sich anders befindet zwischen Möbeln weich und bequem bis zur Laszivität, und anders zwischen diesen geradlinigen Tischen, Sesseln und Draperien ... Diese Helligkeit und Härte, diese kalte, herbe Einfachheit und reservierte Strenge verleiht mir Haltung und Würde, gnädige Frau, sie hat auf die Dauer eine innere Reinigung und Restaurierung zur Folge, sie hebt mich sittlich, ohne Frage ...«

»Ja, das ist merkwürdig«, sagte sie. »Übrigens verstehe ich es, wenn ich mir Mühe gebe.«

Hierauf erwiderte er, daß es irgendwelcher Mühe nicht lohne, und dann lachten sie miteinander. Auch die Rätin Spatz lachte und fand es merkwürdig; aber sie sagte nicht, daß sie es verstünde.

Das Konversationszimmer war geräumig und schön.

Die hohe, weiße Flügeltür zu dem anstoßenden Billardraume stand weit geöffnet, wo die Herren mit den unbeherrschten Beinen und andere sich vergnügten. Andererseits gewährte eine Glastür den Ausblick auf die breite Terrasse und den Garten. Seitwärts davon stand ein Piano. Ein grünausgeschlagener Spieltisch war vorhanden, an dem der diabetische General mit ein paar anderen Herren Whist spielte. Damen lasen und waren mit Handarbeiten beschäftigt. Ein eiserner Ofen besorgte die Heizung, aber vor dem stilvollen Kamin, in dem nachgeahmte, mit glühroten Papierstreifen beklebte Kohlen lagen, waren behagliche Plauderplätze.

»Sie sind ein Frühaufsteher, Herr Spinell«, sagte Herrn Klöterjahns Gattin. »Zufällig habe ich Sie nun schon zwei- oder dreimal um halb acht Uhr am Morgen das Haus verlassen sehen.«

»Ein Frühaufsteher? Ach, sehr mit Unterschied, gnädige Frau. Die Sache ist die, daß ich früh aufstehe, weil ich eigentlich ein Langschläfer bin.«

»Das müssen Sie nun erklären, Herr Spinell!« – Auch die Rätin Spatz wollte es erklärt haben.

»Nun, ... ist man ein Frühaufsteher, so hat man es, dünkt mich, nicht nötig, gar so früh aufzustehen. Das Gewissen, gnädige Frau, ... es ist eine schlimme Sache mit dem Gewissen! Ich und meinesgleichen, wir schlagen uns zeit unseres Lebens damit herum und haben alle Hände voll zu tun, es hier und da zu betrügen und ihm kleine, schlaue Genugtuungen zuteil werden zu lassen. Wir sind unnütze Geschöpfe, ich und meinesgleichen, und abgesehen von wenigen guten Stunden schleppen wir uns an dem Bewußtsein unserer Unnützlichkeit wund und krank. Wir hassen das Nützliche, wir wissen, daß es gemein und unschön ist, und wir verteidigen diese Wahrheit, wie man nur Wahrheiten verteidigt, die man unbedingt nötig hat. Und dennoch sind wir so ganz vom bösen Gewissen zernagt, daß kein heiler Fleck mehr an uns ist. Hinzu kommt, daß die ganze Art unserer inneren Existenz, unsere Weltanschauung, unsere Arbeitsweise ... von schrecklich ungesunder, unterminierender, aufreibender Wirkung ist, und auch dies verschlimmert die Sache. Da gibt es nun kleine Linderungsmittel, ohne die man es einfach nicht aushielte. Eine gewisse Artigkeit und hygienische Strenge der Lebensführung zum Beispiel ist manchen von uns Bedürfnis. Früh aufstehen, grausam früh, ein kaltes Bad und ein Spaziergang hinaus in den Schnee... Das macht, daß wir vielleicht eine Stunde lang ein wenig zufrieden mit uns sind. Gäbe ich mich, wie ich bin, so würde ich bis in den Nachmittag hinein im Bette liegen, glauben Sie mir. Wenn ich früh aufstehe, so ist das eigentlich Heuchelei.«

»Nein, weshalb, Herr Spinell! Ich nenne das Selbstüberwindung ... Nicht wahr, Frau Rätin?« – Auch die Rätin Spatz nannte es Selbstüberwindung.

»Heuchelei oder Selbstüberwindung, gnädige Frau! Welches Wort man nun vorzieht. Ich bin so gramvoll ehrlich veranlagt, daß ich ...«

»Das ist es. Sicher grämen Sie sich zuviel.«

»Ja, gnädige Frau, ich gräme mich viel.«

– Das gute Wetter hielt an. Weiß, hart und sauber, in Windstille und lichtem Frost, in blendender Helle und bläulichem Schatten lag die Gegend, lagen Berge, Haus und Garten, und ein zartblauer Himmel, in dem

Myriaden von flimmernden Leuchtkörperchen, von glitzernden Kristallen zu tanzen schienen, wölbte sich makellos über dem Ganzen. Der Gattin Herrn Klöterjahns ging es leidlich in dieser Zeit; sie war fieberfrei, hustete fast gar nicht und aß ohne allzuviel Widerwillen. Oftmals saß sie, wie das ihre Vorschrift war, stundenlang im sonnigen Frost auf der Terrasse. Sie saß im Schnee, ganz in Decken und Pelzwerk verpackt, und atmete hoffnungsvoll die reine, eisige Luft, um ihrer Luftröhre zu dienen. Dann bemerkte sie zuweilen Herrn Spinell, wie er, ebenfalls warm gekleidet und in Pelzschuhen, die seinen Füßen einen phantastischen Umfang verliehen, sich im Garten erging. Er ging mit tastenden Schritten und einer gewissen behutsamen und steifgraziösen Armhaltung durch den Schnee, grüßte sie ehrerbietig, wenn er zur Terrasse kam, und stieg die unteren Stufen hinan, um ein kleines Gespräch zu beginnen.

»Heute, auf meinem Morgenspaziergang, habe ich eine schöne Frau gesehen ... Gott, sie war schön!« sagte er, legte den Kopf auf die Seite und spreizte die Hände.

»Wirklich, Herr Spinell? Beschreiben Sie sie mir doch!«

»Nein, das kann ich nicht. Oder ich würde Ihnen doch ein unrichtiges Bild von ihr geben. Ich habe die Dame im Vorübergehen nur mit einem halben Blicke gestreift, ich habe sie in Wirklichkeit nicht gesehen. Aber der verwischte Schatten von ihr, den ich empfing, hat genügt, meine Phantasie anzuregen und mich ein Bild mit fortnehmen zu lassen, das schön ist ... Gott, es ist schön!«

Sie lachte. »Ist das Ihre Art, sich schöne Frauen zu betrachten, Herr Spinell?«

»Ja, gnädige Frau; und es ist eine bessere Art, als wenn ich ihnen plump und wirklichkeitsgierig ins Gesicht starrte und den Eindruck einer fehlerhaften Tatsächlichkeit davontrüge . . .«

»Wirklichkeitsgierig . . . Das ist ein sonderbares Wort! Ein richtiges Schriftstellerwort, Herr Spinell! Aber es macht Eindruck auf mich, will ich Ihnen sagen. Es liegt so manches darin, wovon ich ein wenig verstehe, etwas Unabhängiges und Freies, das sogar der Wirklichkeit die Achtung kündigt, obgleich sie doch das Respektabelste ist, was es gibt, ja das Respektable selbst . . . Und dann begreife ich, daß es etwas gibt außer dem Handgreiflichen, etwas Zarteres . . .«

»Ich weiß nur ein Gesicht«, sagte er plötzlich mit einer seltsam freudigen Bewegung in der Stimme, erhob seine geballten Hände zu den Schultern und ließ in einem exaltierten Lächeln seine kariösen Zähne sehen . . . »Ich weiß nur ein Gesicht, dessen veredelte Wirklichkeit durch meine Einbildung korrigieren zu wollen sündhaft wäre, das ich betrachten, auf dem ich verweilen möchte, nicht Minuten, nicht Stunden, sondern mein ganzes Leben lang, mich ganz darin verlieren und alles Irdische darüber vergessen . . .«

»Ja, ja, Herr Spinell. Nur daß Fräulein von Osterloh doch ziemlich abstehende Ohren hat.«

Er schwieg und verbeugte sich tief. Als er wieder aufrecht stand, ruhten seine Augen mit einem Ausdruck von Verlegenheit und Schmerz auf dem kleinen, seltsamen Äderchen, das sich blaßblau und kränklich in der Klarheit ihrer wie durchsichtigen Stirn verzweigte.

7

Ein Kauz, ein ganz wunderlicher Kauz! Herrn Klöterjahns Gattin dachte zuweilen nach über ihn, denn sie hatte sehr viele Zeit zum Nachdenken. Sei es, daß der Luftwechsel anfing, die Wirkung zu versagen, oder daß irgendein positiv schädlicher Einfluß sie berührt hatte: ihr Befinden war schlechter geworden, der Zustand ihrer Luftröhre schien zu wünschen übrigzulassen, sie fühlte sich schwach, müde, appetitlos, fieberte nicht selten; und Doktor Leander hatte ihr aufs entschiedenste Ruhe, Stillverhalten und Vorsicht empfohlen. So saß sie, wenn sie nicht liegen mußte, in Gesellschaft der Rätin Spatz, verhielt sich still und hing, eine Handarbeit im Schoße, an der sie nicht arbeitete, diesem oder jenem Gedanken nach.

Ja, er machte ihr Gedanken, dieser absonderliche Herr Spinell, und, was das Merkwürdige war, nicht sowohl über seine als über ihre eigene Person; auf irgendeine Weise rief er in ihr eine seltsame Neugier, ein nie gekanntes Interesse für ihr eigenes Sein hervor. Eines Tages hatte er gesprächsweise geäußert:

»Nein, es sind rätselvolle Tatsachen, die Frauen ... sowenig neu es ist, sowenig kann man ablassen, davor zu stehen und zu staunen. Da ist ein wunderbares Geschöpf, eine Sylphe, ein Duftgebild, ein Märchentraum von einem Wesen. Was tut sie? Sie geht hin und ergibt sich einem Jahrmarktsherkules oder Schlächterburschen. Sie kommt an seinem Arme daher, lehnt vielleicht sogar ihren Kopf an seine Schulter und blickt dabei verschlagen lächelnd um sich her, als wollte sie sagen: Ja, nun zerbrecht euch die Köpfe über diese Erscheinung! – Und wir zerbrechen sie uns.« –

Hiermit hatte Herrn Klöterjahns Gattin sich wiederholt beschäftigt.

Eines anderen Tages fand zum Erstaunen der Rätin Spatz folgendes Zwiegespräch zwischen ihnen statt.

»Darf ich einmal fragen, gnädige Frau (aber es ist wohl naseweis), wie Sie heißen, wie eigentlich Ihr Name ist?«

»Ich heiße doch Klöterjahn, Herr Spinell!«

»Hm. – Das weiß ich. Oder vielmehr: ich leugne es. Ich meine natürlich Ihren eigenen Namen, Ihren Mädchennamen. Sie werden gerecht sein und einräumen, gnädige Frau, daß, wer Sie ›Frau Klöterjahn‹ nennen wollte, die Peitsche verdiente.«

Sie lachte so herzlich, daß das blaue Äderchen über ihrer Braue beängstigend deutlich hervortrat und ihrem zarten, süßen Gesicht einen Ausdruck von Anstrengung und Bedrängnis verlieh, der tief beunruhigte.

»Nein! Bewahre, Herr Spinell! Die Peitsche? Ist ›Klöterjahn‹ Ihnen so fürchterlich?«

»Ja, gnädige Frau, ich hasse diesen Namen aus Herzensgrund, seit ich ihn zum erstenmal vernahm. Er ist komisch und zum Verzweifeln unschön, und es ist Barbarei und Niedertracht, wenn man die Sitte so weit treibt, auf Sie den Namen Ihres Herrn Gemahls zu übertragen.«

»Nun, und ›Eckhof‹? Ist Eckhof schöner? Mein Vater heißt Eckhof.«

»Oh, sehen Sie! ›Eckhof‹ ist etwas ganz anderes! Eckhof hieß sogar ein großer Schauspieler. Eckhof passiert. – Sie erwähnten nur Ihres Vaters. Ist Ihre Frau Mutter . . .«

»Ja; meine Mutter starb, als ich noch klein war.«

»Ah. – Sprechen Sie mir doch ein wenig mehr von Ihnen, darf ich Sie bitten? Wenn es Sie ermüdet, dann nicht. Dann ruhen Sie, und ich fahre fort, Ihnen von Paris zu erzählen, wie neulich. Aber Sie könnten ja ganz leise reden, ja, wenn Sie flüstern, so wird das alles nur schöner machen ... Sie wurden in Bremen geboren?« Und diese Frage tat er beinahe tonlos, mit einem ehrfurchtsvollen und inhaltsschweren Ausdruck, als sei Bremen eine Stadt ohnegleichen, eine Stadt voller unnennbarer Abenteuer und verschwiegener Schönheiten, in der geboren zu sein eine geheimnisvolle Hoheit verleihe.

»Ja, denken Sie!« sagte sie unwillkürlich. »Ich bin aus Bremen.«

»Ich war einmal dort«, bemerkte er nachdenklich. –

»Mein Gott, Sie waren auch *dort?* Nein, hören Sie, Herr Spinell, zwischen Tunis und Spitzbergen haben Sie, glaube ich, alles gesehen!«

»Ja, ich war einmal dort«, wiederholte er. »Ein paar kurze Abendstunden. Ich entsinne mich einer alten, schmalen Straße, über deren Giebeln schief und seltsam der Mond stand. Dann war ich in einem Keller, in dem es nach Wein und Moder roch. Das ist eine durchdringende Erinnerung ...«

»Wirklich? Wo mag das gewesen sein? – Ja, in solchem grauen Giebelhause, einem alten Kaufmannshause mit hallender Diele und weißlackierter Galerie, bin ich geboren.«

»Ihr Herr Vater ist also Kaufmann?« fragte er ein wenig zögernd.

»Ja. Aber außerdem und eigentlich wohl in erster Linie ist er ein Künstler.«

»Ah! Ah! Inwiefern?«

»Er spielt die Geige... Aber das sagt nicht viel. *Wie* er sie spielt, Herr Spinell, das ist die Sache! Einige Töne habe ich niemals hören können, ohne daß mir die Tränen so merkwürdig brennend in die Augen stiegen, wie sonst bei keinem Erlebnis. Sie glauben es nicht...«

»Ich glaube es! Ach, ob ich es glaube!... Sagen Sie mir, gnädige Frau: Ihre Familie ist wohl alt? Es haben wohl schon viele Generationen in dem grauen Giebelhaus gelebt, gearbeitet und das Zeitliche gesegnet?«

»Ja. – Warum fragen Sie übrigens?«

»Weil es nicht selten geschieht, daß ein Geschlecht mit praktischen, bürgerlichen und trockenen Traditionen sich gegen das Ende seiner Tage noch einmal durch die Kunst verklärt.«

»Ist dem so? – Ja, was meinen Vater betrifft, so ist er sicherlich mehr ein Künstler als mancher, der sich so nennt und vom Ruhme lebt. Ich spiele nur ein bißchen Klavier. Jetzt haben sie es mir ja verboten; aber damals, zu Hause, spielte ich noch. Mein Vater und ich, wir spielten zusammen... Ja, ich habe all die Jahre in lieber Erinnerung; besonders den Garten, unseren Garten, hinterm Hause. Er war jämmerlich verwildert und verwuchert und von zerbröckelten, bemoosten Mauern eingeschlossen; aber gerade das gab ihm viel Reiz. In der Mitte war ein Springbrunnen, mit einem dichten Kranz von Schwertlilien umgeben. Im Sommer verbrachte ich dort lange Stunden mit meinen Freundinnen. Wir saßen alle auf kleinen Feldsesseln rund um den Springbrunnen herum...«

»Wie schön!« sagte Herr Spinell und zog die Schultern empor. »Saßen Sie und sangen?«

»Nein, wir häkelten meistens.«

»Immerhin ... Immerhin ...«

»Ja, wir häkelten und schwatzten, meine sechs Freundinnen und ich ...«

»Wie schön! Gott, hören Sie, wie schön!« rief Herr Spinell, und sein Gesicht war gänzlich verzerrt.

»Was finden Sie nun *hieran* so besonders schön, Herr Spinell!«

»Oh, dies, daß es sechs außer Ihnen waren, daß Sie nicht in diese Zahl eingeschlossen waren, sondern daß Sie gleichsam als Königin daraus hervortraten ... Sie waren ausgezeichnet vor Ihren sechs Freundinnen. Eine kleine goldene Krone, ganz unscheinbar, aber bedeutungsvoll, saß in Ihrem Haar und blinkte ...«

»Nein, Unsinn, nichts von einer Krone ...«

»Doch, sie blinkte heimlich. Ich hätte sie gesehen, hätte sie deutlich in Ihrem Haar gesehen, wenn ich in einer dieser Stunden unvermerkt im Gestrüpp gestanden hätte ...«

»Gott weiß, was Sie gesehen hätten. Sie standen aber nicht dort, sondern eines Tages war es mein jetziger Mann, der zusammen mit meinem Vater aus dem Gebüsch hervortrat. Ich fürchtete, sie hatten sogar allerhand von unserem Geschwätz belauscht ...«

»Dort war es also, wo Sie Ihren Herrn Gemahl kennenlernten, gnädige Frau?«

»Ja, dort lernte ich ihn kennen!« sagte sie laut und fröhlich, und indem sie lächelte, trat das zartblaue Äderchen angestrengt und seltsam über ihrer Braue hervor. »Er besuchte meinen Vater in Geschäften, wissen Sie. Am nächsten Tag war er zum Diner geladen, und noch drei Tage später hielt er um meine Hand an.«

»Wirklich! Ging das alles so außerordentlich schnell?«

»Ja ... Das heißt, von nun an ging es ein wenig langsamer. Denn mein Vater war der Sache eigentlich gar nicht geneigt, müssen Sie wissen, und machte eine längere Bedenkzeit zur Bedingung. Erstens wollte er mich lieber bei sich behalten, und dann hatte er noch andere Skrupel. Aber ...«

»Aber?«

»Aber ich *wollte* es eben«, sagte sie lächelnd, und wieder beherrschte das blaßblaue Äderchen mit einem bedrängten und kränklichen Ausdruck ihr ganzes liebliches Gesicht.

»Ah, Sie wollten es.«

»Ja, und ich habe einen ganz festen und respektablen Willen gezeigt, wie Sie sehen ...«

»Wie ich es sehe. Ja.«

»... so daß mein Vater sich schließlich darein ergeben mußte.«

»Und so verließen Sie ihn denn und seine Geige, verließen das alte Haus, den verwucherten Garten, den Springbrunnen und Ihre sechs Freundinnen und zogen mit Herrn Klöterjahn.«

»Und zog mit ... Sie haben eine Ausdrucksweise, Herr Spinell! Beinahe biblisch! – Ja, ich verließ das alles, denn so will es ja die Natur.«

»Ja, so will sie es wohl.«

»Und dann handelte es sich ja um mein Glück.«

»Gewiß. Und es kam, das Glück ...«

»Das kam in der Stunde, Herr Spinell, als man mir zuerst den kleinen Anton brachte, unseren kleinen Anton, und als er so kräftig mit seinen kleinen gesunden Lungen schrie, stark und gesund wie er ist ...«

»Es ist nicht das erstemal, daß ich Sie von der Gesundheit Ihres kleinen Anton sprechen höre, gnädige Frau. Er muß ganz ungewöhnlich gesund sein?«

»Das ist er. Und er sieht meinem Mann so lächerlich ähnlich!«

»Ah! – Ja, so begab es sich also. Und nun heißen Sie nicht mehr Eckhof, sondern anders, und haben den kleinen gesunden Anton und leiden ein wenig an der Luftröhre.«

»Ja. – Und *Sie* sind ein durch und durch rätselhafter Mensch, Herr Spinell, dessen versichere ich Sie ...«

»Ja, straf' mich Gott, das sind Sie!« sagte die Rätin Spatz, die übrigens auch noch vorhanden war.

Aber auch mit diesem Gespräch beschäftigte Herrn Klöterjahns Gattin sich mehrere Male in ihrem Innern. So nichtssagend es war, barg es doch einiges auf seinem Grunde, was ihren Gedanken über sich selbst Nahrung gab. War *dies* der schädliche Einfluß, der sie berührte? Ihre Schwäche nahm zu, und oft stellte Fieber sich ein, eine stille Glut, in der sie mit einem Gefühle sanfter Gehobenheit ruhte, der sie sich in einer nachdenklichen, preziösen, selbstgefälligen und ein wenig beleidigten Stimmung überließ. Wenn sie nicht das Bett hütete und Herr Spinell auf den Spitzen seiner großen Füße mit ungeheurer Behutsamkeit zu ihr trat, in einer Entfernung von zwei Schritten stehenblieb und, das eine Bein zurückgestellt und den Oberkörper vorgebeugt, mit ehrfürchtig gedämpfter Stimme zu ihr sprach, wie als höbe er sie in scheuer Andacht sanft und hoch empor und bettete sie auf Wolkenpfühle, woselbst kein schriller Laut und keine irdische Berührung sie erreichen solle ..., so erinnerte sie sich der Art, in der

Herr Klöterjahn zu sagen pflegte: »Vorsicht, Gabriele, take care, mein Engel, und halte den Mund zu!«, eine Art, die wirkte, als schlüge er einem hart und wohlmeinend auf die Schulter. Dann aber wandte sie sich rasch von dieser Erinnerung ab, um in Schwäche und Gehobenheit auf den Wolkenpfühlen zu ruhen, die Herr Spinell ihr dienend bereitete.

Eines Tages kam sie unvermittelt auf das kleine Gespräch zurück, das sie mit ihm über ihre Herkunft und Jugend geführt hatte.

»Es ist also wahr«, fragte sie, »Herr Spinell, daß Sie die Krone gesehen hätten?«

Und obgleich jene Plauderei schon vierzehn Tage zurücklag, wußte er sofort, um was es sich handelte, und versicherte ihr mit bewegten Worten, daß er damals am Springbrunnen, als sie unter ihren sechs Freundinnen saß, die kleine Krone hätte blinken, – sie heimlich in ihrem Haar hätte blinken sehen.

Einige Tage später erkundigte sich ein Kurgast aus Artigkeit bei ihr nach dem Wohlergehen ihres kleinen Anton daheim. Sie ließ zu Herrn Spinell, der sich in der Nähe befand, einen hurtigen Blick hinübergleiten und antwortete ein wenig gelangweilt:

»Danke; wie soll es dem wohl gehen? – Ihm und meinem Mann geht es gut.«

8

Ende Februar, an einem Frosttage, reiner und leuchtender als alle, die vorhergegangen waren, herrschte in ›Einfried‹ nichts als Übermut. Die Herrschaften mit den Herzfehlern besprachen sich untereinander mit geröteten Wangen, der diabetische General trällerte wie ein Jüngling, und die Herren mit den unbeherrschten Beinen waren ganz außer Rand und Band. Was ging vor? Nichts Geringeres, als daß eine gemeinsame Ausfahrt unternommen werden sollte, eine Schlittenpartie in mehreren Fuhrwerken mit Schellenklang und Peitschenknall ins Gebirge hinein: Doktor Leander hatte zur Zerstreuung seiner Patienten diesen Beschluß gefaßt.

Natürlich mußten die ›Schweren‹ zu Hause bleiben. Die armen ›Schweren‹! Man nickte sich zu und verabredete sich, sie nichts von dem Ganzen wissen zu lassen; es tat allgemein wohl, ein wenig Mitleid üben und Rücksicht nehmen zu können. Aber auch von denen, die sich an dem Vergnügen sehr wohl hätten beteiligen können, schlossen sich einige aus. Was Fräulein von Osterloh anging, so war sie ohne weiteres entschuldigt. Wer wie sie mit Pflichten überhäuft war, durfte an Schlittenpartien nicht ernstlich denken. Der Hausstand verlangte gebieterisch ihre Anwesenheit, und kurzum: sie blieb in ›Einfried‹. Daß aber auch Herrn Klöterjahns Gattin erklärte, daheim bleiben zu wollen, verstimmte allseitig. Vergebens redete Doktor Leander ihr zu, die frische Fahrt auf sich wirken zu lassen; sie behauptete, nicht aufgelegt zu sein, Migräne zu haben, sich matt zu fühlen, und so mußte man sich fügen. Der Zyniker und Witzbold aber nahm Anlaß zu der Bemerkung:

»Geben Sie acht, nun fährt auch der verweste Säugling nicht mit.«

Und er bekam recht, denn Herr Spinell ließ wissen,

daß er heute nachmittag arbeiten wolle; – er gebrauchte sehr gern das Wort ›arbeiten‹ für seine zweifelhafte Tätigkeit. Übrigens beklagte sich keine Seele über sein Fortbleiben, und ebenso leicht verschmerzte man es, daß die Rätin Spatz sich entschloß, ihrer jüngeren Freundin Gesellschaft zu leisten, da das Fahren sie seekrank mache.

Gleich nach dem Mittagessen, das heute schon gegen zwölf Uhr stattgefunden hatte, hielten die Schlitten vor ›Einfried‹, und in lebhaften Gruppen, warm vermummt, neugierig und angeregt, bewegten sich die Gäste durch den Garten. Herrn Klöterjahns Gattin stand mit der Rätin Spatz an der Glastür, die zur Terrasse führte, und Herr Spinell am Fenster seines Zimmers, um der Abfahrt zuzusehen. Sie beobachteten, wie unter Scherzen und Gelächter kleine Kämpfe um die besten Plätze entstanden, wie Fräulein von Osterloh, eine Pelzboa um den Hals, von einem Gespann zum anderen lief, um Körbe mit Eßwaren unter die Sitze zu schieben, wie Doktor Leander, die Pelzmütze in der Stirn, mit seinen funkelnden Brillengläsern noch einmal das Ganze überschaute, dann ebenfalls Platz nahm und das Zeichen zum Aufbruch gab ... Die Pferde zogen an, ein paar Damen kreischten und fielen hintüber, die Schellen klapperten, die kurzstieligen Peitschen knallten und ließen ihre langen Schnüre im Schnee hinter den Kufen dreinschleppen, und Fräulein von Osterloh stand an der Gartenpforte und winkte mit ihrem Schnupftuch, bis an einer Biegung der Landstraße die gleitenden Gefährte verschwanden, das frohe Geräusch sich verlor. Dann kehrte sie durch den Garten zurück, um ihren Pflichten nachzueilen, die beiden Damen verließen die Glastür, und fast gleichzeitig trat auch Herr Spinell von seinem Aussichtspunkte ab.

Ruhe herrschte in ›Einfried‹. Die Expedition war vor Abend nicht zurückzuerwarten. Die ›Schweren‹ lagen in ihren Zimmern und litten. Herrn Klöterjahns Gattin und ihre ältere Freundin unternahmen einen kurzen Spaziergang, worauf sie in ihre Gemächer zurückkehrten. Auch Herr Spinell befand sich in dem seinen und beschäftigte sich auf seine Art. Gegen vier Uhr brachte man den Damen je einen halben Liter Milch, während Herr Spinell seinen leichten Tee erhielt. Kurze Zeit darauf pochte Herrn Klöterjahns Gattin an die Wand, die ihr Zimmer von dem der Magistratsrätin Spatz trennte, und sagte:

»Wollen wir nicht ins Konversationszimmer hinuntergehen, Frau Rätin? Ich weiß nicht mehr, was ich hier anfangen soll.«

»Sogleich, meine Liebe!« antwortete die Rätin. »Ich ziehe nur meine Stiefel an, wenn Sie erlauben. Ich habe nämlich auf dem Bette gelegen, müssen Sie wissen.«

Wie zu erwarten stand, war das Konversationszimmer leer. Die Damen nahmen am Kamine Platz. Die Rätin Spatz stickte Blumen auf ein Stück Stramin, und auch Herrn Klöterjahns Gattin tat ein paar Stiche, worauf sie die Handarbeit in den Schoß sinken ließ und über die Armlehne ihres Sessels hinweg ins Leere träumte. Schließlich machte sie eine Bemerkung, die nicht lohnte, daß man ihretwegen die Zähne voneinander tat; da aber die Rätin Spatz trotzdem »Wie?« fragte, so mußte sie zu ihrer Demütigung den ganzen

Satz wiederholen. Die Rätin Spatz fragte nochmals »Wie?« In diesem Augenblicke aber wurden auf dem Vorplatze Schritte laut, die Tür öffnete sich, und Herr Spinell trat ein.

»Störe ich?« fragte er noch an der Schwelle mit sanfter Stimme, während er ausschließlich Herrn Klöterjahns Gattin anblickte und den Oberkörper auf eine gewisse zarte und schwebende Art nach vorne beugte ... Die junge Frau antwortete:

»Ei, warum nicht gar? Erstens ist dieses Zimmer doch als Freihafen gedacht, Herr Spinell, und dann: worin sollten Sie uns stören. Ich habe das entschiedene Gefühl, die Rätin zu langweilen ...«

Hierauf wußte er nichts mehr zu erwidern, sondern ließ nur lächelnd seine kariösen Zähne sehen und ging unter den Augen der Damen mit ziemlich unfreien Schritten bis zur Glastür, woselbst er stehenblieb und hinausschaute, indem er in etwas unerzogener Weise den Damen den Rücken zuwandte. Dann machte er eine halbe Wendung rückwärts, fuhr aber fort, in den Garten hinauszublicken, indes er sagte:

»Die Sonne ist fort. Unvermerkt hat der Himmel sich bezogen. Es fängt schon an, dunkel zu werden.«

»Wahrhaftig, ja, alles liegt in Schatten«, antwortete Herrn Klöterjahns Gattin. »Unsere Ausflügler werden doch noch Schnee bekommen, wie es scheint. Gestern war es um diese Zeit noch voller Tag; nun dämmert es schon.«

»Ach«, sagte er, »nach allen diesen überhellen Wochen tut das Dunkel den Augen wohl. Ich bin dieser Sonne, die Schönes und Gemeines mit gleich aufdringlicher Deutlichkeit bestrahlt, geradezu dankbar, daß sie sich endlich ein wenig verhüllt.«

»Lieben Sie die Sonne nicht, Herr Spinell?«

»Da ich kein Maler bin... Man wird innerlicher ohne Sonne. – Es ist eine dicke, weißgraue Wolkenschicht. Vielleicht bedeutet es Tauwetter für morgen. Übrigens würde ich Ihnen nicht raten, dort hinten noch auf die Handarbeit zu blicken, gnädige Frau.«

»Ach, seien Sie unbesorgt, das tue ich ohnehin nicht. Aber was soll man beginnen?«

Er hatte sich auf den Drehsessel vorm Piano niedergelassen, indem er seinen Arm auf den Deckel des Instrumentes stützte.

»Musik . . .«, sagte er. »Wer jetzt ein bißchen Musik zu hören bekäme! Manchmal singen die englischen Kinder kleine niggersongs, das ist alles.«

»Und gestern nachmittag hat Fräulein von Osterloh in aller Eile die ›Klosterglocken‹ gespielt«, bemerkte Herrn Klöterjahns Gattin.

»Aber Sie spielen ja, gnädige Frau«, sagte er bittend und stand auf . . . »Sie haben ehemals täglich mit Ihrem Herrn Vater musiziert.«

»Ja, Herr Spinell, das war damals! Zur Zeit des Springbrunnens, wissen Sie . . .«

»Tun Sie es heute!« bat er. »Lassen Sie dies eine Mal ein paar Takte hören! Wenn Sie wüßten, wie ich dürste . . .«

»Unser Hausarzt sowohl wie Doktor Leander haben es mir ausdrücklich verboten, Herr Spinell.«

»Sie sind nicht da, weder der eine noch der andere! Wir sind frei . . . Sie sind frei, gnädige Frau! Ein paar armselige Akkorde . . .«

»Nein, Herr Spinell, daraus wird nichts. Wer weiß, was für Wunderdinge Sie von mir erwarten! Und ich habe alles verlernt, glauben Sie mir. Auswendig kann ich beinahe nichts.«

»Oh, dann spielen Sie dieses Beinahe-nichts! Und zum Überfluß sind hier Noten, hier liegen sie, oben auf dem Klavier. Nein, dies hier ist nichts. Aber hier ist Chopin . . .«

»Chopin?«

»Ja, die Nocturnes. Und nun fehlt nur, daß ich die Kerzen anzünde . . .«

»Glauben Sie nicht, daß ich spiele, Herr Spinell! Ich darf nicht. Wenn es mir nun schadet?!« –

Er verstummte. Er stand, mit seinen großen Füßen, seinem langen, schwarzen Rock und seinem grauhaarigen, verwischten, bartlosen Kopf, im Lichte der beiden Klavierkerzen und ließ die Hände hinunterhängen.

»Nun bitte ich nicht mehr«, sagte er endlich leise. »Wenn Sie fürchten, sich zu schaden, gnädige Frau, so lassen Sie die Schönheit tot und stumm, die unter Ihren Fingern laut werden möchte. Sie waren nicht immer so sehr verständig; wenigstens nicht, als es im Gegenteile galt, sich der Schönheit zu begeben. Sie waren nicht besorgt um Ihren Körper und zeigten einen unbedenklicheren und festeren Willen, als Sie den Springbrunnen verließen und die kleine goldene Krone ablegten . . . Hören Sie«, sagte er nach einer Pause, und seine Stimme senkte sich noch mehr, »wenn Sie jetzt hier niedersitzen und spielen wie einst, als noch Ihr Vater neben Ihnen stand und seine Geige jene Töne singen ließ, die Sie weinen machten . . ., dann kann es geschehen, daß man sie wieder heimlich in Ihrem Haare blinken sieht, die kleine, goldene Krone . . .«

»Wirklich?« fragte sie und lächelte ... Zufällig versagte ihr die Stimme bei diesem Wort, so daß es zur Hälfte heiser und zur Hälfte tonlos herauskam. Sie hüstelte und sagte dann:

»Sind es wirklich die Nocturnes von Chopin, die Sie da haben?«

»Gewiß. Sie sind aufgeschlagen, und alles ist bereit.«

»Nun, so will ich denn in Gottes Namen eins davon spielen«, sagte sie. »Aber nur eines, hören Sie? Dann werden Sie ohnehin für immer genug haben.«

Damit erhob sie sich, legte ihre Handarbeit beiseite und ging zum Klavier. Sie nahm auf dem Drehsessel Platz, auf dem ein paar gebundene Notenbücher lagen, richtete die Leuchter und blätterte in den Noten. Herr Spinell hatte einen Stuhl an ihre Seite gerückt und saß neben ihr wie ein Musiklehrer.

Sie spielte das Nocturne in Es-Dur, opus 9, Nummer 2. Wenn sie wirklich einiges verlernt hatte, so mußte ihr Vortrag ehedem vollkommen künstlerisch gewesen sein. Das Piano war nur mittelmäßig, aber schon nach den ersten Griffen wußte sie es mit sicherem Geschmack zu behandeln. Sie zeigte einen nervösen Sinn für differenzierte Klangfarbe und eine Freude an rhythmischer Beweglichkeit, die bis zum Phantastischen ging. Ihr Anschlag war sowohl fest als weich. Unter ihren Händen sang die Melodie ihre letzte Süßigkeit aus, und mit einer zögernden Grazie schmiegten sich die Verzierungen um ihre Glieder.

Sie trug das Kleid vom Tage ihrer Ankunft: die dunkle, gewichtige Taille mit den plastischen Sammetarabesken, die Haupt und Hände so unirdisch zart erscheinen ließ. Ihr Gesichtsausdruck veränderte sich nicht beim Spiele, aber es schien, als ob die Umrisse ihrer Lippen noch klarer würden, die Schatten in den Winkeln ihrer Augen sich vertieften. Als sie geendigt hatte, legte sie die Hände in den Schoß und fuhr fort, auf die Noten zu blicken. Herr Spinell blieb ohne Laut und Bewegung sitzen.

Sie spielte noch ein Nocturne, spielte ein zweites und drittes. Dann erhob sie sich: aber nur, um auf dem oberen Klavierdeckel nach neuen Noten zu suchen.

Herr Spinell hatte den Einfall, die Bände in schwarzen Pappdeckeln zu untersuchen, die auf dem Drehsessel lagen. Plötzlich stieß er einen unverständlichen Laut aus, und seine großen, weißen Hände fingerten leidenschaftlich an einem dieser vernachlässigten Bücher.

»Nicht möglich!... Es ist nicht wahr!...«, sagte er... »Und dennoch täusche ich mich nicht!... Wissen Sie, was es ist?... Was hier lag?... Was ich hier halte?...«

»Was ist es?« fragte sie.

Da wies er ihr stumm das Titelblatt. Er war ganz bleich, ließ das Buch sinken und sah sie mit zitternden Lippen an.

»Wahrhaftig? Wie kommt das hierher? Also geben Sie«, sagte sie einfach, stellte die Noten aufs Pult, setzte sich und begann nach einem Augenblick der Stille mit der ersten Seite.

Er saß neben ihr, vornübergebeugt, die Hände zwischen den Knien gefaltet, mit gesenktem Kopfe. Sie spielte den Anfang mit einer ausschweifenden und quälenden Langsamkeit, mit beunruhigend gedehnten Pausen zwischen den einzelnen Figuren. Das Sehnsuchtsmotiv, eine einsame und irrende Stimme in der Nacht, ließ leise seine bange Frage vernehmen. Eine Stille und ein Warten. Und siehe, es antwortet: derselbe zage und einsame Klang, nur heller, nur zarter. Ein neues Schweigen. Da setzte mit jenem gedämpften und wundervollen Sforzato, das ist wie ein Sich-Aufraffen und seliges Aufbegehren der Leidenschaft, das Liebesmotiv ein, stieg aufwärts, rang sich entzückt empor bis zur süßen Verschlingung, sank, sich lösend, zurück, und mit ihrem tiefen Gesange von schwerer, schmerzlicher Wonne traten die Celli hervor und führten die Weise fort...

Nicht ohne Erfolg versuchte die Spielende, auf dem armseligen Instrument die Wirkungen des Orchesters anzudeuten. Die Violinläufe der großen Steigerung erklangen mit leuchtender Präzision. Sie spielte mit preziöser Andacht, verharrte gläubig bei jedem Gebilde und hob demütig und demonstrativ das Einzelne hervor, wie der Priester das Allerheiligste über sein Haupt erhebt. Was geschah? Zwei Kräfte, zwei entrückte Wesen strebten in Leiden und Seligkeit nacheinander und umarmten sich in dem verzückten und wahnsinnigen Begehren nach dem Ewigen und Absoluten ... Das Vorspiel flammte auf und neigte sich. Sie endigte da, wo der Vorhang sich teilt, und fuhr dann fort, schweigend auf die Noten zu blicken.

Unterdessen hatte bei der Rätin Spatz die Langeweile jenen Grad erreicht, wo sie des Menschen Antlitz entstellt, ihm die Augen aus dem Kopfe treibt und ihm einen leichenhaften und furchteinflößenden Ausdruck verleiht. Außerdem wirkte diese Art von Musik auf ihre Magennerven, sie versetzte diesen dyspeptischen Organismus in Angstzustände und machte, daß die Rätin einen Krampfanfall befürchtete.

»Ich bin genötigt, auf mein Zimmer zu gehen«, sagte sie schwach. »Leben Sie wohl, ich kehre zurück . . .«

Damit ging sie. Die Dämmerung war weit vorgeschritten. Draußen sah man dicht und lautlos den Schnee auf die Terrasse herniedergehen. Die beiden Kerzen gaben ein wankendes und begrenztes Licht.

»Den zweiten Aufzug«, flüsterte er; und sie wandte die Seiten und begann mit dem zweiten Aufzug.

Hörnerschall verlor sich in der Ferne. Wie? oder war es das Säuseln des Laubes? Das sanfte Rieseln des Quells? Schon hatte die Nacht ihr Schweigen durch Hain und Haus gegossen, und kein flehendes Mahnen vermochte dem Walten der Sehnsucht mehr Einhalt zu tun. Das heilige Geheimnis vollendete sich. Die Leuchte erlosch, mit einer seltsamen, plötzlich gedeckten Klangfarbe senkte das Todesmotiv sich herab, und in jagender Ungeduld ließ die Sehnsucht ihren weißen Schleier dem Geliebten entgegenflattern, der ihr mit ausgebreiteten Armen durchs Dunkel nahte.

O überschwenglicher und unersättlicher Jubel der Vereinigung im ewigen Jenseits der Dinge! Des quälenden Irrtums entledigt, den Fesseln des Raumes und der Zeit entronnen, verschmolzen das Du und das Ich, das Dein und Mein sich zu erhabener Wonne. Trennen konnte sie des Tages tückisches Blendwerk, doch seine prahlende Lüge vermochte die Nachsichtigen nicht mehr zu täuschen, seit die Kraft des Zaubertrankes ihnen den Blick geweiht. Wer liebend des Todes Nacht und ihr süßes Geheimnis erschaute, dem blieb im Wahn des Lichtes ein einzig Sehnen, die Sehnsucht hin zur heiligen Nacht, der ewigen, wahren, der einsmachenden...

O sink hernieder, Nacht der Liebe, gib ihnen jenes

Vergessen, das sie ersehnen, umschließe sie ganz mit deiner Wonne und löse sie los von der Welt des Truges und der Trennung. Siehe, die letzte Leuchte verlosch! Denken und Dünken versank in heiliger Dämmerung, die sich welterlösend über des Wahnes Qualen breitet. Dann, wenn das Blendwerk erbleicht, wenn in Entzücken sich mein Auge bricht: das, wovon die Lüge des Tages mich ausschloß, was sie zu unstillbarer Qual meiner Sehnsucht täuschend entgegenstellte, – *selbst* dann, o Wunder der Erfüllung! selbst dann bin ich die Welt. – Und es erfolgte zu Brangänens dunklem Habet-Acht-Gesange jener Aufstieg der Violinen, welcher höher ist als alle Vernunft.

»Ich verstehe nicht alles, Herr Spinell; sehr vieles ahne ich nur. Was bedeutet doch dieses ›Selbst – dann bin ich die Welt‹?«

Er erklärte es ihr, leise und kurz.

»Ja, so ist es. – Wie kommt es nur, daß Sie, der Sie es so gut verstehen, es nicht auch spielen können?«

Seltsamerweise vermochte er dieser harmlosen Frage nicht standzuhalten. Er errötete, rang die Hände und versank gleichsam mit seinem Stuhle.

»Das trifft selten zusammen«, sagte er endlich gequält. »Nein, spielen kann ich nicht. – Aber fahren Sie fort.«

Und sie fuhren fort in den trunkenen Gesängen des Mysterienspieles. Starb je die Liebe? Tristans Liebe? Die Liebe deiner und meiner Isolde? Oh, des Todes Streiche erreichen die Ewige nicht! Was stürbe wohl ihm, als was uns stört, was die Einigen täuschend entzweit? Durch ein süßes Und verknüpfte sie beide die Liebe... zerriß es der Tod, wie anders, als mit des einen eigenem Leben, wäre dem anderen der Tod gegeben? Und ein geheimnisvoller Zwiegesang vereinigte sie in der namenlosen Hoffnung des Liebestodes, des endlos ungetrennten Umfangenseins im Wunderreiche der Nacht. Süße Nacht! Ewige Liebesnacht! Alles umspannendes Land der Seligkeit! Wer dich ahnend erschaut, wie könnte er ohne Bangen je zum öden Tage zurückerwachen? Banne du das Bangen, holder Tod! Löse du nun die Sehnenden ganz von der Not des Erwachens! O fassungsloser Sturm der Rhythmen! O chromatisch empordrängendes Entzücken der metaphysischen Erkenntnis! Wie sie fassen, wie sie lassen, diese Wonne fern den Trennungsqualen des Lichts? Sanftes Sehnen ohne Trug und Bangen, hehres, leidloses Verlöschen, überseliges Dämmern im Unermeßlichen! Du Isolde, Tristan ich, nicht mehr Tristan, nicht mehr Isolde – – –

Plötzlich geschah etwas Erschreckendes. Die Spielende brach ab und führte ihre Hand über die Augen, um ins Dunkel zu spähen, und Herr Spinell wandte sich rasch auf seinem Sitze herum. Die Tür dort hinten, die zum Korridor führte, hatte sich geöffnet, und herein kam eine finstere Gestalt, gestützt auf den Arm einer zweiten. Es war ein Gast von ›Einfried‹, der gleichfalls nicht in der Lage gewesen war, an der Schlittenpartie teilzunehmen, sondern diese Abendstunde zu einem seiner instinktiven und traurigen Rundgänge durch die Anstalt benutzte, es war jene Kranke, die neunzehn Kinder zur Welt gebracht hatte und keines Gedankens mehr fähig war, es war die Pastorin Höhlenrauch am Arme ihrer Pflegerin. Ohne aufzublicken, durchmaß sie mit tappenden, wandernden Schritten den Hintergrund des Gemaches und entschwand durch die entgegengesetzte Tür, – stumm und stier, irrwandelnd und unbewußt. – Es herrschte Stille.

»Das war die Pastorin Höhlenrauch«, sagte er.

»Ja, das war die arme Höhlenrauch«, sagte sie. Dann wandte sie die Blätter und spielte den Schluß des Ganzen, spielte Isoldens Liebestod.

Wie farblos und klar ihre Lippen waren, und wie die Schatten in den Winkeln ihrer Augen sich vertieften. Oberhalb der Braue, in ihrer durchsichtigen Stirn, trat angestrengt und beunruhigend das blaßblaue Äderchen deutlicher und deutlicher hervor. Unter ihren arbeitenden Händen vollzog sich die unerhörte Steigerung, zerteilt von jenem beinahe ruchlosen, plötzlichen Pianissimo, das wie ein Entgleiten des Bodens unter den Füßen und wie ein Versinken in sublimer Begierde ist. Der Überschwang einer ungeheuren Lösung und Erfüllung brach herein, wiederholte sich, ein betäubendes Brausen maßloser Befriedigung, unersättlich wieder und wieder, formte sich zurückflutend um, schien verhauchen zu wollen, wob noch einmal das Sehnsuchtsmotiv in seine Harmonie, atmete aus, erstarb, verklang, entschwebte. Tiefe Stille.

Sie horchten beide, legten die Köpfe auf die Seite und horchten.

»Das sind Schellen«, sagte sie.

»Es sind die Schlitten«, sagte er. »Ich gehe.«

Er stand auf und ging durch das Zimmer. An der Tür dort hinten machte er halt, wandte sich um und trat einen Augenblick unruhig von einem Fuß auf den anderen. Und dann begab es sich, daß er, fünfzehn oder zwanzig Schritte von ihr entfernt, auf seine Knie sank, lautlos auf beide Knie. Sein langer, schwarzer Gehrock breitete sich auf dem Boden aus. Er hielt die Hände über seinem Munde gefaltet, und seine Schultern zuckten.

Sie saß, die Hände im Schoße, vornübergelehnt, vom Klavier abgewandt, und blickte auf ihn. Ein ungewisses und bedrängtes Lächeln lag auf ihrem Gesicht, und ihre Augen spähten sinnend und so mühsam ins Halbdunkel, daß sie eine kleine Neigung zum Verschießen zeigten.

Aus weiter Ferne her näherten sich Schellenklappern, Peitschenknall und das Ineinanderklingen menschlicher Stimmen.

9

Die Schlittenpartie, von der lange noch alle sprachen, hatte am 26. Februar stattgefunden. Am 27., einem Tauwettertage, an dem alles sich erweichte, tropfte, planschte, floß, ging es der Gattin Herrn Klöterjahns vortrefflich. Am 28. gab sie ein wenig Blut von sich ... oh, unbedeutend; aber es war Blut. Zu gleicher Zeit wurde sie von einer Schwäche befallen, so groß wie noch niemals, und legte sich nieder.

Doktor Leander untersuchte sie, und sein Gesicht war steinkalt dabei. Dann verordnete er, was die Wissenschaft vorschreibt: Eisstückchen, Morphium, unbedingte Ruhe. Übrigens legte er am folgenden Tage wegen Überbürdung die Behandlung nieder und übertrug sie an Doktor Müller, der sie pflicht- und kontraktgemäß in aller Sanftmut übernahm; ein stiller, blasser, unbedeutender und wehmütiger Mann, dessen bescheidene und ruhmlose Tätigkeit den beinahe Gesunden und den Hoffnungslosen gewidmet war.

Die Ansicht, der er vor allem Ausdruck gab, war die, daß die Trennung zwischen dem Klöterjahn'schen Ehepaare nun schon recht lange währe. Es sei dringend wünschenswert, daß Herr Klöterjahn, wenn anders sein blühendes Geschäft es irgend gestatte, wieder einmal zu Besuch nach ›Einfried‹ käme. Man könne ihm schreiben, ihm vielleicht ein kleines Telegramm zukommen lassen ... Und sicherlich werde es die junge Mutter beglücken und stärken, wenn er den kleinen Anton mitbrächte: abgesehen davon, daß es für die Ärzte geradezu interessant sein werde, die Bekanntschaft dieses gesunden kleinen Anton zu machen.

Und siehe, Herr Klöterjahn erschien. Er hatte Doktor Müllers kleines Telegramm erhalten und kam vom Strande der Ostsee. Er stieg aus dem Wagen, ließ sich Kaffee und Buttersemmeln geben und sah sehr verdutzt aus.

»Herr«, sagte er, »was ist? Warum ruft man mich zu ihr?«

»Weil es wünschenswert ist«, antwortete Doktor Müller, »daß Sie jetzt in der Nähe Ihrer Frau Gemahlin weilen.«

»Wünschenswert ... Wünschenswert ... Aber auch notwendig? Ich sehe auf mein Geld, mein Herr, die Zeiten sind schlecht und die Eisenbahnen sind teuer. War diese Tagesreise nicht zu umgehen? Ich wollte nichts sagen, wenn es beispielsweise die Lunge wäre; aber da es Gott sei Dank die Luftröhre ist ...«

»Herr Klöterjahn«, sagte Doktor Müller sanft,

»erstens ist die Luftröhre ein wichtiges Organ ...« Er sagte unkorrekterweise »erstens«, obgleich er gar kein »zweitens« darauf folgen ließ.

Gleichzeitig aber mit Herrn Klöterjahn war eine üppige, ganz in Rot, Schottisch und Gold gehüllte Person in ›Einfried‹ eingetroffen, und sie war es, die auf ihrem Arme Anton Klöterjahn den Jüngeren, den kleinen gesunden Anton trug. Ja, er war da, und niemand konnte leugnen, daß er in der Tat von einer exzessiven Gesundheit war. Rosig und weiß, sauber und frisch gekleidet, dick und duftig lastete er auf dem nackten, roten Arm seiner betreßten Dienerin, verschlang gewaltige Mengen von Milch und gehacktem Fleisch, schrie und überließ sich in jeder Beziehung seinen Instinkten.

Vom Fenster seines Zimmers aus hatte der Schriftsteller Spinell die Ankunft des jungen Klöterjahn beobachtet. Mit einem seltsamen, verschleierten und dennoch scharfen Blick hatte er ihn ins Auge gefaßt, während er vom Wagen ins Haus getragen wurde, und war dann noch längere Zeit mit demselben Gesichtsausdruck an seinem Platze verharrt.

Von da an mied er das Zusammentreffen mit Anton Klöterjahn dem Jüngeren so weit als tunlich. –

10

Herr Spinell saß in seinem Zimmer und ›arbeitete‹.

Es war ein Zimmer wie alle in ›Einfried‹: altmodisch, einfach und distinguiert. Die massige Kommode war mit metallenen Löwenköpfen beschlagen, der hohe Wandspiegel war keine glatte Fläche, sondern aus vielen kleinen quadratischen, in Blei gefaßten Scherben zusammengesetzt, kein Teppich bedeckte den bläulich lackierten Estrich, in dem die steifen Beine der Meubles als klare Schatten sich fortsetzten. Ein geräumiger Schreibtisch stand in der Nähe des Fensters, vor welches der Romancier einen gelben Vorhang gezogen hatte, wahrscheinlich, um sich innerlicher zu machen.

In gelblicher Dämmerung saß er über die Platte des Sekretärs gebeugt und schrieb, – schrieb an einem jener zahlreichen Briefe, die er allwöchentlich zur Post befördern ließ, und auf die er belustigenderweise meistens gar keine Antwort erhielt. Ein großer, starker Bogen lag vor ihm, in dessen linkem oberen Winkel unter einer verzwickt gezeichneten Landschaft der Name Detlev Spinell in völlig neuartigen Lettern zu lesen war, und den er mit einer kleinen, sorgfältig gemalten und überaus reinlichen Handschrift bedeckte.

»Mein Herr!« stand dort. »Ich richte die folgenden Zeilen an Sie, weil ich nicht anders kann, weil das, was ich Ihnen zu sagen habe, mich erfüllt, mich quält und zittern macht, weil mir die Worte mit einer solchen Heftigkeit zuströmen, daß ich an ihnen ersticken würde, dürfte ich mich ihrer nicht in diesem Briefe entlasten . . .«

Der Wahrheit die Ehre zu geben, so war dies mit dem ›Zuströmen‹ ganz einfach nicht der Fall, und Gott wußte, aus was für eitlen Gründen Herr Spinell es behauptete. Die Worte schienen ihm durchaus nicht zuzuströmen; für einen, dessen bürgerlicher Beruf das Schreiben ist, kam er jämmerlich langsam von der

Stelle, und wer ihn sah, mußte zu der Anschauung gelangen, daß ein Schriftsteller ein Mann ist, dem das Schreiben schwerer fällt als allen anderen Leuten.

Mit zwei Fingerspitzen hielt er eins der sonderbaren Flaumhärchen an seiner Wange erfaßt und drehte Viertelstunden lang daran, indem er ins Leere starrte und nicht um eine Zeile vorwärtsrückte, schrieb dann ein paar zierliche Wörter und stockte aufs neue. Andererseits muß man zugeben, daß das, was schließlich zustande kam, den Eindruck der Glätte und Lebhaftigkeit erweckte, wenn es auch inhaltlich einen wunderlichen, fragwürdigen und oft sogar unverständlichen Charakter trug.

»Es ist«, so setzte der Brief sich fort, »das unabweisliche Bedürfnis, das, was ich sehe, was seit Wochen als eine unauslöschliche Vision vor meinen Augen steht, auch Sie sehen zu machen, es Sie mit meinen Augen, in derjenigen sprachlichen Beleuchtung schauen zu lassen, in der es vor meinem inneren Blicke steht. Ich bin gewohnt, diesem Drange zu weichen, der mich zwingt, in unvergeßlich und flammend richtig an ihrem Platze stehenden Worten meine Erlebnisse zu denen der Welt zu machen. Und darum hören Sie mich an.

Ich will nichts als sagen, was war und ist, ich erzähle lediglich eine Geschichte, eine ganz kurze, unsäglich empörende Geschichte, erzähle sie ohne Kommentar, ohne Anklage und Urteil, nur mit meinen Worten. Es ist die Geschichte Gabriele Eckhofs, mein Herr, der Frau, die Sie die Ihrige nennen ... und merken Sie wohl! Sie waren es, der sie erlebte; und dennoch bin ich es, dessen Wort sie Ihnen erst in Wahrheit zur Bedeutung eines Erlebnisses erheben wird.

Erinnern Sie sich des Gartens, mein Herr, des alten, verwucherten Gartens hinter dem grauen Patrizierhause? Das grüne Moos sproß in den Fugen der verwitterten Mauern, die seine verträumte Wildnis umschlossen. Erinnern Sie sich auch des Springbrunnens in seiner Mitte? Lilafarbene Lilien neigten sich über sein morsches Rund, und sein weißer Strahl plauderte geheimnisvoll auf das zerklüftete Gestein hinab. Der Sommertag neigte sich.

Sieben Jungfrauen saßen im Kreis um den Brunnen; in das Haar der Siebenten aber, der Ersten, der Einen, schien die sinkende Sonne heimlich ein schimmerndes Abzeichen der Oberhoheit zu weben. Ihre Augen waren wie ängstliche Träume, und dennoch lächelten ihre klaren Lippen ...

Sie sangen. Sie hielten ihre schmalen Gesichter zur Höhe des Springstrahles emporgewandt, dorthin, wo er in müder und edler Rundung sich zum Falle neigte, und ihre leisen, hellen Stimmen umschwebten seinen schlanken Tanz. Vielleicht hielten sie ihre zarten Hände um ihre Knie gefaltet, indes sie sangen ...

Entsinnen Sie sich des Bildes, mein Herr? Sahen Sie es? Sie sahen es nicht. Ihre Augen waren nicht geschaffen dafür, und Ihre Ohren nicht, die keusche Süßigkeit seiner Melodie zu vernehmen. Sahen Sie es – Sie durften nicht wagen, zu atmen, Sie mußten Ihrem Herzen zu schlagen verwehren. Sie mußten gehen, zurück ins Leben, in Ihr Leben, und für den Rest Ihres Erdendaseins das Geschaute als ein unantastbares und unverletzliches Heiligtum in Ihrer Seele bewahren. Was aber taten Sie?

Dies Bild war ein Ende, mein Herr; mußten Sie

kommen und es zerstören, um ihm eine Fortsetzung der Gemeinheit und des häßlichen Leidens zu geben? Es war eine rührende und friedevolle Apotheose, getaucht in die abendliche Verklärung des Verfalles, der Auflösung und des Verlöschens. Ein altes Geschlecht, zu müde bereits und zu edel zur Tat und zum Leben, steht am Ende seiner Tage, und seine letzten Äußerungen sind Laute der Kunst, ein paar Geigentöne, voll von der wissenden Wehmut der Sterbensreife... Sahen Sie die Augen, denen diese Töne Tränen entlockten? Vielleicht, daß die Seelen der sechs Gespielinnen dem Leben gehörten; diejenige aber ihrer schwesterlichen Herrin gehörte der Schönheit und dem Tode.

Sie sahen sie, diese Todesschönheit: sahen sie an, um ihrer zu begehren. Nichts von Ehrfurcht, nichts von Scheu berührte Ihr Herz gegenüber ihrer rührenden Heiligkeit. Es genügte Ihnen nicht, zu schauen; Sie mußten besitzen, ausnützen, entweihen... Wie fein Sie Ihre Wahl trafen! Sie sind ein Gourmand, mein Herr, ein plebejischer Gourmand, ein Bauer mit Geschmack.

Ich bitte Sie, zu bemerken, daß ich keineswegs den Wunsch hege, Sie zu kränken. Was ich sage, ist kein Schimpf, sondern die Formel, die einfache psychologische Formel für Ihre einfache, literarisch gänzlich uninteressante Persönlichkeit, und ich spreche sie aus, nur weil es mich treibt, Ihnen Ihr eigenes Tun und Wesen ein wenig zu erhellen, weil es auf Erden mein unausweichlicher Beruf ist, die Dinge bei Namen zu nennen, sie reden zu machen, und das Unbewußte zu durchleuchten. Die Welt ist voll von dem, was ich den ›unbewußten Typus‹ nenne: und ich ertrage sie nicht, alle diese unbewußten Typen! Ich ertrage es nicht, all dies dumpfe, unwissende und erkenntnislose Leben und Handeln, diese Welt von aufreizender Naivität um mich her! Es treibt mich mit qualvoller Unwiderstehlichkeit, alles Sein in der Runde – so weit meine Kräfte reichen – zu erläutern, auszusprechen und zum Bewußtsein zu bringen, – unbekümmert darum, ob dies eine fördernde oder hemmende Wirkung nach sich zieht, ob es Trost und Linderung bringt oder Schmerz zufügt.

Sie sind, mein Herr, wie ich sagte, ein plebejischer Gourmand, ein Bauer mit Geschmack. Eigentlich von plumper Konstitution und auf einer äußerst niedrigen Entwicklungsstufe befindlich, sind Sie durch Reichtum und sitzende Lebensweise zu einer plötzlichen, unhistorischen und barbarischen Korruption des Nervensystems gelangt, die eine gewisse lüsterne Verfeinerung des Genußbedürfnisses nach sich zieht. Wohl möglich, daß die Muskeln Ihres Schlundes in eine schmatzende Bewegung gerieten, wie angesichts einer köstlichen Suppe oder seltenen Platte, als Sie beschlossen, Gabriele Eckhof zu eigen zu nehmen ...

In der Tat, Sie lenken ihren verträumten Willen in die Irre, Sie führen sie aus dem verwucherten Garten in das Leben und in die Häßlichkeit, Sie geben ihr Ihren ordinären Namen und machen sie zum Eheweibe, zur Hausfrau, machen sie zur Mutter. Sie erniedrigen die müde, scheue und in erhabener Unbrauchbarkeit blühende Schönheit des Todes in den Dienst des gemeinen Alltags und jenes blöden, ungefügen und verächtlichen Götzen, den man die Natur nennt, und nicht eine Ahnung von der tiefen Niedertracht dieses Beginnens regt sich in Ihrem bäuerischen Gewissen.

Nochmals: Was geschieht? Sie, mit den Augen, die wie ängstliche Träume sind, schenkt Ihnen ein Kind; sie gibt diesem Wesen, das eine Fortsetzung der niedrigen Existenz seines Erzeugers ist, alles mit, was sie an Blut und Lebensmöglichkeit besitzt, und stirbt. Sie stirbt, mein Herr! Und wenn sie nicht in Gemeinheit dahinfährt, wenn sie dennoch zuletzt sich aus den Tiefen ihrer Erniedrigung erhob und stolz und selig unter dem tödlichen Kusse der Schönheit vergeht, so ist das *meine* Sorge gewesen. Die Ihrige war es wohl unterdessen, sich auf verschwiegenen Korridoren mit Stubenmädchen die Zeit zu verkürzen.

Ihr Kind aber, Gabriele Eckhofs Sohn, gedeiht, lebt und triumphiert. Vielleicht wird er das Leben seines Vaters fortführen, ein handeltreibender, Steuern zahlender und gut speisender Bürger werden; vielleicht ein Soldat oder Beamter, eine unwissende und tüchtige Stütze des Staates; in jedem Falle ein amusisches, normal funktionierendes Geschöpf, skrupellos und zuversichtlich, stark und dumm.

Nehmen Sie das Geständnis, mein Herr, daß ich Sie hasse, Sie und Ihr Kind, wie ich das Leben selbst hasse, das gemeine, das lächerliche und dennoch triumphierende Leben, das Sie darstellen, den ewigen Gegensatz und Todfeind der Schönheit. Ich darf nicht sagen, daß ich Sie verachte. Ich kann es nicht. Ich bin ehrlich. Sie sind der Stärkere. Ich habe Ihnen im Kampfe nur eines entgegenzustellen, das erhabene Gewaffen und Rachewerkzeug der Schwachen: Geist und Wort. Heute habe ich mich seiner bedient. Denn dieser Brief – auch darin bin ich ehrlich, mein Herr – ist nichts als ein Racheakt, und ist nur ein einziges Wort darin scharf, glänzend und schön genug, Sie betroffen zu machen, Sie eine fremde Macht spüren zu lassen, Ihren robusten Gleichmut einen Augenblick ins Wanken zu bringen, so will ich frohlocken.

Detlev Spinell.«

Und dieses Schriftstück kuvertierte und frankierte Herr Spinell, versah es mit einer zierlichen Adresse und überlieferte es der Post.

11

Herr Klöterjahn pochte an Herrn Spinells Stubentür; er hielt einen großen, reinlich beschriebenen Bogen in der Hand und sah aus wie ein Mann, der entschlossen ist, energisch vorzugehen. Die Post hatte ihre Pflicht getan, der Brief war seinen Weg gegangen, er hatte die wunderliche Reise von ›Einfried‹ nach ›Einfried‹ gemacht und war richtig in die Hände des Adressaten gelangt. Es war vier Uhr am Nachmittage.

Als Herr Klöterjahn eintrat, saß Herr Spinell auf dem Sofa und las in seinem eigenen Roman mit der verwirrenden Umschlagzeichnung. Er stand auf und sah den Besucher überrascht und fragend an, obgleich er deutlich errötete.

»Guten Tag«, sagte Herr Klöterjahn. »Entschuldigen Sie, daß ich Sie in Ihren Beschäftigungen störe. Aber darf ich fragen, ob Sie dies geschrieben haben?« Damit hielt er den großen, reinlich beschriebenen Bogen mit der linken Hand empor und schlug mit dem Rücken der Rechten darauf, so daß es heftig knisterte. Hierauf schob er die Rechte in die Tasche seines weiten, bequemen Beinkleides, legte den Kopf auf die Seite und öffnete, wie manche Leute pflegen, den Mund zum Horchen.

Sonderbarerweise lächelte Herr Spinell; er lächelte zuvorkommend, ein wenig verwirrt und halb entschuldigend, führte die Hand zum Kopfe, als besänne er sich, und sagte:

»Ah, richtig ... ja ... ich erlaubte mir ...«

Die Sache war die, daß er sich heute gegeben hatte, wie er war, und bis gegen Mittag geschlafen hatte. Infolge hiervon litt er an schlimmem Gewissen und blödem Kopfe, fühlte er sich nervös und wenig widerstandsfähig. Hinzu kam, daß die Frühlingsluft, die eingetreten war, ihn matt und zur Verzweiflung geneigt machte. Dies alles muß erwähnt werden als Erklärung dafür, daß er sich während dieser Szene so äußerst albern benahm.

»So! Aha! Schön!« sagte Herr Klöterjahn, indem er das Kinn auf die Brust drückte, die Brauen emporzog, die Arme reckte und eine Menge ähnlicher Anstalten traf, nach Erledigung dieser Formfrage ohne Erbarmen zur Sache zu kommen. Aus Freude an seiner Person ging er wenig zu weit in diesen Anstalten; was schließlich erfolgte, entsprach nicht völlig der drohenden Umständlichkeit dieser mimischen Vorbereitungen. Aber Herr Spinell war ziemlich bleich.

»Sehr schön!« wiederholte Herr Klöterjahn. »Dann lassen Sie sich die Antwort mündlich geben, mein Lieber, und zwar in Anbetracht des Umstandes, daß ich es für blödsinnig halte, jemandem, den man stündlich sprechen kann, seitenlange Briefe zu schreiben ...«

»Nun ... blödsinnig ...«, sagte Herr Spinell lächelnd, entschuldigend und beinahe demütig ...

»Blödsinnig!« wiederholte Herr Klöterjahn und schüttelte heftig den Kopf, um zu zeigen, wie unangreifbar sicher er seiner Sache sei. »Und ich würde dies Geschreibsel nicht eines Wortes würdigen, es wäre mir, offen gestanden, ganz einfach als Butterbrotpapier zu schlecht, wenn es mich nicht über gewisse Dinge aufklärte, die ich bis dahin nicht begriff, gewisse Veränderungen ... Übrigens geht Sie das nichts an und gehört nicht zur Sache. Ich bin ein tätiger Mann, ich habe Besseres zu bedenken als Ihre unaussprechlichen Visionen ...«

»Ich habe ›unauslöschliche Vision‹ geschrieben«, sagte Herr Spinell und richtete sich auf. Es war der einzige Moment dieses Auftrittes, in dem er ein wenig Würde an den Tag legte.

»Unauslöschlich ... unaussprechlich ...!« entgegnete Herr Klöterjahn und blickte ins Manuskript. »Sie schreiben eine Hand, die miserabel ist, mein Lieber; ich möchte Sie nicht in meinem Kontor beschäftigen. Auf den ersten Blick scheint es ganz sauber, aber bei Licht besehen ist es voller Lücken und Zittrigkeiten. Aber das ist Ihre Sache und geht mich nichts an. Ich bin gekommen, um Ihnen zu sagen, daß Sie erstens ein Hanswurst sind, – nun, das ist Ihnen hoffentlich bekannt. Außerdem aber sind Sie ein großer Feigling, und auch das brauche ich Ihnen wohl nicht ausführlich zu beweisen. Meine Frau hat mir einmal geschrieben, Sie sähen den Weibspersonen, denen Sie begegnen, nicht ins Gesicht, sondern schielten nur so hin, um eine schöne Ahnung davonzutragen, aus Angst vor der Wirklichkeit. Leider hat sie später aufgehört, in ihren Briefen von Ihnen zu erzählen; sonst wüßte ich noch mehr Geschichten von Ihnen. Aber so sind Sie. ›Schönheit‹ ist Ihr drittes Wort, aber im Grunde ist es nichts als Bangebüchsigkeit und Duckmäuserei und Neid, und daher wohl auch Ihre unverschämte Bemerkung von den ›verschwiegenen Korridoren‹, die mich wahrscheinlich so recht durchbohren sollte und mir doch bloß Spaß gemacht hat. Spaß hat sie mir gemacht! Aber wissen Sie nun Bescheid? Habe ich Ihnen Ihr ... Ihr ›Tun und Wesen‹ nur ›ein wenig erhellt‹, Sie Jammermensch? Obgleich es nicht mein ›unausbleiblicher Beruf‹ ist, hö, hö! ...«

»Ich habe ›unausweichlicher Beruf‹ geschrieben«, sagte Herr Spinell; aber er gab es gleich wieder auf. Er stand da, hilflos und abgekanzelt, wie ein großer, kläglicher, grauhaariger Schuljunge.

»Unausweichlich ... unausbleiblich ... Ein niederträchtiger Feigling sind Sie, sage ich Ihnen. Täglich sehen Sie mich bei Tische. Sie grüßen mich und lächeln, Sie reichen mir Schüsseln und lächeln, Sie wünschen mir gesegnete Mahlzeit und lächeln. Und eines Tages schicken Sie mir solch einen Wisch voll blödsinniger Injurien auf den Hals. Hö, ja, schriftlich haben Sie Mut! Und wenn es bloß dieser lachhafte Brief wäre. Aber Sie haben gegen mich intrigiert, hinter meinem Rücken gegen mich intrigiert, ich begreife es jetzt sehr wohl ... obgleich Sie sich nicht einzubilden brauchen, daß es Ihnen etwas genützt hat! Wenn Sie sich etwa der Hoffnung hingeben, meiner Frau Grillen in den Kopf gesetzt zu haben, so befinden Sie sich auf dem Holzwege, mein wertgeschätzter Herr, dazu ist sie ein zu vernünftiger Mensch! Oder wenn Sie am Ende gar glauben, daß sie mich irgendwie anders als sonst empfangen hat, mich und das Kind, als wir kamen, so setzten Sie Ihrer Abgeschmacktheit die Krone auf! Wenn sie dem Kleinen keinen Kuß gegeben hat, so geschah es aus Vorsicht, weil neuerdings die Hypothese aufgetaucht ist, daß es nicht die Luftröhre, sondern die Lunge ist, und man in diesem Falle nicht wissen kann ... obgleich es übrigens noch sehr zu beweisen ist, das mit der Lunge, und Sie mit Ihrem ›sie stirbt, mein Herr!‹ Sie sind ein Esel!«

Hier suchte Herr Klöterjahn seine Atmung ein wenig zu regeln. Er war nun sehr in Zorn geraten, stach beständig mit dem rechten Zeigefinger in die Luft und richtete das Manuskript in seiner Linken aufs übelste zu. Sein Gesicht, zwischen dem blonden englischen Backenbart, war furchtbar rot, und seine umwölkte Stirn war von geschwollenen Adern zerrissen wie von Zornesblitzen.

»Sie hassen mich«, fuhr er fort, »und Sie würden mich verachten, wenn ich nicht der Stärkere wäre ... Ja, das bin ich, zum Teufel, ich habe das Herz auf dem rechten Fleck, während Sie das Ihre wohl meistens in den Hosen haben, und ich würde Sie in die Pfanne hauen mitsamt Ihrem ›Geist und Wort‹, Sie hinterlistiger Idiot, wenn das nicht verboten wäre. Aber damit ist nicht gesagt, mein Lieber, daß ich mir Ihre Invektiven so ohne weiteres gefallen lasse, und wenn ich das mit dem ›ordinären Namen‹ zu Haus meinem Anwalt zeige, so wollen wir sehen, ob Sie nicht Ihr blaues Wunder erleben. Mein Name ist gut, mein Herr, und zwar durch mein Verdienst. Ob Ihnen jemand auf den Ihren auch nur einen Silbergroschen borgt, diese Frage mögen Sie mit sich selbst erörtern, Sie hergelaufener Bummler! Gegen Sie muß man gesetzlich vorgehen! Sie sind gemeingefährlich! Sie machen die Leute verrückt! . . . Obgleich Sie sich nicht einzubilden brauchen, daß es Ihnen diesmal gelungen ist, Sie heimtückischer Patron! Von Individuen, wie Sie eins sind, lasse ich mich denn doch nicht aus dem Felde schlagen. Ich habe das Herz auf dem rechten Fleck . . .«

Herr Klöterjahn war nun wirklich äußerst erregt. Er schrie und sagte wiederholt, daß er das Herz auf dem rechten Flecke habe.

»›Sie sangen.‹ Punkt. Sie sangen gar nicht! Sie strickten. Außerdem sprachen sie, soviel ich verstanden habe, von einem Rezept für Kartoffelpuffer, und wenn ich das mit dem ›Verfall‹ und der ›Auflösung‹ meinem Schwiegervater sage, so belangt er Sie gleichfalls von Rechts wegen, da können Sie sicher sein! . . . ›Sahen Sie das Bild, sahen Sie es?‹ Natürlich sah ich es, aber ich begreife nicht, warum ich deshalb den Atem anhalten und davonlaufen sollte. Ich schiele den Weibern nicht am Gesicht vorbei, ich sehe sie mir an, und wenn sie mir gefallen, und wenn sie mich wollen, so nehme ich sie mir. Ich habe das Herz auf dem rechten Fl . . .«

Es pochte. – Es pochte gleich neun- oder zehnmal ganz rasch hintereinander an die Stubentür, ein kleiner, heftiger, ängstlicher Wirbel, der Herrn Klöterjahn verstummen machte, und eine Stimme, die gar keinen Halt hatte, sondern von Bedrängnis fortwährend aus den Fugen ging, sagte in größter Hast:

»Herr Klöterjahn, Herr Klöterjahn, ach, ist Herr Klöterjahn da?«

»Draußen bleiben«, sagte Herr Klöterjahn unwirsch . . . »Was ist? Ich habe hier zu reden.«

»Herr Klöterjahn«, sagte die schwankende und sich brechende Stimme, »Sie müssen kommen ... auch die Ärzte sind da ... oh, es ist so entsetzlich traurig ...«

Da war er mit einem Schritt an der Tür und riß sie auf. Die Rätin Spatz stand draußen. Sie hielt ihr Schnupftuch vor den Mund, und große, längliche Tränen rollten paarweise in dieses Tuch hinein.

»Herr Klöterjahn«, brachte sie hervor ..., »es ist so entsetzlich traurig ... Sie hat so viel Blut aufgebracht, so fürchterlich viel ... Sie saß ganz ruhig im Bette und summte ein Stückchen Musik vor sich hin, und da kam es, lieber Gott, so übermäßig viel ...«

»Ist sie tot?« schrie Herr Klöterjahn ... Dabei packte er die Rätin am Oberarm und zog sie auf der Schwelle hin und her. »Nein, nicht ganz, wie? Noch nicht ganz, sie kann mich noch sehen ... Hat sie wieder ein bißchen Blut aufgebracht? Aus der Lunge, wie? Ich gebe zu, daß es vielleicht aus der Lunge kommt ... Gabriele!« sagte er plötzlich, indem die Augen ihm übergingen, und man sah, wie ein warmes, gutes, menschliches und redliches Gefühl in ihm hervorbrach. »Ja, ich komme!« sagte er, und mit langen Schritten schleppte er die Rätin aus dem Zimmer hinaus und über den Korridor davon. Von einem entlegenen Teile des Wandelganges her vernahm man noch immer sein rasch sich entfernendes »Nicht ganz, wie? ... Aus der Lunge, was? ...«

Herr Spinell stand auf dem Fleck, wo er während Herrn Klöterjahns so jäh unterbrochener Visite gestanden hatte, und blickte auf die offene Tür. Endlich tat er ein paar Schritte vorwärts und horchte ins Weite. Aber alles war still, und so schloß er die Tür und kehrte ins Zimmer zurück.

Eine Weile betrachtete er sich im Spiegel. Hierauf ging er zum Schreibtisch, holte ein kleines Flakon und ein Gläschen aus einem Fache hervor und nahm einen Kognak zu sich, was kein Mensch ihm verdenken konnte. Dann streckte er sich auf dem Sofa aus und schloß die Augen.

Die obere Klappe des Fensters stand offen. Draußen im Garten von ›Einfried‹ zwitscherten die Vögel, und in diesen kleinen, zarten und kecken Lauten lag fein und durchdringend der ganze Frühling ausgedrückt. Einmal sagte Herr Spinell leise vor sich hin: »Unausbleiblicher Beruf . . .« Dann bewegte er den Kopf hin und her und zog die Luft durch die Zähne ein wie bei einem heftigen Nervenschmerz.

Es war unmöglich, zur Ruhe und Sammlung zu gelangen. Man ist nicht geschaffen für so plumpe Erlebnisse wie dieses da! – Durch einen seelischen Vorgang, dessen Analyse zu weit führen würde, gelangte Herr Spinell zu dem Entschlusse, sich zu erheben und sich ein wenig Bewegung zu machen, sich ein wenig im Freien zu ergehen. So nahm er den Hut und verließ das Zimmer.

Als er aus dem Hause trat und die milde, würzige Luft ihn umfing, wandte er das Haupt und ließ seine

Augen langsam an dem Gebäude empor bis zu einem der Fenster gleiten, einem verhängten Fenster, an dem sein Blick eine Weile ernst, fest und dunkel haftete. Dann legte er die Hände auf den Rücken und schritt über die Kieswege dahin. Er schritt in tiefem Sinnen.

Noch waren die Beete mit Matten bedeckt, und Bäume und Sträucher waren noch nackt; aber der Schnee war fort, und die Wege zeigten nur hier und da noch feuchte Spuren. Der weite Garten mit seinen Grotten, Laubengängen und kleinen Pavillons lag in prächtig farbiger Nachmittagsbeleuchtung, mit kräftigen Schatten und sattem, goldigem Licht, und das dunkle Geäst der Bäume stand scharf und zart gegliedert gegen den hellen Himmel.

Es war um die Stunde, da die Sonne Gestalt annimmt, da die formlose Lichtmasse zur sichtbar sinkenden Scheibe wird, deren sattere, mildere Glut das Auge duldet. Herr Spinell sah die Sonne nicht; sein Weg führte ihn so, daß sie ihm verdeckt und verborgen war. Er ging gesenkten Hauptes und summte ein Stückchen Musik vor sich hin, ein kurzes Gebild, eine bang und klagend aufwärtssteigende Figur, das Sehnsuchtsmotiv ... Plötzlich aber, mit einem Ruck, einem kurzen, krampfhaften Aufatmen, blieb er gefesselt stehen, und unter heftig zusammengezogenen Brauen starrten seine erweiterten Augen mit dem Ausdruck entsetzter Abwehr geradeaus ...

Der Weg wandte sich; er führte der sinkenden Sonne entgegen. Durchzogen von zwei schmalen, erleuchteten Wolkenstreifen mit vergoldeten Rändern stand sie groß und schräge am Himmel, setzte die Wipfel der Bäume in Glut und goß ihren gelbrötlichen Glanz über den Garten hin. Und inmitten dieser goldigen Verklärung, die gewaltige Gloriole der Sonnenscheibe zu Häupten, stand hochaufgerichtet im Wege eine üppige, ganz in Rot, Gold und Schottisch gekleidete Person, die ihre Rechte in die schwellende Hüfte stemmte und mit der Linken ein grazil geformtes Wägelchen leicht vor sich hin und her bewegte. In diesem Wägelchen aber saß das Kind, saß Anton Klöterjahn der Jüngere, saß Gabriele Eckhofs dicker Sohn!

Er saß, bekleidet mit einer weißen Flausjacke und einem großen weißen Hut, pausbäckig, prächtig und wohlgeraten in den Kissen, und sein Blick begegnete lustig und unbeirrbar demjenigen Herrn Spinells. Der Romancier war im Begriffe, sich aufzuraffen, er war ein Mann, er hätte die Kraft besessen, an dieser unerwarteten, in Glanz getauchten Erscheinung vorüberzuschreiten und seinen Spaziergang fortzusetzen. Da aber geschah das Gräßliche, daß Anton Klöterjahn zu lachen und zu jubeln begann, er kreischte vor unerklärlicher Lust, es konnte einem unheimlich zu Sinne werden.

Gott weiß, was ihn anfocht, ob die schwarze Gestalt ihm gegenüber ihn in diese wilde Heiterkeit versetzte oder was für ein Anfall von animalischem Wohlbefinden ihn packte. Er hielt in der einen Hand einen knöchernen Beißring und in der anderen eine blecherne Klapperbüchse. Diese beiden Gegenstände reckte er jauchzend in den Sonnenschein empor, schüttelte sie und schlug sie zusammen, als wollte er jemanden spottend verscheuchen. Seine Augen waren beinahe geschlossen vor Vergnügen, und sein Mund war so klaffend aufgerissen, daß man seinen ganzen rosigen Gaumen sah. Er warf sogar seinen Kopf hin und her, indes er jauchzte.

Da machte Herr Spinell kehrt und ging von dannen. Er ging, gefolgt von dem Jubilieren des kleinen Klöterjahn, mit einer gewissen behutsamen und steif-graziösen Armhaltung über den Kies, mit den gewaltsam zögernden Schritten jemandes, der verbergen will, daß er innerlich davonläuft.

[1903]

Tonio Kröger

I

Die Wintersonne stand nur als armer Schein, milchig und matt hinter Wolkenschichten über der engen Stadt. Naß und zugig war's in den giebeligen Gassen, und manchmal fiel eine Art von weichem Hagel, nicht Eis, nicht Schnee.

Die Schule war aus. Über den gepflasterten Hof und heraus aus der Gatterpforte strömten die Scharen der Befreiten, teilten sich und enteilten nach rechts und links. Große Schüler hielten mit Würde ihre Bücherpäckchen hoch gegen die linke Schulter gedrückt, indem sie mit dem rechten Arm wider den Wind dem Mittagessen entgegenruderten; kleines Volk setzte sich lustig in Trab, daß der Eisbrei umherspritzte und die Siebensachen der Wissenschaft in den Seehundsränzeln klapperten. Aber hie und da riß alles mit frommen Augen die Mützen herunter vor dem Wotanshut und dem Jupiterbart eines gemessen hinschreitenden Oberlehrers ...

»Kommst du endlich, Hans?« sagte Tonio Kröger, der lange auf dem Fahrdamm gewartet hatte; lächelnd trat er dem Freunde entgegen, der im Gespräch mit anderen Kameraden aus der Pforte kam und schon im Begriffe war, mit ihnen davonzugehen ... »Wieso?«

fragte er und sah Tonio an ... »Ja, das ist wahr! Nun gehen wir noch ein bißchen.«

Tonio verstummte, und seine Augen trübten sich. Hatte Hans es vergessen, fiel es ihm erst jetzt wieder ein, daß sie heute mittag ein wenig zusammen spazierengehen wollten? Und er selbst hatte sich seit der Verabredung beinahe unausgesetzt darauf gefreut!

»Ja, adieu, ihr!« sagte Hans Hansen zu den Kameraden. »Dann gehe ich noch ein bißchen mit Kröger.« – Und die beiden wandten sich nach links, indes die anderen nach rechts schlenderten.

Hans und Tonio hatten Zeit, nach der Schule spazierenzugehen, weil sie beide Häusern angehörten, in denen erst um vier Uhr zu Mittag gegessen wurde. Ihre Väter waren große Kaufleute, die öffentliche Ämter bekleideten und mächtig waren in der Stadt. Den Hansens gehörten schon seit manchem Menschenalter die weitläufigen Holzlagerplätze drunten am Fluß, wo gewaltige Sägemaschinen unter Fauchen und Zischen die Stämme zerlegten. Aber Tonio war Konsul Krögers Sohn, dessen Getreidesäcke mit dem breiten schwarzen Firmendruck man Tag für Tag durch die Straßen kutschieren sah; und seiner Vorfahren großes altes Haus war das herrschaftlichste der ganzen Stadt... Beständig mußten die Freunde, der vielen Bekannten wegen, die Mützen herunternehmen, ja, von manchen Leuten wurden die Vierzehnjährigen zuerst gegrüßt...

Beide hatten die Schulmappen über die Schulter gehängt, und beide waren sie gut und warm gekleidet; Hans in eine kurze Seemannsüberjacke, über welcher auf Schultern und Rücken der breite, blaue Kragen seines Marineanzuges lag, und Tonio in einen grauen Gurt-Paletot. Hans trug eine dänische Matrosenmütze mit kurzen Bändern, unter der ein Schopf seines bastblonden Haares hervorquoll. Er war außerordentlich hübsch und wohlgestaltet, breit in den Schultern und schmal in den Hüften, mit freiliegenden und scharfblickenden stahlblauen Augen. Aber unter Tonio's runder Pelzmütze blickten aus einem brünetten und ganz südlich scharfgeschnittenen Gesicht dunkle und zart umschattete Augen mit zu schweren Lidern träumerisch und ein wenig zaghaft hervor ... Mund und Kinn waren ihm ungewöhnlich weich gebildet. Er ging nachlässig und ungleichmäßig, während Hansens schlanke Beine in den schwarzen Strümpfen so elastisch und taktfest einherschritten ...

Tonio sprach nicht. Er empfand Schmerz. Indem er seine etwas schräg stehenden Brauen zusammenzog und die Lippen zum Pfeifen gerundet hielt, blickte er seitwärts geneigten Kopfes ins Weite. Diese Haltung und Miene war ihm eigentümlich.

Plötzlich schob Hans seinen Arm unter den Tonio's und sah ihn dabei von der Seite an, denn er begriff sehr wohl, um was es sich handelte. Und obgleich Tonio auch bei den nächsten Schritten noch schwieg, so ward er doch auf einmal sehr weich gestimmt.

»Ich hatte es nämlich nicht vergessen, Tonio«, sagte Hans und blickte vor sich nieder auf das Trottoir, »sondern ich dachte nur, daß heute doch wohl nichts daraus werden könnte, weil es ja so naß und windig ist. Aber mir macht das gar nichts, und ich finde es famos, daß du trotzdem auf mich gewartet hast. Ich glaubte schon, du seist nach Hause gegangen, und ärgerte mich ...«

Alles in Tonio geriet in eine hüpfende und jubelnde Bewegung bei diesen Worten.

»Ja, wir gehen nun also über die Wälle!« sagte er mit bewegter Stimme. »Über den Mühlenwall und den Holstenwall, und so bringe ich dich nach Hause, Hans ... Bewahre, das schadet gar nichts, daß ich dann meinen Heimweg allein mache; das nächste Mal begleitest du mich.«

Im Grunde glaubte er nicht sehr fest an das, was Hans gesagt hatte, und fühlte genau, daß jener nur halb soviel Gewicht auf diesen Spaziergang zu zweien legte wie er. Aber er sah doch, daß Hans seine Vergeßlichkeit bereute und es sich angelegen sein ließ, ihn zu versöhnen. Und er war weit von der Absicht entfernt, die Versöhnung hintanzuhalten ...

Die Sache war die, daß Tonio Hans Hansen liebte und schon vieles um ihn gelitten hatte. Wer am meisten liebt, ist der Unterlegene und muß leiden, – diese schlichte und harte Lehre hatte seine vierzehnjährige Seele bereits vom Leben entgegengenommen; und er war so geartet, daß er solche Erfahrungen wohl vermerkte, sie gleichsam innerlich aufschrieb und gewissermaßen seine Freude daran hatte, ohne sich freilich für seine Person danach zu richten und praktischen Nutzen daraus zu ziehen. Auch war es so mit ihm bestellt, daß er solche Lehren weit wichtiger und interessanter achtete als die Kenntnisse, die man ihm in der Schule aufnötigte, ja, daß er sich während der Unterrichtsstunden in den gotischen Klassengewölben meistens damit abgab, solche Einsichten bis auf den Grund zu empfinden und völlig auszudenken. Und diese Beschäftigung bereitete ihm eine ganz ähnliche Genugtuung, wie wenn er mit seiner Geige (denn er spielte die Geige) in seinem Zimmer umherging und die Töne, so weich, wie er sie nur hervorzubringen vermochte, in das Plätschern des Springstrahles hinein erklingen ließ, der drunten im Garten unter den Zweigen des alten Walnußbaumes tänzelnd emporstieg...

Der Springbrunnen, der alte Walnußbaum, seine Geige und in der Ferne das Meer, die Ostsee, deren sommerliche Träume er in den Ferien belauschen durfte, diese Dinge waren es, die er liebte, mit denen er sich gleichsam umstellte, und zwischen denen sich sein inneres Leben abspielte, Dinge, deren Namen mit guter Wirkung in Versen zu verwenden sind und auch wirklich in den Versen, die Tonio Kröger zuweilen verfertigte, immer wieder erklangen.

Dieses, daß er ein Heft mit selbstgeschriebenen Versen besaß, war durch sein eigenes Verschulden bekannt geworden und schadete ihm sehr, bei seinen Mitschülern sowohl wie bei den Lehrern. Dem Sohne Konsul Krögers schien es einerseits, als sei es dumm und gemein, daran Anstoß zu nehmen, und er verachtete dafür sowohl die Mitschüler wie die Lehrer, deren schlechte Manieren ihn obendrein abstießen und deren persönliche Schwächen er seltsam eindringlich durchschaute. Andererseits aber empfand er selbst es als ausschweifend und eigentlich ungehörig, Verse zu machen, und mußte all denen gewissermaßen recht geben, die es für eine befremdende Beschäftigung hielten. Allein das vermochte ihn nicht, davon abzulassen...

Da er daheim seine Zeit vertat, beim Unterricht langsamen und abgewandten Geistes war und bei den

Lehrern schlecht angeschrieben stand, so brachte er beständig die erbärmlichsten Zensuren nach Hause, worüber sein Vater, ein langer, sorgfältig gekleideter Herr mit sinnenden blauen Augen, der immer eine Feldblume im Knopfloch trug, sich sehr erzürnt und bekümmert zeigte. Der Mutter Tonio's jedoch, seiner schönen, schwarzhaarigen Mutter, die Consuelo mit Vornamen hieß und überhaupt so anders war als die übrigen Damen der Stadt, weil der Vater sie sich einstmals von ganz unten auf der Landkarte heraufgeholt hatte, – seiner Mutter waren die Zeugnisse grundeinerlei . . .

Tonio liebte seine dunkle und feurige Mutter, die so wunderbar den Flügel und die Mandoline spielte, und er war froh, daß sie sich ob seiner zweifelhaften Stellung unter den Menschen nicht grämte. Andererseits aber empfand er, daß der Zorn des Vaters weit würdiger und respektabler sei, und war, obgleich er von ihm gescholten wurde, im Grunde ganz einverstanden mit ihm, während er die heitere Gleichgültigkeit der Mutter ein wenig liederlich fand. Manchmal dachte er ungefähr: Es ist gerade genug, daß ich bin, wie ich bin, und mich nicht ändern will und kann, fahrlässig, widerspenstig und auf Dinge bedacht, an die sonst niemand denkt. Wenigstens gehört es sich, daß man mich ernstlich schilt und straft dafür, und nicht mit Küssen und Musik darüber hinweggeht. Wir sind doch keine Zigeuner im grünen Wagen, sondern anständige Leute, Konsul Krögers, die Familie der Kröger . . . Nicht selten dachte er auch: Warum bin ich doch so sonderlich und in Widerstreit mit allem, zerfallen mit den Lehrern und fremd unter den anderen

Jungen? Siehe sie an, die guten Schüler und die von solider Mittelmäßigkeit. Sie finden die Lehrer nicht komisch, sie machen keine Verse und denken nur Dinge, die man eben denkt und die man laut aussprechen kann. Wie ordentlich und einverstanden mit allem und jedermann sie sich fühlen müssen! Das muß gut sein ... Was aber ist mit mir, und wie wird dies alles ablaufen?

Diese Art und Weise, sich selbst und sein Verhältnis zum Leben zu betrachten, spielte eine wichtige Rolle in Tonio's Liebe zu Hans Hansen. Er liebte ihn zunächst, weil er schön war; dann aber, weil er in allen Stücken als sein eigenes Widerspiel und Gegenteil erschien. Hans Hansen war ein vortrefflicher Schüler und außerdem ein frischer Gesell, der ritt, turnte, schwamm wie ein Held und sich der allgemeinen Beliebtheit erfreute. Die Lehrer waren ihm beinahe mit Zärtlichkeit zugetan, nannten ihn mit Vornamen und förderten ihn auf alle Weise, die Kameraden waren auf seine Gunst bedacht, und auf der Straße hielten ihn Herren und Damen an, faßten ihn an dem Schopfe bastblonden Haares, der unter seiner dänischen Schiffermütze hervorquoll, und sagten: »Guten Tag, Hans Hansen, mit deinem netten Schopf! Bist du noch Primus? Grüß Papa und Mama, mein prächtiger Junge ...«

So war Hans Hansen, und seit Tonio Kröger ihn kannte, empfand er Sehnsucht, sobald er ihn erblickte, eine neidische Sehnsucht, die oberhalb der Brust saß und brannte. Wer so blaue Augen hatte, dachte er, und so in Ordnung und glücklicher Gemeinschaft mit aller Welt lebte wie du! Stets bist du auf eine wohlanständige und allgemein respektierte Weise beschäftigt.

Wenn du die Schulaufgaben erledigt hast, so nimmst du Reitstunden oder arbeitest mit der Laubsäge, und selbst in den Ferien, an der See, bist du vom Rudern, Segeln und Schwimmen in Anspruch genommen, indes ich müßiggängerisch und verloren im Sande liege und auf die geheimnisvoll wechselnden Mienenspiele starre, die über des Meeres Antlitz huschen. Aber darum sind deine Augen so klar. Zu sein wie du ...

Er machte nicht den Versuch, zu werden wie Hans Hansen, und vielleicht war es ihm nicht einmal sehr ernst mit diesem Wunsche. Aber er begehrte schmerzlich, so wie er war, von ihm geliebt zu werden, und er warb um seine Liebe auf seine Art, eine langsame und innige, hingebungsvolle, leidende und wehmütige Art, aber von einer Wehmut, die tiefer und zehrender brennen kann als alle jähe Leidenschaftlichkeit, die man von seinem fremden Äußeren hätte erwarten können.

Und er warb nicht ganz vergebens, denn Hans, der übrigens eine gewisse Überlegenheit an ihm achtete, eine Gewandtheit des Mundes, die Tonio befähigte, schwierige Dinge auszusprechen, begriff ganz wohl, daß hier eine ungewöhnlich starke und zarte Empfindung für ihn lebendig sei, erwies sich dankbar und bereitete ihm manches Glück durch sein Entgegenkommen – aber auch manche Pein der Eifersucht, der Enttäuschung und der vergeblichen Mühe, eine geistige Gemeinschaft herzustellen. Denn es war das Merkwürdige, daß Tonio, der Hans Hansen doch um seine Daseinsart beneidete, beständig trachtete, ihn zu seiner eigenen herüberzuziehen, was höchstens auf Augenblicke und auch dann nur scheinbar gelingen konnte ...

»Ich habe jetzt etwas Wundervolles gelesen, etwas

Prachtvolles ...«, sagte er. Sie gingen und aßen gemeinsam aus einer Tüte Fruchtbonbons, die sie bei Krämer Iwersen in der Mühlenstraße für zehn Pfennige erstanden hatten. »Du mußt es lesen, Hans, es ist nämlich ›Don Carlos‹ von Schiller ... Ich leihe es dir, wenn du willst ...«

»Ach nein«, sagte Hans Hansen, »das laß nur, Tonio, das paßt nicht für mich. Ich bleibe bei meinen Pferdebüchern, weißt du. Famose Abbildungen sind darin, sage ich dir. Wenn du mal bei mir bist, zeige ich sie dir. Es sind Augenblicksphotographien, und man sieht die Gäule im Trab und im Galopp und im Sprunge, in allen Stellungen, die man in Wirklichkeit gar nicht zu sehen bekommt, weil es zu schnell geht ...«

»In allen Stellungen?« sagte Tonio höflich. »Ja, das ist fein. Was aber ›Don Carlos‹ betrifft, so geht das über alle Begriffe. Es sind Stellen darin, du sollst sehen, die so schön sind, daß es einem einen Ruck gibt, daß es gleichsam knallt ...«

»Knallt es?« fragte Hans Hansen ... »Wieso?«

»Da ist zum Beispiel die Stelle, wo der König geweint hat, weil er von dem Marquis betrogen ist ... aber der Marquis hat ihn nur dem Prinzen zuliebe betrogen, verstehst du, für den er sich opfert. Und nun kommt aus dem Kabinett in das Vorzimmer die Nachricht, daß der König geweint hat. ›Geweint?‹ ›Der König geweint?‹ Alle Hofmänner sind fürchterlich betreten, und es geht einem durch und durch, denn es ist ein schrecklich starrer und strenger König. Aber man begreift es so gut, daß er geweint hat, und mir tut er eigentlich mehr leid als der Prinz und der Marquis zusammengenommen. Er ist immer so ganz allein und ohne Liebe, und nun glaubt er einen Menschen gefunden zu haben, und der verrät ihn ...«

Hans Hansen sah von der Seite in Tonio's Gesicht, und irgend etwas in diesem Gesicht mußte ihn wohl dem Gegenstande gewinnen, denn er schob plötzlich wieder seinen Arm unter den Tonios und fragte:

»Auf welche Weise verrät er ihn denn, Tonio?«

Tonio geriet in Bewegung.

»Ja, die Sache ist«, fing er an, »daß alle Briefe nach Brabant und Flandern ...«

»Da kommt Erwin Jimmerthal«, sagte Hans.

Tonio verstummte. Möchte ihn doch, dachte er, die Erde verschlingen, diesen Jimmerthal! Warum muß er kommen und uns stören! Wenn er nur nicht mit uns geht und den ganzen Weg von der Reitstunde spricht... Denn Erwin Jimmerthal hatte ebenfalls Reitstunde. Er war der Sohn des Bankdirektors und wohnte hier draußen vorm Tore. Mit seinen krummen Beinen und Schlitzaugen kam er ihnen, schon ohne Schulmappe, durch die Allee entgegen.

»Tag, Jimmerthal«, sagte Hans. »Ich gehe ein bißchen mit Kröger ...«

»Ich muß zur Stadt«, sagte Jimmerthal, »und etwas besorgen. Aber ich gehe noch ein Stück mit euch ... Das sind wohl Fruchtbonbons, die ihr da habt? Ja, danke, ein paar esse ich. Morgen haben wir wieder Stunde, Hans.« – Es war die Reitstunde gemeint.

»Famos!« sagte Hans. »Ich bekomme jetzt die ledernen Gamaschen, du, weil ich neulich die Eins im Exerzitium hatte ...«

»Du hast wohl keine Reitstunde, Kröger?« fragte Jimmerthal, und seine Augen waren nur ein Paar blanker Ritzen ...

»Nein ...«, antwortete Tonio mit ganz ungewisser Betonung.

»Du solltest«, bemerkte Hans Hansen, »deinen Vater bitten, daß du auch Stunde bekommst, Kröger.«

»Ja ...«, sagte Tonio zugleich hastig und gleichgültig. Einen Augenblick schnürte sich ihm die Kehle zusammen, weil Hans ihn mit Nachnamen angeredet hatte; und Hans schien dies zu fühlen, denn er sagte erläuternd:

»Ich nenne dich Kröger, weil dein Vorname so verrückt ist, du, entschuldige, aber ich mag ihn nicht leiden. Tonio ... Das ist doch überhaupt kein Name. Übrigens kannst du ja nichts dafür, bewahre!«

»Nein, du heißt wohl hauptsächlich so, weil es so ausländisch klingt und etwas Besonderes ist ...«, sagte Jimmerthal und tat, als ob er zum Guten reden wollte.

Tonio's Mund zuckte. Er nahm sich zusammen und sagte:

»Ja, es ist ein alberner Name, ich möchte, weiß Gott, lieber Heinrich oder Wilhelm heißen, das könnt ihr mir glauben. Aber es kommt daher, daß ein Bruder meiner Mutter, nach dem ich getauft worden bin, Antonio heißt; denn meine Mutter ist doch von drüben ...«

Dann schwieg er und ließ die beiden von Pferden und Lederzeug sprechen. Hans hatte Jimmerthal untergefaßt und redete mit einer geläufigen Teilnahme, die für ›Don Carlos‹ niemals in ihm zu erwecken gewesen wäre ... Von Zeit zu Zeit fühlte Tonio, wie der Drang zu weinen ihm prickelnd in die Nase stieg, auch hatte er Mühe, sein Kinn in der Gewalt zu behalten, das beständig ins Zittern geriet ...

Hans mochte seinen Namen nicht leiden, – was war dabei zu tun? Er selbst hieß Hans, und Jimmerthal hieß Erwin, gut, das waren allgemein anerkannte Namen, die niemand befremdeten. Aber ›Tonio‹ war etwas Ausländisches und Besonderes. Ja, es war in allen Stücken etwas Besonderes mit ihm, ob er wollte oder nicht, und er war allein und ausgeschlossen von den Ordentlichen und Gewöhnlichen, obgleich er doch kein Zigeuner im grünen Wagen war, sondern ein Sohn Konsul Krögers, aus der Familie der Kröger ... Aber warum nannte Hans ihn Tonio, solange sie allein waren, wenn er, kam ein dritter hinzu, anfing, sich seiner zu schämen? Zuweilen war er ihm nahe und gewonnen, ja. Auf welche Weise verrät er ihn denn, Tonio? hatte er gefragt und ihn untergefaßt. Aber als dann Jimmerthal gekommen war, hatte er dennoch erleichtert aufgeatmet, hatte ihn verlassen und ihm ohne Not seinen fremden Rufnamen vorgeworfen. Wie weh es tat, dies alles durchschauen zu müssen! ... Hans Hansen hatte ihn im Grunde ein wenig gern, wenn sie unter sich waren, er wußte es. Aber kam ein dritter, so schämte er sich dessen und opferte ihn auf. Und er war wieder allein. Er dachte an König Philipp. Der König hat geweint ...

»Gott bewahre«, sagte Erwin Jimmerthal, »nun muß ich aber wirklich zur Stadt! Adieu, ihr, und Dank für die Fruchtbonbons!« Darauf sprang er auf eine Bank, die am Wege stand, lief mit seinen krummen Beinen darauf entlang und trabte davon.

»Jimmerthal mag ich leiden!« sagte Hans mit Nachdruck. Er hatte eine verwöhnte und selbstbewußte Art, seine Sympathien und Abneigungen kundzugeben, sie gleichsam gnädigst zu verteilen ... Und dann fuhr er fort, von der Reitstunde zu sprechen, weil er einmal im Zuge war. Es war auch nicht mehr so weit bis zum Hansen'schen Wohnhause; der Weg über die Wälle nahm nicht soviel Zeit in Anspruch. Sie hielten ihre Mützen fest und beugten die Köpfe vor dem starken, feuchten Wind, der in dem kahlen Geäst der Bäume knarrte und stöhnte. Und Hans Hansen sprach, während Tonio nur dann und wann ein künstliches Ach und Jaja einfließen ließ, ohne Freude darüber, daß Hans ihn im Eifer der Rede wieder untergefaßt hatte, denn das war nur eine scheinbare Annäherung, ohne Bedeutung.

Dann verließen sie die Wallanlagen unfern des Bahnhofes, sahen einen Zug mit plumper Eilfertigkeit vorüberpuffen, zählten zum Zeitvertreib die Wagen und winkten dem Manne zu, der in seinen Pelz vermummt zuhöchst auf dem allerletzten saß. Und am Lindenplatze, vor Großhändler Hansens Villa, blieben sie stehen, und Hans zeigte ausführlich, wie amüsant es sei, sich unten auf die Gartenpforte zu stellen und sich in den Angeln hin und her zu schlenkern, daß es nur so kreischte. Aber hierauf verabschiedete er sich.

»Ja, nun muß ich hinein«, sagte er. »Adieu, Tonio. Das nächste Mal begleite ich dich nach Hause, sei sicher.«

»Adieu, Hans«, sagte Tonio, »es war nett, spazierenzugehen.«

Ihre Hände, die sich drückten, waren ganz naß und rostig von der Gartenpforte. Als aber Hans in Tonio's Augen sah, entstand etwas wie reuiges Besinnen in seinem hübschen Gesicht.

»Übrigens werde ich nächstens ›Don Carlos‹ lesen!« sagte er rasch. »Das mit dem König im Kabinett muß famos sein!« Dann nahm er seine Mappe unter den Arm und lief durch den Vorgarten. Bevor er im Hause verschwand, nickte er noch einmal zurück.

Und Tonio Kröger ging ganz verklärt und beschwingt von dannen. Der Wind trug ihn von hinten, aber es war nicht darum allein, daß er so leicht von der Stelle kam.

Hans würde ›Don Carlos‹ lesen, und dann würden sie etwas miteinander haben, worüber weder Jimmerthal noch irgendein anderer mitreden konnte! Wie gut sie einander verstanden! Wer wußte, – vielleicht brachte er ihn noch dazu, ebenfalls Verse zu schreiben?... Nein, nein, das wollte er nicht! Hans sollte nicht werden wie Tonio, sondern bleiben, wie er war, so hell und stark, wie alle ihn liebten und Tonio am meisten! Aber daß er ›Don Carlos‹ las, würde trotzdem nicht schaden... Und Tonio ging durch das alte, untersetzte Tor, ging am Hafen entlang und die steile, zugige und nasse Giebelgasse hinauf zum Haus seiner Eltern. Damals lebte sein Herz; Sehnsucht war darin und schwermütiger Neid und ein klein wenig Verachtung und eine ganze keusche Seligkeit.

2

Die blonde Inge, Ingeborg Holm, Doktor Holms Tochter, der am Markte wohnte, dort, wo hoch, spitzig und vielfach der gotische Brunnen stand, sie war's, die Tonio Kröger liebte, als er sechzehn Jahre alt war.

Wie geschah das? Er hatte sie tausendmal gesehen; an einem Abend jedoch sah er sie in einer gewissen Beleuchtung, sah, wie sie im Gespräch mit einer Freundin auf eine gewisse übermütige Art lachend den Kopf zur Seite warf, auf eine gewisse Art ihre Hand, eine gar nicht besonders schmale, gar nicht besonders feine Kleinmädchenhand zum Hinterkopfe führte, wobei der weiße Gazeärmel von ihrem Ellenbogen zurückglitt, hörte, wie sie ein Wort, ein gleichgültiges Wort, auf eine gewisse Art betonte, wobei ein warmes Klingen in ihrer Stimme war, und ein Entzücken ergriff sein Herz, weit stärker als jenes, das er früher zuweilen empfunden hatte, wenn er Hans Hansen betrachtete, damals, als er noch ein kleiner, dummer Junge war.

An diesem Abend nahm er ihr Bild mit fort, mit dem dicken, blonden Zopf, den länglich geschnittenen, lachenden, blauen Augen und dem zart angedeuteten Sattel von Sommersprossen über der Nase, konnte nicht einschlafen, weil er das Klingen in ihrer Stimme hörte, versuchte leise, die Betonung nachzuahmen, mit der sie das gleichgültige Wort ausgesprochen hatte, und erschauerte dabei. Die Erfahrung lehrte ihn, daß dies die Liebe sei. Aber obgleich er genau wußte, daß die Liebe ihm viel Schmerz, Drangsal und Demütigung bringen müsse, daß sie überdies den Frieden zerstöre und das Herz mit Melodien überfülle, ohne daß man Ruhe fand, eine Sache rund zu formen und in Gelassenheit etwas Ganzes daraus zu schmieden, so nahm er sie doch mit Freuden auf, überließ sich ihr ganz und pflegte sie mit den Kräften seines Gemütes, denn er wußte, daß sie reich und lebendig mache, und er sehnte sich, reich und lebendig zu sein, statt in Gelassenheit etwas Ganzes zu schmieden ...

Dies, daß Tonio Kröger sich an die lustige Inge Holm verlor, ereignete sich in dem ausgeräumten Salon der Konsulin Husteede, die es an jenem Abend traf, die Tanzstunde zu geben; denn es war ein Privatkursus, an dem nur Angehörige von ersten Familien teilnahmen, und man versammelte sich reihum in den elterlichen Häusern, um sich Unterricht in Tanz und Anstand erteilen zu lassen. Aber zu diesem Behufe kam allwöchentlich Ballettmeister Knaak eigens von Hamburg herbei.

François Knaak war sein Name, und was für ein Mann war das! »J'ai l'honneur de me vous représenter«, sagte er, »mon nom est Knaak ... Und dies spricht man nicht aus, während man sich verbeugt, sondern wenn man wieder aufrecht steht, – gedämpft und dennoch deutlich. Man ist nicht täglich in der Lage, sich auf französisch vorstellen zu müssen, aber kann man es in dieser Sprache korrekt und tadellos, so wird es einem auf deutsch erst recht nicht fehlen.« Wie wunderbar der seidig schwarze Gehrock sich an seine fetten Hüften schmiegte! In weichen Falten fiel sein Beinkleid auf seine Lackschuhe hinab, die mit breiten Atlasschleifen geschmückt waren, und seine braunen Augen blickten mit einem müden Glück über ihre eigene Schönheit umher ...

Jedermann ward erdrückt durch das Übermaß seiner Sicherheit und Wohlanständigkeit. Er schritt – und niemand schritt wie er, elastisch, wogend, wiegend, königlich – auf die Herrin des Hauses zu, verbeugte sich und wartete, daß man ihm die Hand reiche. Erhielt er sie, so dankte er mit leiser Stimme dafür, trat federnd zurück, wandte sich auf dem linken Fuße, schnellte den rechten mit niedergedrückter Spitze seitwärts vom Boden ab und schritt mit bebenden Hüften davon ...

Man ging rückwärts und unter Verbeugungen zur Tür hinaus, wenn man eine Gesellschaft verließ, man schleppte einen Stuhl nicht herbei, indem man ihn an einem Bein ergriff oder am Boden entlang schleifte, sondern man trug ihn leicht an der Lehne herzu und setzte ihn geräuschlos nieder. Man stand nicht da, indem man die Hände auf dem Bauch faltete und die Zunge in den Mundwinkel schob; tat man es dennoch, so hatte Herr Knaak eine Art, es ebenso zu machen, daß man für den Rest seines Lebens einen Ekel vor dieser Haltung bewahrte ...

Dies war der Anstand. Was aber den Tanz betraf, so meisterte Herr Knaak ihn womöglich in noch höherem Grade. In dem ausgeräumten Salon brannten die Gasflammen des Kronleuchters und die Kerzen auf dem Kamin. Der Boden war mit Talkum bestreut, und in stummem Halbkreise standen die Eleven umher. Aber jenseits der Portieren, in der anstoßenden Stube, saßen auf Plüschstühlen die Mütter und Tanten und betrachteten durch ihre Lorgnetten Herrn Knaak, wie er, in gebückter Haltung, den Saum seines Gehrockes mit je zwei Fingern erfaßt hielt und mit federnden Beinen die einzelnen Teile der Mazurka demonstrierte. Beabsichtigte er aber, sein Publikum gänzlich zu verblüffen, so schnellte er sich plötzlich und ohne zwingenden Grund vom Boden empor, indem er seine Beine mit verwirrender Schnelligkeit in der Luft umeinanderwirbelte, gleichsam mit denselben trillerte, worauf er mit einem gedämpften, aber alles in seinen Festen erschütternden Plumps zu dieser Erde zurückkehrte ...

Was für ein unbegreiflicher Affe, dachte Tonio Kröger in seinem Sinn. Aber er sah wohl, daß Inge Holm, die lustige Inge, oft mit einem selbstvergessenen Lächeln Herrn Knaaks Bewegungen verfolgte, und nicht dies allein war es, weshalb alle diese wundervoll beherrschte Körperlichkeit ihm im Grunde etwas wie Bewunderung abgewann. Wie ruhevoll und unverwirrbar Herrn Knaaks Augen blickten! Sie sahen nicht in die Dinge hinein, bis dorthin, wo sie kompliziert und traurig werden; sie wußten nichts, als daß sie braun und schön seien. Aber deshalb war seine Haltung so stolz! Ja, man mußte dumm sein, um so schreiten zu können wie er; und dann wurde man geliebt, denn man war liebenswürdig. Er verstand es so gut, daß Inge, die blonde, süße Inge, auf Herrn Knaak blickte, wie sie es tat. Aber würde denn niemals ein Mädchen so auf ihn selbst blicken?

O doch, das kam vor. Da war Magdalena Vermehren, Rechtsanwalt Vermehrens Tochter, mit dem sanften Mund und den großen, dunklen, blanken Augen voll Ernst und Schwärmerei. Sie fiel oft hin beim Tanzen; aber sie kam zu ihm bei der Damenwahl, sie wußte, daß er Verse dichtete, sie hatte ihn zweimal gebeten, sie ihr zu zeigen, und oftmals schaute sie ihn von weitem mit gesenktem Kopfe an. Aber was sollte ihm das? Er, er liebte Inge Holm, die blonde, lustige Inge, die ihn sicher darum verachtete, daß er poetische Sachen schrieb ... er sah sie an, sah ihre schmalgeschnittenen, blauen Augen, die voll Glück und Spott waren, und eine neidische Sehnsucht, ein herber, drängender Schmerz, von ihr ausgeschlossen und ihr ewig fremd zu sein, saß in seiner Brust und brannte ...

»Erstes Paar en avant!« sagte Herr Knaak, und keine Worte schildern, wie wunderbar der Mann den Nasallaut hervorbrachte. Man übte Quadrille, und zu Tonio Krögers tiefem Erschrecken befand er sich mit Inge Holm in ein und demselben Karree. Er mied sie, wie er konnte, und dennoch geriet er beständig in ihre Nähe; er wehrte seinen Augen, sich ihr zu nahen, und dennoch traf sein Blick beständig auf sie ... Nun kam sie an der Hand des rotköpfigen Ferdinand Matthiessen gleitend und laufend herbei, warf den Zopf zurück und stellte sich aufatmend ihm gegenüber; Herr Heinzelmann, der Klavierspieler, griff mit seinen knochigen Händen in die Tasten, Herr Knaak kommandierte, die Quadrille begann.

Sie bewegte sich vor ihm hin und her, vorwärts und rückwärts, schreitend und drehend, ein Duft, der von ihrem Haar oder dem zarten, weißen Stoff ihres Kleides ausging, berührte ihn manchmal, und seine Augen trübten sich mehr und mehr. Ich liebe dich, liebe, süße Inge, sagte er innerlich, und er legte in diese Worte seinen ganzen Schmerz darüber, daß sie so eifrig und lustig bei der Sache war und sein nicht achtete. Ein wunderschönes Gedicht von Storm fiel ihm ein: »Ich möchte schlafen, aber du mußt tanzen.« Der demütigende Widersinn quälte ihn, der darin lag, tanzen zu müssen, während man liebte ...

»Erstes Paar en avant!« sagte Herr Knaak, denn es kam eine neue Tour. »Compliment! Moulinet des dames! Tour de main!« Und niemand beschreibt, auf welch graziöse Art er das stumme e vom »de« verschluckte.

»Zweites Paar en avant!« Tonio Kröger und seine Dame waren daran. »Compliment!« und Tonio Kröger verbeugte sich. »Moulinet des dames!« Und Tonio Kröger, mit gesenktem Kopfe und finsteren Brauen, legte seine Hand auf die Hände der vier Damen, auf die Inge Holms, und tanzte ›moulinet‹.

Ringsum entstand ein Kichern und Lachen. Herr Knaak fiel in seine Ballettpose, welche ein stilisiertes Entsetzen ausdrückte. »O weh!« rief er. »Halt, halt! Kröger ist unter die Damen geraten. En arrière, Fräulein Kröger, zurück, fi donc! Alle haben es nun verstanden, nur Sie nicht. Husch! Fort! Zurück mit Ihnen!« Und er zog ein gelbseidenes Taschentuch und scheuchte Tonio Kröger damit an seinen Platz zurück.

Alles lachte, die Jungen, die Mädchen und die Damen jenseits der Portieren, denn Herr Knaak hatte etwas gar zu Drolliges aus dem Zwischenfall gemacht, und man amüsierte sich wie im Theater. Nur Herr Heinzelmann wartete mit trockener Geschäftsmiene auf das Zeichen zum Weiterspielen, denn er war abgehärtet gegen Herrn Knaaks Wirkungen.

Dann ward die Quadrille fortgesetzt. Und dann war Pause. Das Folgmädchen klirrte mit einem Teebrett voll Weingeleegläsern zur Tür herein, und die Köchin folgte mit einer Ladung Plumcake in ihrem Kielwasser. Aber Tonio Kröger stahl sich fort, ging heimlich auf den Korridor hinaus und stellte sich dort, die Hände auf dem Rücken, vor ein Fenster mit herabgelassener Jalousie, ohne zu bedenken, daß man durch diese Jalousie gar nichts sehen konnte, und daß es also lächerlich sei, davorzustehen und zu tun, als blicke man hinaus.

Er blickte aber in sich hinein, wo so viel Gram und Sehnsucht war. Warum, warum war er hier? Warum saß er nicht in seiner Stube am Fenster und las in Storms ›Immensee‹ und blickte hie und da in den abendlichen Garten hinaus, wo der alte Walnußbaum schwerfällig knarrte? Das wäre sein Platz gewesen. Mochten die anderen tanzen und frisch und geschickt bei der Sache sein! ... Nein, nein, sein Platz war dennoch hier, wo er sich in Inge's Nähe wußte, wenn er auch nur einsam von ferne stand und versuchte, in dem Summen, Klirren und Lachen dort drinnen ihre Stimme zu unterscheiden, in welcher es klang von warmem Leben. Deine länglich geschnittenen, blauen, lachenden Augen, du blonde Inge! So schön und heiter wie du kann man nur sein, wenn man nicht ›Immensee‹ liest und niemals versucht, selbst dergleichen zu machen; das ist das Traurige! ...

Sie müßte kommen! Sie müßte bemerken, daß er fort war, müßte fühlen, wie es um ihn stand, müßte ihm heimlich folgen, wenn auch nur aus Mitleid, ihm ihre Hand auf die Schulter legen und sagen: Komm herein zu uns, sei froh, ich liebe dich. Und er horchte hinter sich und wartete in unvernünftiger Spannung, daß sie kommen möge. Aber sie kam keines Weges. Dergleichen geschah nicht auf Erden.

Hatte auch sie ihn verlacht, gleich allen anderen? Ja, das hatte sie getan, so gern er es ihret- und seinetwegen geleugnet hätte. Und doch hatte er nur aus Versunkenheit in ihre Nähe ›moulinet des dames‹ mitgetanzt. Und was verschlug das? Man würde vielleicht einmal aufhören zu lachen! Hatte etwa nicht kürzlich eine Zeitschrift ein Gedicht von ihm angenommen, wenn sie dann auch wieder eingegangen war, bevor das Gedicht hatte erscheinen können? Es kam der Tag, wo er berühmt war, wo alles gedruckt wurde, was er schrieb, und dann würde man sehen, ob es nicht Eindruck auf Inge Holm machen würde... Es würde *keinen* Eindruck machen, nein, das war es ja. Auf Magdalena Vermehren, die immer hinfiel, ja, auf die. Aber niemals auf Inge Holm, niemals auf die blauäugige, lustige Inge. Und war es also nicht vergebens? ...

Tonio Krögers Herz zog sich schmerzlich zusammen bei diesem Gedanken. Zu fühlen, wie wunderbare spielende und schwermütige Kräfte sich in dir regen, und dabei zu wissen, daß diejenigen, zu denen du dich hinübersehnst, ihnen in heiterer Unzugänglichkeit gegenüberstehen, das tut sehr weh. Aber obgleich er einsam, ausgeschlossen und ohne Hoffnung vor einer geschlossenen Jalousie stand und in seinem Kummer tat, als könne er hindurchblicken, so war er dennoch glücklich. Denn damals lebte sein Herz. Warm und traurig schlug es für dich, Ingeborg Holm, und seine Seele umfaßte deine blonde, lichte und übermütig gewöhnliche kleine Persönlichkeit in seliger Selbstverleugnung.

Mehr als einmal stand er mit erhitztem Angesicht an einsamen Stellen, wohin Musik, Blumenduft und Gläsergeklirr nur leise drangen, und suchte in dem fernen Festgeräusch deine klingende Stimme zu unterscheiden, stand in Schmerzen um dich und war dennoch glücklich. Mehr als einmal kränkte es ihn, daß er mit Magdalena Vermehren, die immer hinfiel, sprechen konnte, daß sie ihn verstand und mit ihm lachte und ernst war, während die blonde Inge, saß er auch neben ihr, ihm fern und fremd und befremdet erschien, denn seine Sprache war nicht ihre Sprache; und dennoch war er glücklich. Denn das Glück, sagte er sich, ist nicht, geliebt zu werden; das ist eine mit Ekel gemischte Genugtuung für die Eitelkeit. Das Glück ist, zu lieben und vielleicht kleine, trügerische Annäherungen an den geliebten Gegenstand zu erhaschen. Und er schrieb diesen Gedanken innerlich auf, dachte ihn völlig aus und empfand ihn bis auf den Grund.

Treue! dachte Tonio Kröger. Ich will treu sein und dich lieben, Ingeborg, solange ich lebe! So wohlmeinend war er. Und dennoch flüsterte in ihm eine leise Furcht und Trauer, daß er ja auch Hans Hansen ganz und gar vergessen habe, obgleich er ihn täglich sah. Und es war das Häßliche und Erbärmliche, daß diese leise und ein wenig hämische Stimme recht behielt, daß die Zeit verging und Tage kamen, da Tonio Kröger nicht mehr so unbedingt wie ehemals für die lustige Inge zu sterben bereit war, weil er Lust und Kräfte in sich fühlte, auf seine Art in der Welt eine Menge des Merkwürdigen zu leisten.

Und er umkreiste behutsam den Opferaltar, auf dem die lautere und keusche Flamme seiner Liebe loderte, kniete davor und schürte und nährte sie auf alle Weise, weil er treu sein wollte. Und über eine Weile, unmerklich, ohne Aufsehen und Geräusch, war sie dennoch erloschen.

Aber Tonio Kröger stand noch eine Zeitlang vor

dem erkalteten Altar, voll Staunen und Enttäuschung darüber, daß Treue auf Erden unmöglich war. Dann zuckte er die Achseln und ging seiner Wege.

3

Er ging den Weg, den er gehen mußte, ein wenig nachlässig und ungleichmäßig, vor sich hin pfeifend, mit seitwärts geneigtem Kopfe ins Weite blickend, und wenn er irreging, so geschah es, weil es für etliche einen richtigen Weg überhaupt nicht gibt. Fragte man ihn, was in aller Welt er zu werden gedachte, so erteilte er wechselnde Auskunft, denn er pflegte zu sagen (und hatte es auch bereits aufgeschrieben), daß er die Möglichkeiten zu tausend Daseinsformen in sich trage, zusammen mit dem heimlichen Bewußtsein, daß es im Grunde lauter Unmöglichkeiten seien...

Schon bevor er von der engen Vaterstadt schied, hatten sich leise die Klammern und Fäden gelöst, mit denen sie ihn hielt. Die alte Familie der Kröger war nach und nach in einen Zustand des Abbröckelns und der Zersetzung geraten, und die Leute hatten Grund, Tonio Krögers eigenes Sein und Wesen ebenfalls zu den Merkmalen dieses Zustandes zu rechnen. Seines Vaters Mutter war gestorben, das Haupt des Geschlechts, und nicht lange darauf, so folgte sein Vater, der lange, sinnende, sorgfältig gekleidete Herr mit der Feldblume im Knopfloch, ihr im Tode nach. Das große Kröger'sche Haus stand mitsamt seiner würdigen Geschichte zum Verkaufe, und die Firma ward ausgelöscht. Tonio's Mutter jedoch, seine schöne, feurige Mutter, die so wunderbar den Flügel und die Mandoline spielte und der alles ganz einerlei war, vermählte sich nach Jahresfrist aufs neue, und zwar mit einem Musiker, einem Virtuosen mit italienischem Namen, dem sie in blaue Fernen folgte. Tonio Kröger fand dies ein wenig liederlich; aber war *er* berufen, es ihr zu wehren? Er schrieb Verse und konnte nicht einmal beantworten, was in aller Welt er zu werden gedachte . . .

Und er verließ die winklige Heimatstadt, um deren Giebel der feuchte Wind pfiff, verließ den Springbrunnen und den alten Walnußbaum im Garten, die Vertrauten seiner Jugend, verließ auch das Meer, das er so sehr liebte, und empfand keinen Schmerz dabei. Denn er war groß und klug geworden, hatte begriffen, was für eine Bewandtnis es mit ihm hatte, und war voller Spott für das plumpe und niedrige Dasein, das ihn so lange in seiner Mitte gehalten hatte.

Er ergab sich ganz der Macht, die ihm als die erhabenste auf Erden erschien, zu deren Dienst er sich berufen fühlte, und die ihm Hoheit und Ehren versprach, der Macht des Geistes und Wortes, die lächelnd über dem unbewußten und stummen Leben thront. Mit seiner jungen Leidenschaft ergab er sich ihr, und sie lohnte ihm mit allem, was sie zu schenken hat, und nahm ihm unerbittlich all das, was sie als Entgelt dafür zu nehmen pflegt.

Sie schärfte seinen Blick und ließ ihn die großen Wörter durchschauen, die der Menschen Busen blähen, sie erschloß ihm der Menschen Seelen und seine eigene, machte ihn hellsehend und zeigte ihm das Innere der Welt und alles Letzte, was hinter den Worten und Taten ist. Was er aber sah, war dies: Komik und Elend – Komik und Elend.

Da kam, mit der Qual und dem Hochmut der Erkenntnis, die Einsamkeit, weil es ihn im Kreise der Harmlosen mit dem fröhlich dunklen Sinn nicht litt und das Mal an seiner Stirn sie verstörte. Aber mehr und mehr versüßte sich ihm auch die Lust am Worte und der Form, denn er pflegte zu sagen (und hatte es auch bereits aufgeschrieben), daß die Kenntnis der Seele allein unfehlbar trübsinnig machen würde, wenn nicht die Vergnügungen des Ausdrucks uns wach und munter erhielten . . .

Er lebte in großen Städten und im Süden, von dessen Sonne er sich ein üppigeres Reifen seiner Kunst versprach; und vielleicht war es das Blut seiner Mutter, welches ihn dorthin zog. Aber da sein Herz tot und ohne Liebe war, so geriet er in Abenteuer des Fleisches, stieg tief hinab in Wollust und heiße Schuld und litt unsäglich dabei. Vielleicht war es das Erbteil seines Vaters in ihm, des langen, sinnenden, reinlich gekleideten Mannes mit der Feldblume im Knopfloch, das ihn dort unten so leiden machte und manchmal eine schwache, sehnsüchtige Erinnerung in ihm sich regen ließ an eine Lust der Seele, die einstmals sein eigen gewesen war, und die er in allen Lüsten nicht wiederfand.

Ein Ekel und Haß gegen die Sinne erfaßte ihn und ein Lechzen nach Reinheit und wohlanständigem Frieden, während er doch die Luft der Kunst atmete, die laue und süße, duftgeschwängerte Luft eines beständigen Frühlings, in der es treibt und braut und keimt in heimlicher Zeugungswonne. So kam es nur dahin, daß er, haltlos zwischen krassen Extremen, zwischen eisiger Geistigkeit und verzehrender Sinnenglut hin und her geworfen, unter Gewissensnöten ein erschöpfendes Leben führte, ein ausbündiges, ausschweifendes und außerordentliches Leben, das er, Tonio Kröger, im Grunde verabscheute. Welch Irrgang! dachte er zuweilen. Wie war es nur möglich, daß ich in alle diese exzentrischen Abenteuer geriet? Ich bin doch kein Zigeuner im grünen Wagen, von Hause aus ...

Aber in dem Maße, wie seine Gesundheit geschwächt ward, verschärfte sich seine Künstlerschaft, ward wählerisch, erlesen, kostbar, fein, reizbar gegen das Banale und aufs höchste empfindlich in Fragen des Taktes und Geschmacks. Als er zum ersten Male hervortrat, wurde unter denen, die es anging, viel Beifall und Freude laut, denn es war ein wertvoll gearbeitetes Ding, was er geliefert hatte, voll Humor und Kenntnis des Leidens. Und schnell ward sein Name, derselbe, mit dem ihn einst seine Lehrer scheltend gerufen hatten, derselbe, mit dem er seine ersten Reime an den Walnußbaum, den Springbrunnen und das Meer unterzeichnet hatte, dieser aus Süd und Nord zusammengesetzte Klang, dieser exotisch angehauchte Bürgersname zu einer Formel, die Vortreffliches bezeichnete; denn der schmerzlichen Gründlichkeit seiner Erfahrungen gesellte sich ein seltener, zäh ausharrender und ehrsüchtiger Fleiß, der im Kampf mit der wählerischen Reizbarkeit seines Geschmacks unter heftigen Qualen ungewöhnliche Werke entstehen ließ.

Er arbeitete nicht wie jemand, der arbeitet, um zu leben, sondern wie einer, der nichts will als arbeiten, weil er sich als lebendigen Menschen für nichts achtet, nur als Schaffender in Betracht zu kommen wünscht und im übrigen grau und unauffällig umhergeht, wie ein abgeschminkter Schauspieler, der nichts ist, solange er nichts darzustellen hat. Er arbeitete stumm, abgeschlossen, unsichtbar und voller Verachtung für jene Kleinen, denen das Talent ein geselliger Schmuck war, die, ob sie nun arm oder reich waren, wild und abgerissen einhergingen oder mit persönlichen Krawatten Luxus trieben, in erster Linie glücklich, liebenswürdig und künstlerisch zu leben bedacht waren, unwissend darüber, daß gute Werke nur unter dem Druck eines schlimmen Lebens entstehen, daß, wer lebt, nicht arbeitet, und daß man gestorben sein muß, um ganz ein Schaffender zu sein.

4

»Störe ich?« fragte Tonio Kröger auf der Schwelle des Ateliers. Er hielt seinen Hut in der Hand und verbeugte sich sogar ein wenig, obgleich Lisaweta Iwanowna seine Freundin war, der er alles sagte.

»Erbarmen Sie sich, Tonio Kröger, und kommen Sie ohne Zeremonien herein!« antwortete sie mit ihrer hüpfenden Betonung. »Es ist bekannt, daß Sie eine gute Kinderstube genossen haben und wissen, was sich schickt.« Dabei steckte sie ihren Pinsel zu der Palette in die linke Hand, reichte ihm die rechte und blickte ihm lachend und kopfschüttelnd ins Gesicht.

»Ja, aber Sie arbeiten«, sagte er. »Lassen Sie sehen... Oh, Sie sind vorwärtsgekommen.« Und er betrachtete abwechselnd die farbigen Skizzen, die zu beiden Seiten der Staffelei auf Stühlen lehnten, und die große, mit einem quadratischen Liniennetz überzogene Leinwand, auf welcher, in dem verworrenen und schemenhaften Kohleentwurf, die ersten Farbflecke aufzutauchen begannen.

Es war in München, in einem Rückgebäude der Schellingstraße, mehrere Stiegen hoch. Draußen, hinter dem breiten Nordlichtfenster, herrschte Himmelsblau, Vogelgezwitscher und Sonnenschein, und des Frühlings junger, süßer Atem, der durch eine offene Klappe hereinströmte, vermischte sich mit dem Geruch von Fixativ und Ölfarbe, der den weiten Arbeitsraum erfüllte. Ungehindert überflutete das goldige Licht des hellen Nachmittags die weitläufige Kahlheit des Ateliers, beschien freimütig den ein wenig schadhaften Fußboden, den rohen, mit Fläschchen, Tuben und Pinseln bedeckten Tisch unterm Fenster und die ungerahmten Studien an den untapezierten Wänden, beschien den Wandschirm aus rissiger Seide, der in der Nähe der Tür einen kleinen, stilvoll möblierten Wohn- und Mußewinkel begrenzte, beschien das werdende Werk auf der Staffelei und davor die Malerin und den Dichter.

Sie mochte etwa so alt sein wie er, nämlich ein wenig jenseits der Dreißig. In ihrem dunkelblauen, fleckigen Schürzenkleide saß sie auf einem niedrigen Schemel und stützte das Kinn in die Hand. Ihr braunes Haar, fest frisiert und an den Seiten schon leicht ergraut, bedeckte in leisen Scheitelwellen ihre Schläfen und gab den Rahmen zu ihrem brünetten, slawisch geformten, unendlich sympathischen Gesicht mit der Stumpfnase, den scharf herausgearbeiteten Wangenknochen und den kleinen, schwarzen, blanken Augen. Gespannt, mißtrauisch und gleichsam gereizt musterte sie schiefen und gekniffenen Blicks ihre Arbeit ...

Er stand neben ihr, hielt die rechte Hand in die Hüfte gestemmt und drehte mit der Linken eilig an seinem braunen Schnurrbart. Seine schrägen Brauen waren in einer finsteren und angestrengten Bewegung, wobei er leise vor sich hin pfiff, wie gewöhnlich. Er war äußerst sorgfältig und gediegen gekleidet, in einen Anzug von ruhigem Grau und reserviertem Schnitt. Aber in seiner durcharbeiteten Stirn, über der sein dunkles Haar so außerordentlich simpel und korrekt sich scheitelte, war ein nervöses Zucken, und die Züge seines südlich geschnittenen Gesichts waren schon scharf, von einem harten Griffel gleichsam nachgezogen und ausgeprägt, während doch sein Mund so sanft umrissen, sein Kinn so weich gebildet erschien ... Nach einer Weile strich er mit der Hand über Stirn und Augen und wandte sich ab.

»Ich hätte nicht kommen sollen«, sagte er.

»Warum hätten Sie nicht, Tonio Kröger?«

»Eben stehe ich von meiner Arbeit auf, Lisaweta, und in meinem Kopf sieht es genau aus wie auf dieser Leinwand. Ein Gerüst, ein blasser, von Korrekturen beschmutzter Entwurf und ein paar Farbflecke, ja; und nun komme ich hierher und sehe dasselbe. Und auch den Konflikt und Gegensatz finde ich hier wieder«, sagte er und schnupperte in die Luft, »der mich zu Hause quälte. Seltsam ist es. Beherrscht dich ein Gedanke, so findest du ihn überall ausgedrückt, du *riechst* ihn sogar im Winde. Fixativ und Frühlingsarom, nicht wahr? Kunst und – ja, was ist das andere? Sagen Sie nicht ›Natur‹, Lisaweta, ›Natur‹ ist nicht erschöpfend. Ach, nein, ich hätte wohl lieber spazierengehen sollen, obgleich es die Frage ist, ob ich mich dabei wohler befunden hätte: Vor fünf Minuten, nicht weit von hier, traf ich einen Kollegen, Adalbert, den Novellisten. ›Gott verdamme den Frühling!‹ sagte er in seinem aggressiven Stil. ›Er ist und bleibt die gräßlichste Jahreszeit! Können Sie einen vernünftigen Gedanken fassen, Kröger, können Sie die kleinste Pointe und Wirkung in Gelassenheit ausarbeiten, wenn es Ihnen auf eine unanständige Weise im Blute kribbelt und eine Menge von unzugehörigen Sensationen Sie beunruhigt, die, sobald Sie sie prüfen, sich als ausgemacht triviales und gänzlich unbrauchbares Zeug entpuppen? Was mich betrifft, so gehe ich nun ins Café. Das ist neutrales, vom Wechsel der Jahreszeiten unberührtes Gebiet, wissen Sie, das stellt sozusagen die entrückte und erhabene Sphäre des Literarischen dar, in der man nur vornehmerer Einfälle fähig ist...‹ Und er ging ins Café; und vielleicht hätte ich mitgehen sollen.«

Lisaweta amüsierte sich.

»Das ist gut, Tonio Kröger. Das mit dem ›unanständigen Kribbeln‹ ist gut. Und er hat ja gewissermaßen recht, denn mit dem Arbeiten ist es wirklich nicht sonderlich bestellt im Frühling. Aber nun geben Sie acht. Nun mache ich trotzdem noch diese kleine Sache hier, diese kleine Pointe und Wirkung, wie Adalbert sagen würde. Nachher gehen wir in den ›Salon‹ und trinken Tee, und Sie sprechen sich aus; denn das sehe ich genau, daß Sie heute geladen sind. Bis dahin gruppieren Sie sich wohl irgendwo, zum Beispiel auf der Kiste da, wenn Sie nicht für Ihre Patriziergewänder fürchten...«

»Ach, lassen Sie mich mit meinen Gewändern in Ruh', Lisaweta Iwanowna! Wünschten Sie, daß ich in einer zerrissenen Sammetjacke oder einer rotseidenen Weste umherliefe? Man ist als Künstler innerlich immer Abenteurer genug. Äußerlich soll man sich gut anziehen, zum Teufel, und sich benehmen wie ein anständiger Mensch ... Nein, geladen bin ich nicht«, sagte er und sah zu, wie sie auf der Palette eine Mischung bereitete. »Sie hören ja, daß es nur ein Problem und Gegensatz ist, was mir im Sinne liegt und mich bei der Arbeit störte ... Ja, wovon sprachen wir eben? Von Adalbert, dem Novellisten, und was für ein stolzer und fester Mann er ist. ›Der Frühling ist die gräßlichste Jahreszeit‹, sagte er und ging ins Café. Denn man muß wissen, was man will, nicht wahr? Sehen Sie, auch mich macht der Frühling nervös, auch mich setzt die holde Trivialität der Erinnerungen und Empfindungen, die er erweckt, in Verwirrung; nur, daß ich es nicht über mich gewinne, ihn dafür zu schelten und zu verachten; denn die Sache ist die, daß ich mich vor ihm schäme, mich schäme vor seiner reinen Natürlichkeit und seiner siegenden Jugend. Und ich weiß nicht, ob ich Adalbert beneiden oder geringschätzen soll, dafür, daß er nichts davon weiß ...

Man arbeitet schlecht im Frühling, gewiß, und warum? Weil man empfindet. Und weil der ein Stümper ist, der glaubt, der Schaffende dürfe empfinden. Jeder echte und aufrichtige Künstler lächelt über die Naivität dieses Pfuscherirrtums, – melancholisch vielleicht, aber er lächelt. Denn das, was man sagt, darf ja niemals die Hauptsache sein, sondern nur das an und für sich gleichgültige Material, aus dem das ästhetische Gebilde in spielender und gelassener Überlegenheit zusammenzusetzen ist. Liegt Ihnen zu viel an dem, was Sie zu sagen haben, schlägt Ihr Herz zu warm dafür, so können Sie eines vollständigen Fiaskos sicher sein. Sie werden pathetisch, Sie werden sentimental, etwas Schwerfälliges, Täppisch-Ernstes, Unbeherrschtes, Unironisches, Ungewürztes, Langweiliges, Banales entsteht unter Ihren Händen, und nichts als Gleichgültigkeit bei den Leuten, nichts als Enttäuschung und Jammer bei Ihnen selbst ist das Ende... Denn so ist es ja, Lisaweta: Das Gefühl, das warme, herzliche Gefühl ist immer banal und unbrauchbar, und künstlerisch sind bloß die Gereiztheiten und kalten Ekstasen unseres verdorbenen, unseres artistischen Nervensystems. Es ist nötig, daß man irgend etwas Außermenschliches und Unmenschliches sei, daß man zum Menschlichen in einem seltsam fernen und unbeteiligten Verhältnis stehe, um imstande und überhaupt versucht zu sein, es zu spielen, damit zu spielen, es wirksam und geschmackvoll darzustellen. Die Begabung für Stil, Form und Ausdruck setzt bereits dies kühle und wählerische Verhältnis zum Menschlichen, ja, eine gewisse menschliche Verarmung und Verödung voraus. Denn das gesunde und starke Gefühl, dabei bleibt es, hat keinen Geschmack. Es ist aus mit dem Künstler, sobald er Mensch wird und zu empfinden beginnt. Das wußte Adalbert, und darum begab er sich ins Café, in die ›entrückte Sphäre‹, jawohl!«

»Nun, Gott mit ihm, Batuschka«, sagte Lisaweta und wusch sich die Hände in einer Blechwanne; »Sie brauchen ihm ja nicht zu folgen.«

»Nein, Lisaweta, ich folge ihm nicht, und zwar einzig, weil ich hie und da imstande bin, mich vor dem Frühling meines Künstlertums ein wenig zu schämen. Sehen Sie, zuweilen erhalte ich Briefe von fremder

Hand, Lob- und Dankschreiben aus meinem Publikum, bewunderungsvolle Zuschriften ergriffener Leute. Ich lese diese Zuschriften, und Rührung beschleicht mich angesichts des warmen und unbeholfenen menschlichen Gefühls, das meine Kunst hier bewirkt hat, eine Art von Mitleid faßt mich an gegenüber der begeisterten Naivität, die aus den Zeilen spricht, und ich erröte bei dem Gedanken, wie sehr dieser redliche Mensch ernüchtert sein müßte, wenn er je einen Blick hinter die Kulissen täte, wenn seine Unschuld je begriffe, daß ein rechtschaffener, gesunder und anständiger Mensch überhaupt nicht schreibt, mimt, komponiert ... was alles ja nicht hindert, daß ich seine Bewunderung für mein Genie benütze, um mich zu steigern und zu stimulieren, daß ich sie gewaltig ernst nehme, und ein Gesicht dazu mache wie ein Affe, der den großen Mann spielt ... Ach, reden Sie mir nicht darein, Lisaweta! Ich sage Ihnen, daß ich es oft sterbensmüde bin, das Menschliche darzustellen, ohne am Menschlichen teilzuhaben ... Ist der Künstler überhaupt ein Mann? Man frage ›das Weib‹ danach! Mir scheint, wir Künstler teilen alle ein wenig das Schicksal jener präparierten päpstlichen Sänger ... Wir singen ganz rührend schön. Jedoch –«

»Sie sollten sich ein bißchen schämen, Tonio Kröger. Kommen Sie nun zum Tee. Das Wasser wird gleich kochen, und hier sind Papyros. Beim Sopransingen waren Sie stehengeblieben; und fahren Sie da nur fort. Aber schämen sollten Sie sich. Wenn ich nicht wüßte, mit welch stolzer Leidenschaft Sie Ihrem Berufe ergeben sind ...«

»Sagen Sie nichts von ›Beruf‹, Lisaweta Iwanowna! Die Literatur ist überhaupt kein Beruf, sondern ein

Fluch, – damit Sie's wissen. Wann beginnt er fühlbar zu werden, dieser Fluch? Früh, schrecklich früh. Zu einer Zeit, da man billig noch in Frieden und Eintracht mit Gott und der Welt leben sollte. Sie fangen an, sich gezeichnet, sich in einem rätselhaften Gegensatz zu den anderen, den Gewöhnlichen, den Ordentlichen zu fühlen, der Abgrund von Ironie, Unglaube, Opposition, Erkenntnis, Gefühl, der Sie von den Menschen trennt, klafft tiefer und tiefer, Sie sind einsam, und fortan gibt es keine Verständigung mehr. Was für ein Schicksal! Gesetzt, daß das Herz lebendig genug, *liebevoll* genug geblieben ist, es als furchtbar zu empfinden! ... Ihr Selbstbewußtsein entzündet sich, weil Sie unter Tausenden das Zeichen an Ihrer Stirne spüren und fühlen, daß es niemandem entgeht. Ich kannte einen Schauspieler von Genie, der als Mensch mit einer krankhaften Befangenheit und Haltlosigkeit zu kämpfen hatte. Sein überreiztes Ichgefühl zusammen mit dem Mangel an Rolle, an darstellerischer Aufgabe, bewirkten das bei diesem vollkommenen Künstler und verarmten Menschen ... Einen Künstler, einen wirklichen, nicht einen, dessen bürgerlicher Beruf die Kunst ist, sondern einen vorbestimmten und verdammten, ersehen Sie mit geringem Scharfblick aus einer Menschenmasse. Das Gefühl der Separation und Unzugehörigkeit, des Erkannt- und Beobachtetseins, etwas zugleich Königliches und Verlegenes ist in seinem Gesicht. In den Zügen eines Fürsten, der in Zivil durch eine Volksmenge schreitet, kann man etwas Ähnliches beobachten. Aber da hilft kein Zivil, Lisaweta! Verkleiden Sie sich, vermummen Sie sich, ziehen Sie sich an wie ein Attaché oder ein Gardeleutnant in Urlaub:

Sie werden kaum die Augen aufzuschlagen und ein Wort zu sprechen brauchen, und jedermann wird wissen, daß Sie kein Mensch sind, sondern irgend etwas Fremdes, Befremdendes, anderes ...

Aber *was ist* der Künstler? Vor keiner Frage hat die Bequemlichkeit und Erkenntnisträgheit der Menschheit sich zäher erwiesen als vor dieser. ›Dergleichen ist Gabe‹, sagen demütig die braven Leute, die unter der Wirkung eines Künstlers stehen, und weil heitere und erhabene Wirkungen nach ihrer gutmütigen Meinung ganz unbedingt auch heitere und erhabene Ursprünge haben müssen, so argwöhnt niemand, daß es sich hier vielleicht um eine äußerst schlimm bedingte, äußerst fragwürdige ›Gabe‹ handelt ... Man weiß, daß Künstler leicht verletzlich sind, – nun, man weiß auch, daß dies bei Leuten mit gutem Gewissen und solid gegründetem Selbstgefühl nicht zuzutreffen pflegt ... Sehen Sie, Lisaweta, ich hege auf dem Grunde meiner Seele – ins Geistige übertragen – gegen den Typus des Künstlers den ganzen *Verdacht*, den jeder meiner ehrenfesten Vorfahren droben in der engen Stadt irgendeinem Gaukler und abenteuernden Artisten entgegengebracht hätte, der in sein Haus gekommen wäre. Hören Sie folgendes. Ich kenne einen Bankier, einen ergrauten Geschäftsmann, der die Gabe besitzt, Novellen zu schreiben. Er macht von dieser Gabe in seinen Mußestunden Gebrauch und seine Arbeiten sind manchmal ganz ausgezeichnet. Trotz – ich sage ›trotz‹ – dieser sublimen Veranlagung ist dieser Mann nicht völlig unbescholten; er hat im Gegenteil bereits eine schwere Freiheitsstrafe zu verbüßen gehabt, und zwar aus triftigen Gründen. Ja, es geschah ganz eigentlich erst in der Strafanstalt, daß er seiner Begabung inne wurde, und seine Sträflingserfahrungen bilden das Grundmotiv in allen seinen Produktionen. Man könnte daraus, mit einiger Keckheit, folgern, daß es nötig sei, in irgendeiner Art von Strafanstalt zu Hause zu sein, um zum Dichter zu werden. Aber drängt sich nicht der Verdacht auf, daß seine Erlebnisse im Zuchthause weniger innig mit den Wurzeln und Ursprüngen seiner Künstlerschaft verwachsen gewesen sein möchten als *das, was ihn hineinbrachte* –? Ein Bankier, der Novellen dichtet, das ist eine Rarität, nicht wahr? Aber ein nicht krimineller, ein unbescholtener und solider Bankier, welcher Novellen dichtete, – *das kommt nicht vor* ... Ja, da lachen Sie nun, und dennoch scherze ich nur halb und halb. Kein Problem, keines in der Welt, ist quälender als das vom Künstlertum und seiner menschlichen Wirkung. Nehmen Sie das wunderartigste Gebilde des typischsten und darum mächtigsten Künstlers, nehmen Sie ein so morbides und tief zweideutiges Werk wie ›Tristan und Isolde‹ und beobachten Sie die Wirkung, die dieses Werk auf einen jungen, gesunden, stark normal empfindenden Menschen ausübt. Sie sehen Gehobenheit, Gestärktheit, warme, rechtschaffene Begeisterung, Angeregtheit vielleicht zu eigenem ›künstlerischen‹ Schaffen ... Der gute Dilettant! In uns Künstlern sieht es gründlich anders aus, als er mit seinem ›warmen Herzen‹ und ›ehrlichen Enthusiasmus‹ sich träumen mag. Ich habe Künstler von Frauen und Jünglingen umschwärmt und umjubelt gesehen, während ich über sie *wußte* ... Man macht, was die Herkunft, die Miterscheinungen und Bedingungen des Künstlertums betrifft, immer wieder die merkwürdigsten Erfahrungen ...«

»An anderen, Tonio Kröger – verzeihen Sie –, oder nicht nur an anderen?«

Er schwieg. Er zog seine schrägen Brauen zusammen und pfiff vor sich hin.

»Ich bitte um Ihre Tasse, Tonio. Er ist nicht stark. Und nehmen Sie eine neue Zigarette. Übrigens wissen Sie sehr wohl, daß Sie die Dinge ansehen, wie sie nicht notwendig angesehen zu werden brauchen ...«

»Das ist die Antwort des Horatio, liebe Lisaweta. ›Die Dinge so betrachten, hieße, sie zu genau betrachten‹, nicht wahr?«

»Ich sage, daß man sie ebenso genau von einer anderen Seite betrachten kann, Tonio Kröger. Ich bin bloß ein dummes malendes Frauenzimmer, und wenn ich Ihnen überhaupt etwas zu erwidern weiß, wenn ich Ihren eigenen Beruf ein wenig gegen Sie in Schutz nehmen kann, so ist es sicherlich nichts Neues, was ich vorbringe, sondern nur eine Mahnung an das, was Sie selbst sehr wohl wissen ... Wie also: Die reinigende, heiligende Wirkung der Literatur, die Zerstörung der Leidenschaften durch die Erkenntnis und das Wort, die Literatur als Weg zum Verstehen, zum Vergeben und zur Liebe, die erlösende Macht der Sprache, der literarische Geist als die edelste Erscheinung des Menschengeistes überhaupt, der Literat als vollkommener Mensch, als Heiliger, – die Dinge *so* betrachten, hieße, sie nicht genau genug betrachten?«

»Sie haben ein Recht, so zu sprechen, Lisaweta Iwanowna, und zwar im Hinblick auf das Werk Ihrer Dichter, auf die anbetungswürdige russische Literatur, die so recht eigentlich die heilige Literatur darstellt, von der Sie reden. Aber ich habe Ihre Einwände nicht außer acht gelassen, sondern sie gehören mit zu dem, was mir heute im Sinne liegt ... Sehen Sie mich an. Ich sehe nicht übermäßig munter aus, wie? Ein bißchen alt und scharfzügig und müde, nicht wahr? Nun, um auf die ›Erkenntnis‹ zurückzukommen, so ließe sich ein Mensch denken, der, von Hause aus gutgläubig, sanftmütig, wohlmeinend und ein wenig sentimental, durch die psychologische Hellsicht ganz einfach aufgerieben und zugrunde gerichtet würde. Sich von der Traurigkeit der Welt nicht übermannen lassen; beobachten, merken, einfügen, auch das Quälendste, und übrigens guter Dinge sein, schon im Vollgefühl der sittlichen Überlegenheit über die abscheuliche Erfindung des Seins, – ja freilich! Jedoch zuweilen wächst Ihnen die Sache trotz aller Vergnügungen des Ausdrucks ein wenig über den Kopf. Alles verstehen hieße alles verzeihen? Ich weiß doch nicht. Es gibt etwas, was ich Erkenntnisekel nenne, Lisaweta: der Zustand, in dem es dem Menschen genügt, eine Sache zu durchschauen, um sich bereits zum Sterben angewidert (und durchaus nicht versöhnlich gestimmt) zu fühlen, – der Fall Hamlets, des Dänen, dieses typischen Literaten. Er wußte, was das ist: zum Wissen berufen werden, ohne dazu geboren zu sein. Hellsehen noch durch den Tränenschleier des Gefühls hindurch, erkennen, merken, beobachten und das Beobachtete lächelnd beiseite legen müssen noch in Augenblicken, wo Hände sich umschlingen, Lippen sich finden, wo des Menschen Blick, erblindet von Empfindung, sich bricht, – es ist infam, Lisaweta, es ist niederträchtig, empörend ... aber was hilft es, sich zu empören?

Eine andere, aber nicht minder liebenswürdige Seite

der Sache ist dann freilich die Blasiertheit, Gleichgültigkeit und ironische Müdigkeit aller Wahrheit gegenüber, wie es denn Tatsache ist, daß es nirgends in der Welt stummer und hoffnungsloser zugeht als in einem Kreise von geistreichen Leuten, die bereits mit allen Hunden gehetzt sind. Alle Erkenntnis ist alt und langweilig. Sprechen Sie eine Wahrheit aus, an deren Eroberung und Besitz Sie vielleicht eine gewisse jugendliche Freude haben, und man wird Ihre ordinäre Aufgeklärtheit mit einem ganz kurzen Entlassen der Luft durch die Nase beantworten ... Ach ja, die Literatur macht müde, Lisaweta! In menschlicher Gesellschaft kann es einem, ich versichere Sie, geschehen, daß man vor lauter Skepsis und Meinungsenthaltsamkeit für dumm gehalten wird, während man doch nur hochmütig und mutlos ist ... Dies zur ›Erkenntnis‹. Was aber das ›Wort‹ betrifft, so handelt es sich da vielleicht weniger um eine Erlösung als um ein Kaltstellen und Aufs-Eis-Legen der Empfindung? Im Ernst, es hat eine eisige und empörend anmaßliche Bewandtnis mit dieser prompten und oberflächlichen Erledigung des Gefühls durch die literarische Sprache. Ist Ihnen das Herz zu voll, fühlen Sie sich von einem süßen oder erhabenen Erlebnis allzusehr ergriffen: nichts einfacher! Sie gehen zum Literaten, und alles wird in kürzester Frist geregelt sein. Er wird Ihnen Ihre Angelegenheit analysieren und formulieren, bei Namen nennen, aussprechen und zum Reden bringen, wird Ihnen das Ganze für alle Zeit erledigen und gleichgültig machen und keinen Dank dafür nehmen. Sie aber werden erleichtert, gekühlt und geklärt nach Hause gehen und sich wundern, was an der Sache Sie eigentlich soeben noch mit so süßem Tumult verstören konnte. Und für diesen kalten und eitlen Scharlatan wollen Sie ernstlich eintreten? Was ausgesprochen ist, so lautet sein Glaubensbekenntnis, ist erledigt. Ist die ganze Welt ausgesprochen, so ist sie erledigt, erlöst, abgetan ... Sehr gut! Jedoch ich bin kein Nihilist ...«

»Sie sind kein –«, sagte Lisaweta ... Sie hielt gerade ihr Löffelchen mit Tee in der Nähe des Mundes und erstarrte in dieser Haltung.

»Nun ja ... nun ja ... kommen Sie zu sich, Lisaweta! Ich bin es nicht, sage ich Ihnen, in bezug auf das lebendige Gefühl. Sehen Sie, der Literat begreift im Grunde nicht, daß das Leben noch fortfahren mag, zu leben, daß es sich dessen nicht schämt, nachdem es doch ausgesprochen und ›erledigt‹ ist. Aber siehe da, es sündigt trotz aller Erlösung durch die Literatur unentwegt darauf los; denn alles Handeln ist Sünde in den Augen des Geistes ...

Ich bin am Ziel, Lisaweta. Hören Sie mich an. Ich liebe das Leben, – dies ist ein Geständnis. Nehmen Sie es und bewahren Sie es, – ich habe es noch keinem gemacht. Man hat gesagt, man hat es sogar geschrieben und drucken lassen, daß ich das Leben hasse oder fürchte oder verachte oder verabscheue. Ich habe dies gern gehört, es hat mir geschmeichelt; aber darum ist es nicht weniger falsch. Ich liebe das Leben ... Sie lächeln, Lisaweta, und ich weiß, worüber. Aber ich beschwöre Sie, halten Sie es nicht für Literatur, was ich da sage! Denken Sie nicht an Cesare Borgia oder an irgendeine trunkene Philosophie, die ihn auf den Schild erhebt! Er ist mir nichts, dieser Cesare Borgia, ich halte nicht das geringste auf ihn, und ich werde nie und nimmer begreifen, wie man das Außerordentliche und Dämonische als Ideal verehren mag. Nein, das ›Leben‹, wie es als ewiger Gegensatz dem Geiste und der Kunst gegenübersteht, – nicht als eine Vision von blutiger Größe und wilder Schönheit, nicht als das Ungewöhnliche stellt es uns Ungewöhnlichen sich dar; sondern das Normale, Wohlanständige und Liebenswürdige ist das Reich unserer Sehnsucht, ist das Leben in seiner verführerischen Banalität! Der ist noch lange kein Künstler, meine Liebe, dessen letzte und tiefste Schwärmerei das Raffinierte, Exzentrische und Satanische ist, der die Sehnsucht nicht kennt nach dem Harmlosen, Einfachen und Lebendigen, nach ein wenig Freundschaft, Hingebung, Vertraulichkeit und menschlichem Glück, – die verstohlene und zehrende Sehnsucht, Lisaweta, nach den Wonnen der Gewöhnlichkeit!...

Ein menschlicher Freund! Wollen Sie glauben, daß es mich stolz und glücklich machen würde, unter Menschen einen Freund zu besitzen? Aber bislang habe ich nur unter Dämonen, Kobolden, tiefen Unholden und erkenntnisstummen Gespenstern, das heißt: unter Literaten Freunde gehabt.

Zuweilen gerate ich auf irgendein Podium, finde mich in einem Saale Menschen gegenüber, die gekommen sind, mir zuzuhören. Sehen Sie, dann geschieht es, daß ich mich bei einer Umschau im Publikum beobachte, mich ertappe, wie ich heimlich im Auditorium umherspähe, mit der Frage im Herzen, wer es ist, der zu mir kam, wessen Beifall und Dank zu mir dringt, mit wem meine Kunst mir hier eine ideale Vereinigung schafft... Ich finde nicht, was ich suche, Lisaweta. Ich finde die

Herde und Gemeinde, die mir wohlbekannt ist, eine Versammlung von ersten Christen gleichsam: Leute mit ungeschickten Körpern und feinen Seelen, Leute, die immer hinfallen, sozusagen, Sie verstehn mich, und denen die Poesie eine sanfte Rache am Leben ist, – immer nur Leidende und Sehnsüchtige und Arme und niemals jemand von den anderen, den Blauäugigen, Lisaweta, die den Geist nicht nötig haben! . . .

Und wäre es nicht zuletzt ein bedauerlicher Mangel an Folgerichtigkeit, sich zu freuen, wenn es anders wäre? Es ist widersinnig, das Leben zu lieben und dennoch mit allen Künsten bestrebt zu sein, es auf seine Seite zu ziehen, es für die Finessen und Melancholien, den ganzen kranken Adel der Literatur zu gewinnen. Das Reich der Kunst nimmt zu, und das der Gesundheit und Unschuld nimmt ab auf Erden. Man sollte, was noch davon übrig ist, aufs sorgfältigste konservieren, und man sollte nicht Leute, die viel lieber in Pferdebüchern mit Momentaufnahmen lesen, zur Poesie verführen wollen!

Denn schließlich, – welcher Anblick wäre kläglicher als der des Lebens, wenn es sich in der Kunst versucht? Wir Künstler verachten niemand gründlicher als den Dilettanten, den Lebendigen, der glaubt, obendrein bei Gelegenheit einmal ein Künstler sein zu können. Ich versichere Sie, diese Art von Verachtung gehört zu meinen persönlichsten Erlebnissen. Ich befinde mich in einer Gesellschaft in gutem Hause, man ißt, trinkt und plaudert, man versteht sich aufs beste, und ich fühle mich froh und dankbar, eine Weile unter harmlosen und regelrechten Leuten als ihresgleichen verschwinden zu können. Plötzlich (dies ist mir begegnet) erhebt sich ein Offizier, ein Leutnant, ein hübscher und strammer Mensch, dem ich niemals eine seines Ehrenkleides unwürdige Handlungsweise zugetraut hätte, und bittet mit unzweideutigen Worten um die Erlaubnis, uns einige Verse mitzuteilen, die er angefertigt habe. Man gibt ihm, mit bestürztem Lächeln, diese Erlaubnis, und er führt sein Vorhaben aus, indem er von einem Zettel, den er bis dahin in seinem Rockschoß verborgen gehalten hat, seine Arbeit vorliest, etwas an die Musik und die Liebe, kurzum, ebenso tief empfunden wie unwirksam. Nun bitte ich aber jedermann: ein Leutnant! Ein Herr der Welt! Er hätte es doch wahrhaftig nicht nötig ...! Nun, es erfolgt, was erfolgen muß: lange Gesichter, Stillschweigen, ein wenig künstlicher Beifall und tiefstes Mißbehagen ringsum. Die erste seelische Tatsache, deren ich mir bewußt werde, ist die, daß ich mich mitschuldig fühle an der Verstörung, die dieser unbedachte junge Mann über die Gesellschaft gebracht; und kein Zweifel: auch mich, in dessen Handwerk er gepfuscht hat, treffen spöttische und entfremdete Blicke. Aber die zweite besteht darin, daß dieser Mensch, vor dessen Sein und Wesen ich soeben noch den ehrlichsten Respekt empfand, in meinen Augen plötzlich sinkt, sinkt, sinkt ... Ein mitleidiges Wohlwollen faßt mich an. Ich trete, gleich einigen anderen beherzten und gutmütigen Herren, an ihn heran und rede ihm zu. ›Meinen Glückwunsch‹, sage ich, ›Herr Leutnant! Welch hübsche Begabung! Nein, das war allerliebst!‹ und es fehlt nicht viel, daß ich ihm auf die Schulter klopfe. Aber ist Wohlwollen die Empfindung, die man einem Leutnant entgegenzubringen hat? ... Seine Schuld! Da stand er und büßte in großer Verlegenheit den Irrtum, daß man ein Blättchen pflücken dürfe, ein einziges, vom Lorbeerbaume der Kunst, ohne mit seinem Leben dafür zu zahlen. Nein, da halte ich es mit meinem Kollegen, dem kriminellen Bankier. – Aber finden Sie nicht, Lisaweta, daß ich heute von einer hamletischen Redseligkeit bin?«

»Sind Sie nun fertig, Tonio Kröger?«

»Nein. Aber ich sage nichts mehr.«

»Und es genügt auch. – Erwarten Sie eine Antwort?«

»Haben Sie eine?«

»Ich dächte doch. – Ich habe Ihnen gut zugehört, Tonio, von Anfang bis zu Ende, und ich will Ihnen die Antwort geben, die auf alles paßt, was Sie heute nachmittag gesagt haben, und die die Lösung ist für das Problem, das Sie so sehr beunruhigt hat. Nun also! Die Lösung ist die, daß Sie, wie Sie da sitzen, ganz einfach ein Bürger sind.«

»Bin ich?« fragte er und sank ein wenig in sich zusammen . . .

»Nicht wahr, das trifft Sie hart, und das muß es ja auch. Und darum will ich den Urteilsspruch um etwas mildern, denn das kann ich. Sie sind ein Bürger auf Irrwegen, Tonio Kröger – ein verirrter Bürger.«

– Stillschweigen. Dann stand er entschlossen auf und griff nach Hut und Stock.

»Ich danke Ihnen, Lisaweta Iwanowna; nun kann ich getrost nach Hause gehn. *Ich bin erledigt.*«

5

Gegen den Herbst sagte Tonio Kröger zu Lisaweta Iwanowna:

»Ja, ich verreise nun, Lisaweta: ich muß mich auslüften, ich mache mich fort, ich suche das Weite.«

»Nun, wie denn, Väterchen, geruhen Sie wieder nach Italien zu fahren?«

»Gott, gehen Sie mir doch mit Italien, Lisaweta! Italien ist mir bis zur Verachtung gleichgültig! Das ist lange her, daß ich mir einbildete, dorthin zu gehören. Kunst, nicht wahr? Sammetblauer Himmel, heißer Wein und süße Sinnlichkeit ... Kurzum, ich mag das nicht. Ich verzichte. Die ganze bellezza macht mich nervös. Ich mag auch alle diese fürchterlich lebhaften Menschen dort unten mit dem schwarzen Tierblick nicht leiden. Diese Romanen haben kein Gewissen in den Augen ... Nein, ich gehe nun ein bißchen nach Dänemark.«

»Nach Dänemark?«

»Ja. Und ich verspreche mir Gutes davon. Ich bin aus Zufall noch niemals hinaufgelangt, so nah ich während meiner ganzen Jugend der Grenze war, und dennoch habe ich das Land von jeher gekannt und geliebt. Ich muß wohl diese nördliche Neigung von meinem Vater haben, denn meine Mutter war doch eigentlich mehr für die bellezza, sofern ihr nämlich nicht alles ganz einerlei war. Aber nehmen Sie die Bücher, die dort oben geschrieben werden, diese tiefen, reinen und humoristischen Bücher, Lisaweta, – es geht mir nichts darüber, ich liebe sie. Nehmen Sie die skandinavischen Mahlzeiten, diese unvergleichlichen

Mahlzeiten, die man nur in einer starken Salzluft verträgt (ich weiß nicht, ob ich sie überhaupt noch vertrage), und die ich von Hause aus ein wenig kenne, denn man ißt schon ganz so bei mir zu Hause. Nehmen Sie auch nur die Namen, die Vornamen, mit denen die Leute dort oben geschmückt sind und von denen es ebenfalls schon viele bei mir zu Hause gibt, einen Laut wie ›Ingeborg‹, ein Harfenschlag makellosester Poesie. Und dann die See, – sie haben die Ostsee dort oben!... Mit einem Worte, ich fahre hinauf, Lisaweta. Ich will die Ostsee wiedersehen, will diese Vornamen wieder hören, diese Bücher an Ort und Stelle lesen; ich will auch auf der Terrasse von Kronborg stehen, wo der ›Geist‹ zu Hamlet kam und Not und Tod über den armen, edlen jungen Menschen brachte...«

»Wie fahren Sie, Tonio, wenn ich fragen darf? Welche Route nehmen Sie?«

»Die übliche«, sagte er achselzuckend und errötete deutlich. »Ja, ich berühre meine – meinen Ausgangspunkt, Lisaweta, nach dreizehn Jahren, und das kann ziemlich komisch werden.«

Sie lächelte.

»Das ist es, was ich hören wollte, Tonio Kröger. Und also fahren Sie mit Gott. Versäumen Sie auch nicht, mir zu schreiben, hören Sie? Ich verspreche mir einen erlebnisvollen Brief von Ihrer Reise nach – Dänemark...«

6

Und Tonio Kröger fuhr gen Norden. Er fuhr mit Komfort (denn er pflegte zu sagen, daß jemand, der es innerlich so viel schwerer hat als andere Leute, gerechten Anspruch auf ein wenig äußeres Behagen habe), und er rastete nicht eher, als bis die Türme der engen Stadt, von der er ausgegangen war, sich vor ihm in die graue Luft erhoben. Dort nahm er einen kurzen, seltsamen Aufenthalt ...

Ein trüber Nachmittag ging schon in den Abend über, als der Zug in die schmale, verräucherte, so wunderlich vertraute Halle einfuhr; noch immer ballte sich unter dem schmutzigen Glasdach der Qualm in Klumpen zusammen und zog in gedehnten Fetzen hin und wider, wie damals, als Tonio Kröger, nichts als Spott im Herzen, von hier gefahren war. – Er versorgte sein Gepäck, ordnete an, daß es ins Hotel geschafft werde, und verließ den Bahnhof.

Das waren die zweispännigen, schwarzen, unmäßig hohen und breiten Droschken der Stadt, die draußen in einer Reihe standen! Er nahm keine davon; er sah sie nur an, wie er alles ansah, die schmalen Giebel und spitzen Türme, die über die nächsten Dächer herübergrüßten, die blonden und lässig-plumpen Menschen mit ihrer breiten und dennoch rapiden Redeweise rings um ihn her, und ein nervöses Gelächter stieg in ihm auf, das eine heimliche Verwandtschaft mit Schluchzen hatte. – Er ging zu Fuß, ging langsam, den unablässigen Druck des feuchten Windes im Gesicht, über die Brücke, an deren Geländer mythologische Statuen standen, und eine Strecke am Hafen entlang.

Großer Gott, wie winzig und winklig das Ganze erschien! Waren hier in all der Zeit die schmalen Giebelgassen so putzig steil zur Stadt emporgestiegen? Die Schornsteine und Maste der Schiffe schaukelten leis in Wind und Dämmerung auf dem trüben Flusse. Sollte er jene Straße hinaufgehen, die dort, an der das Haus lag, das er im Sinne hatte? Nein, morgen. Er war so schläfrig jetzt. Sein Kopf war schwer von der Fahrt, und langsame, nebelhafte Gedanken zogen ihm durch den Sinn.

Zuweilen in diesen dreizehn Jahren, wenn sein Magen verdorben gewesen war, hatte ihm geträumt, daß er wieder daheim sei in dem alten, hallenden Haus an der schrägen Gasse, daß auch sein Vater wieder da sei und ihn hart anlasse wegen seiner entarteten Lebensführung, was er jedesmal sehr in der Ordnung gefunden hatte. Und diese Gegenwart nun unterschied sich durch nichts von einem dieser betörenden und unzerreißbaren Traumgespinste, in denen man sich fragen kann, ob dies Trug oder Wirklichkeit ist, und sich notgedrungen mit Überzeugung für das letztere entscheidet, um dennoch am Ende zu erwachen ... Er schritt durch die wenig belebten, zugigen Straßen, hielt den Kopf gegen den Wind gebeugt und schritt wie schlafwandelnd in der Richtung des Hotels, des ersten der Stadt, wo er übernachten wollte. Ein krummbeiniger Mann mit einer Stange, an deren Spitze ein Feuerchen brannte, ging mit wiegendem Matrosentritt vor ihm her und zündete die Gaslaternen an.

Wie war ihm doch? Was war das alles, was unter der Asche seiner Müdigkeit, ohne zur klaren Flamme zu werden, so dunkel und schmerzlich glomm? Still, still und kein Wort! Keine Worte! Er wäre gern lange so dahingegangen, im Wind durch die dämmerigen, traumhaft vertrauten Gassen. Aber alles war so eng und nah beieinander. Gleich war man am Ziel.

In der oberen Stadt gab es Bogenlampen, und eben erglühten sie. Da war das Hotel, und es waren die beiden schwarzen Löwen, die davor lagen, und vor denen er sich als Kind gefürchtet hatte. Noch immer blickten sie mit einer Miene, als wollten sie niesen, einander an; aber sie schienen viel kleiner geworden seit damals. – Tonio Kröger ging zwischen ihnen hindurch.

Da er zu Fuß kam, wurde er ohne viel Feierlichkeit empfangen. Der Portier und ein sehr feiner, schwarzgekleideter Herr, welcher die Honneurs machte und beständig mit den kleinen Fingern seine Manschetten in die Ärmel zurückstieß, musterten ihn prüfend und wägend vom Scheitel bis zu den Stiefeln, sichtlich bestrebt, ihn gesellschaftlich ein wenig zu bestimmen, ihn hierarchisch und bürgerlich unterzubringen und ihm einen Platz in ihrer Achtung anzuweisen, ohne doch zu einem beruhigenden Ergebnis gelangen zu können, weshalb sie sich für eine gemäßigte Höflichkeit entschieden. Ein Kellner, ein milder Mensch mit brotblonden Backenbartstreifen, einem altersblanken Frack und Rosetten auf den lautlosen Schuhen, führte ihn zwei Treppen hinauf in ein reinlich und altväterlich eingerichtetes Zimmer, hinter dessen Fenster sich im Zwielicht ein pittoresker und mittelalterlicher Ausblick auf Höfe, Giebel und die bizarren Massen der Kirche eröffnete, in deren Nähe das Hotel gelegen war. Tonio Kröger stand eine Weile vor diesem Fenster; dann setzte er sich mit gekreuzten Armen auf das weitschweifige Sofa, zog seine Brauen zusammen und pfiff vor sich hin.

Man brachte Licht, und sein Gepäck kam. Gleichzeitig legte der milde Kellner den Meldezettel auf den Tisch, und Tonio Kröger malte mit seitwärts geneigtem Kopfe etwas darauf, das aussah wie Name, Stand und Herkunft. Hierauf bestellte er ein wenig Abendbrot und fuhr fort, von seinem Sofawinkel aus ins Leere zu blicken. Als das Essen vor ihm stand, ließ er es noch lange unberührt, nahm endlich ein paar Bissen und ging noch eine Stunde im Zimmer auf und ab, wobei er zuweilen stehenblieb und die Augen schloß. Dann entkleidete er sich mit langsamen Bewegungen und ging zu Bette. Er schlief lange, unter verworrenen und seltsam sehnsüchtigen Träumen. –

Als er erwachte, sah er sein Zimmer von hellem Tage erfüllt. Verwirrt und hastig besann er sich, wo er sei, und machte sich auf, um die Vorhänge zu öffnen. Des Himmels schon ein wenig blasses Spätsommer-Blau war von dünnen, vom Wind zerzupften Wolkenfetzchen durchzogen; aber die Sonne schien über seiner Vaterstadt.

Er wandte noch mehr Sorgfalt auf seine Toilette als gewöhnlich, wusch und rasierte sich aufs beste und machte sich so frisch und reinlich, als habe er einen Besuch in gutem, korrektem Hause vor, wo es gelte, einen schmucken und untadelhaften Eindruck zu machen; und während der Hantierungen des Ankleidens horchte er auf das ängstliche Pochen seines Herzens.

Wie hell es draußen war! Er hätte sich wohler

gefühlt, wenn, wie gestern, Dämmerung in den Straßen gelegen hätte; nun aber sollte er unter den Augen der Leute durch den klaren Sonnenschein gehen. Würde er auf Bekannte stoßen, angehalten, befragt werden und Rede stehen müssen, wie er diese dreizehn Jahre verbracht? Nein, gottlob, es kannte ihn keiner mehr, und wer sich seiner erinnerte, würde ihn nicht erkennen, denn er hatte sich wirklich ein wenig verändert unterdessen. Er betrachtete sich aufmerksam im Spiegel, und plötzlich fühlte er sich sicherer hinter seiner Maske, hinter seinem früh durcharbeiteten Gesicht, das älter als seine Jahre war ... Er ließ Frühstück kommen und ging dann aus, ging unter den abschätzenden Blicken des Portiers und des feinen Herrn in Schwarz durch das Vestibül und zwischen den beiden Löwen hindurch ins Freie.

Wohin ging er? Er wußte es kaum. Es war wie gestern. Kaum daß er sich wieder von diesem wunderlich würdigen und urvertrauten Beieinander von Giebeln, Türmchen, Arkaden, Brunnen umgeben sah, kaum daß er den Druck des Windes, des starken Windes, der ein zartes und herbes Aroma aus fernen Träumen mit sich führte, wieder im Angesicht spürte, als es sich ihm wie Schleier und Nebelgespinst um die Sinne legte ... Die Muskeln seines Gesichtes spannten sich ab; und mit stille gewordenem Blick betrachtete er Menschen und Dinge. Vielleicht, daß er dort, an jener Straßenecke, dennoch erwachte ...

Wohin ging er? Ihm war, als stehe die Richtung, die er einschlug, in einem Zusammenhange mit seinen traurigen und seltsam reuevollen Träumen zur Nacht ... Auf den Markt ging er, unter den Bogengewölben des Rathauses hindurch, wo Fleischer mit blutigen Händen ihre Ware wogen, auf den Marktplatz, wo hoch, spitzig und vielfach der gotische Brunnen stand. Dort blieb er vor einem Hause stehen, einem schmalen und schlichten, gleich anderen mehr, mit einem geschwungenen, durchbrochenen Giebel, und versank in dessen Anblick. Er las das Namensschild an der Tür und ließ seine Augen ein Weilchen auf jedem der Fenster ruhen. Dann wandte er sich langsam zum Gehen.

Wohin ging er? Heimwärts. Aber er nahm einen Umweg, machte einen Spaziergang vors Tor hinaus, weil er Zeit hatte. Er ging über den Mühlenwall und den Holstenwall und hielt seinen Hut fest vor dem Winde, der in den Bäumen rauschte und knarrte. Dann verließ er die Wallanlagen unfern des Bahnhofes, sah einen Zug mit plumper Eilfertigkeit vorüberpuffen, zählte zum Zeitvertreib die Wagen und blickte dem Manne nach, der zuhöchst auf dem allerletzten saß. Aber am Lindenplatze machte er vor einer der hübschen Villen halt, die dort standen, spähte lange in den Garten und zu den Fenstern hinauf und verfiel am Ende darauf, die Gatterpforte in ihren Angeln hin- und herzuschlenkern, so daß es kreischte. Dann betrachtete er eine Weile seine Hand, die kalt und rostig geworden war, und ging weiter, ging durch das alte, untersetzte Tor, am Hafen entlang und die steile zugige Gasse hinauf zum Haus seiner Eltern.

Es stand, eingeschlossen von den Nachbarhäusern, die sein Giebel überragte, grau und ernst wie seit dreihundert Jahren, und Tonio Kröger las den frommen Spruch, der in halb verwischten Lettern über dem Eingang stand. Dann atmete er auf und ging hinein.

Sein Herz schlug ängstlich, denn er gewärtigte, sein Vater könnte aus einer der Türen zu ebener Erde, an denen er vorüberschritt, hervortreten, im Kontor-Rock und die Feder hinterm Ohr, ihn anhalten und ihn wegen seines extravaganten Lebens streng zur Rede stellen, was er sehr in der Ordnung gefunden hätte. Aber er gelangte unbehelligt vorbei. Die Windfangtür war nicht geschlossen, sondern nur angelehnt, was er als tadelnswert empfand, während ihm gleichzeitig zumute war wie in gewissen leichten Träumen, in denen die Hindernisse von selbst vor einem weichen und man, von wunderbarem Glück begünstigt, ungehindert vorwärts dringt . . . Die weite Diele, mit großen, viereckigen Steinfliesen gepflastert, widerhallte von seinen Schritten. Der Küche gegenüber, in der es still war, sprangen wie vor alters in beträchtlicher Höhe die seltsamen, plumpen, aber reinlich lackierten Holzgelasse aus der Wand hervor, die Mägdekammern, die nur durch eine Art freiliegender Stiege von der Diele aus zu erreichen waren. Aber die großen Schränke und die geschnitzte Truhe waren nicht mehr da, die hier gestanden hatten . . . Der Sohn des Hauses beschritt die gewaltige Treppe und stützte sich mit der Hand auf das weißlackierte, durchbrochene Holzgeländer, indem er sie bei jedem Schritte erhob und beim nächsten sacht wieder darauf niedersinken ließ, wie als versuche er schüchtern, ob die ehemalige Vertrautheit mit diesem alten, soliden Geländer wieder herzustellen sei . . . Aber auf dem Treppenabsatz blieb er stehen, vorm Eingang zum Zwischengeschoß. An der Tür war ein weißes Schild befestigt, auf dem in schwarzen Buchstaben zu lesen war: Volksbibliothek.

Volksbibliothek? dachte Tonio Kröger, denn er fand, daß hier weder das Volk noch die Literatur etwas zu suchen hatten. Er klopfte an die Tür ... Ein Herein ward laut, und er folgte ihm. Gespannt und finster blickte er in eine höchst unziemliche Veränderung hinein.

Das Geschoß war drei Stuben tief, deren Verbindungstüren offenstanden. Die Wände waren fast in ihrer ganzen Höhe mit gleichförmig gebundenen Büchern bedeckt, die auf dunklen Gestellen in langen Reihen standen. In jedem Zimmer saß hinter einer Art von Ladentisch ein dürftiger Mensch und schrieb. Zwei davon wandten nur die Köpfe nach Tonio Kröger, aber der erste stand eilig auf, wobei er sich mit beiden Händen auf die Tischplatte stützte, den Kopf vorschob, die Lippen spitzte, die Brauen emporzog und den Besucher mit eifrig zwinkernden Augen anblickte ...

»Verzeihung«, sagte Tonio Kröger, ohne den Blick von den vielen Büchern zu wenden. »Ich bin hier fremd, ich besichtige die Stadt. Dies ist also die Volksbibliothek? Würden Sie erlauben, daß ich mir ein wenig Einblick in die Sammlung verschaffe?«

»Gern!« sagte der Beamte und zwinkerte noch heftiger ... »Gewiß, das steht jedermann frei. Wollen Sie sich nur umsehen ... Ist Ihnen ein Katalog gefällig?«

»Danke«, anwortete Tonio Kröger. »Ich orientiere mich leicht.« Damit begann er, langsam an den Wänden entlangzuschreiten, indem er sich den Anschein gab, als studiere er die Titel auf den Bücherrücken. Schließlich nahm er einen Band heraus, öffnete ihn und stellte sich damit ans Fenster.

Hier war das Frühstückszimmer gewesen. Man hatte hier morgens gefrühstückt, nicht droben im großen Eßsaal, wo aus der blauen Tapete weiße Götterstatuen hervortraten ... Das dort hatte als Schlafzimmer gedient. Seines Vaters Mutter war dort gestorben, so alt sie war, unter schweren Kämpfen, denn sie war eine genußfrohe Weltdame und hing am Leben. Und später hatte dort sein Vater selbst den letzten Seufzer getan, der lange, korrekte, ein wenig wehmütige und nachdenkliche Herr mit der Feldblume im Knopfloch ... Tonio hatte am Fußende seines Sterbebettes gesessen, mit heißen Augen, ehrlich und gänzlich hingegeben an ein stummes und starkes Gefühl, an Liebe und Schmerz. Und auch seine Mutter hatte am Lager gekniet, seine schöne, feurige Mutter, ganz aufgelöst in heißen Tränen; worauf sie mit dem südlichen Künstler in blaue Fernen gezogen war ... Aber dort hinten, das kleinere, dritte Zimmer, nun ebenfalls ganz mit Büchern angefüllt, die ein dürftiger Mensch bewachte, war lange Jahre hindurch sein eigenes gewesen. Dorthin war er nach der Schule heimgekehrt, nachdem er einen Spaziergang, wie eben jetzt, gemacht, an jener Wand hatte sein Tisch gestanden, in dessen Schublade er seine ersten, innigen und hilflosen Verse verwahrt hatte ... Der Walnußbaum ... Eine stechende Wehmut durchzuckte ihn. Er blickte seitwärts durchs Fenster hinaus. Der Garten lag wüst, aber der alte Walnußbaum stand an seinem Platze, schwerfällig knarrend und rauschend im Winde. Und Tonio Kröger ließ die Augen auf das Buch zurückgleiten, das er in Händen hielt, ein hervorragendes Dichtwerk und ihm wohlbekannt. Er blickte auf diese schwarzen Zeilen und Satzgruppen nieder, folgte eine Strecke dem kunstvollen Fluß des Vortrags, wie er in gestaltender Leidenschaft sich zu einer Pointe und Wirkung erhob und dann effektvoll absetzte...

»Ja, das ist gut gemacht«, sagte er, stellte das Dichtwerk weg und wandte sich. Da sah er, daß der Beamte noch immer aufrecht stand und mit einem Mischausdruck von Diensteifer und nachdenklichem Mißtrauen seine Augen zwinkern ließ.

»Eine ausgezeichnete Sammlung, wie ich sehe«, sagte Tonio Kröger. »Ich habe schon einen Überblick gewonnen. Ich bin Ihnen sehr verbunden. Adieu.« Damit ging er zur Tür hinaus; aber es war ein zweifelhafter Abgang, und er fühlte deutlich, daß der Beamte, voller Unruhe über diesen Besuch, noch minutenlang stehen und zwinkern würde.

Er spürte keine Neigung, noch weiter vorzudringen. Er war zu Hause gewesen. Droben, in den großen Zimmern hinter der Säulenhalle, wohnten fremde Leute, er sah es; denn der Treppenkopf war durch eine Glastür verschlossen, die ehemals nicht dagewesen war, und irgendein Namensschild war daran. Er ging fort, ging die Treppe hinunter, über die hallende Diele, und verließ sein Elternhaus. In einem Winkel eines Restaurants nahm er in sich gekehrt eine schwere und fette Mahlzeit ein und kehrte dann ins Hotel zurück.

»Ich bin fertig«, sagte er zu dem feinen Herrn in Schwarz. »Ich reise heute nachmittag.« Und er bestellte seine Rechnung sowie den Wagen, der ihn an den Hafen bringen sollte, zum Dampfschiff nach Kopenhagen. Dann ging er auf sein Zimmer und setzte sich an den Tisch, saß still und aufrecht, indem er die Wange in die Hand stützte und mit blicklosen Augen auf die Tischplatte niedersah. Später beglich er seine Rechnung und machte seine Sachen bereit. Zur festgesetzten Zeit ward der Wagen gemeldet, und Tonio Kröger stieg reisefertig hinab.

Drunten, am Fuße der Treppe, erwartete ihn der feine Herr in Schwarz.

»Um Vergebung!« sagte er und stieß mit den kleinen Fingern seine Manschetten in die Ärmel zurück... »Verzeihen Sie, mein Herr, daß wir Sie noch eine Minute in Anspruch nehmen müssen. Herr Seehaase – der Besitzer des Hotels – ersucht Sie um eine Unterredung von zwei Worten. Eine Formalität... Er befindet sich dort hinten... Wollen Sie die Güte haben, sich mit mir zu bemühen... Es ist *nur* Herr Seehaase, der Besitzer des Hotels.«

Und er führte Tonio Kröger unter einladendem Gestenspiel in den Hintergrund des Vestibüls. Dort stand in der Tat Herr Seehaase. Tonio Kröger kannte ihn von Ansehen aus alter Zeit. Er war klein, fett und krummbeinig. Sein geschorener Backenbart war weiß geworden; aber noch immer trug er eine weit ausgeschnittene Frackjacke und dazu ein grüngesticktes Samtmützchen. Übrigens war er nicht allein. Bei ihm, an einem kleinen, an der Wand befestigten Pultbrett, stand, den Helm auf dem Kopf, ein Polizist, welcher seine behandschuhte Rechte auf einem buntbeschriebenen Papier ruhen ließ, das vor ihm auf dem Pulte lag, und Tonio Kröger mit seinem ehrlichen Soldatengesicht so entgegensah, als erwartete er, daß dieser bei seinem Anblick in den Boden versinken müsse.

Tonio Kröger blickte von einem zum andern und verlegte sich aufs Warten.

»Sie kommen von München?« fragte endlich der Polizist mit einer gutmütigen und schwerfälligen Stimme.

Tonio Kröger bejahte dies.

»Sie reisen nach Kopenhagen?«

»Ja, ich bin auf der Reise in ein dänisches Seebad.«

»Seebad? – Ja, Sie müssen mal Ihre Papiere vorweisen«, sagte der Polizist, indem er das letzte Wort mit besonderer Genugtuung aussprach.

»Papiere ...« Er hatte keine Papiere. Er zog seine Brieftasche hervor und blickte hinein; aber es befand sich außer einigen Geldscheinen nichts darin als die Korrektur einer Novelle, die er an seinem Reiseziel zu erledigen gedachte. Er verkehrte nicht gern mit Beamten und hatte sich noch niemals einen Paß ausstellen lassen ...

»Es tut mir leid«, sagte er, »aber ich führe keine Papiere bei mir.«

»So?« sagte der Polizist ... »Gar keine? – Wie ist Ihr Name?«

Tonio Kröger antwortete ihm.

»Ist das auch wahr?!« fragte der Polizist, reckte sich auf und öffnete plötzlich seine Nasenlöcher, so weit er konnte ...

»Vollkommen wahr«, antwortete Tonio Kröger.

»Was sind Sie denn?«

Tonio Kröger schluckte hinunter und nannte mit fester Stimme sein Gewerbe. – Herr Seehaase hob den Kopf und sah neugierig in sein Gesicht empor.

»Hm!« sagte der Polizist. »Und Sie geben an, nicht identisch zu sein mit einem Individium namens –« Er sagte »Individium« und buchstabierte dann aus dem buntbeschriebenen Papier einen ganz verzwickten und romantischen Namen zusammen, der aus den Lauten verschiedener Rassen abenteuerlich gemischt erschien und den Tonio Kröger im nächsten Augenblick wieder vergessen hatte. »– welcher«, fuhr er fort, »von unbekannten Eltern und unbestimmter Zuständigkeit wegen verschiedener Betrügereien und anderer Vergehen von der Münchener Polizei verfolgt wird und sich wahrscheinlich auf der Flucht nach Dänemark befindet?«

»Ich gebe das nicht nur an«, sagte Tonio Kröger und machte eine nervöse Bewegung mit den Schultern. – Dies rief einen gewissen Eindruck hervor.

»Wie? Ach so, na gewiß!« sagte der Polizist. »Aber daß Sie auch gar nichts vorweisen können!«

Auch Herr Seehaase legte sich beschwichtigend ins Mittel.

»Das Ganze ist eine Formalität«, sagte er, »nichts weiter! Sie müssen bedenken, daß der Beamte nur seine Schuldigkeit tut. Wenn Sie sich irgendwie legitimieren könnten ... Ein Papier ...«

Alle schwiegen. Sollte er der Sache ein Ende machen, indem er sich zu erkennen gab, indem er Herrn Seehaase eröffnete, daß er kein Hochstapler von unbestimmter Zuständigkeit sei, von Geburt kein Zigeuner im grünen Wagen, sondern der Sohn Konsul Krögers, aus der Familie der Kröger? Nein, er hatte keine Lust dazu. Und waren diese Männer der bürgerlichen Ordnung nicht im Grunde ein wenig im Recht? Gewissermaßen war er ganz einverstanden mit ihnen ... Er zuckte die Achseln und blieb stumm.

»Was haben Sie denn da?« fragte der Polizist. »Da, in dem Porteföhch?«

»Hier? Nichts. Es ist eine Korrektur«, antwortete Tonio Kröger.

»Korrektur? Wieso? Lassen Sie mal sehen.«

Und Tonio Kröger überreichte ihm seine Arbeit. Der Polizist breitete sie auf der Pultplatte aus und begann darin zu lesen. Auch Herr Seehaase trat näher herzu und beteiligte sich an der Lektüre. Tonio Kröger blickte ihnen über die Schultern und beobachtete, bei welcher Stelle sie seien. Es war ein guter Moment, eine Pointe und Wirkung, die er vortrefflich herausgearbeitet hatte. Er war zufrieden mit sich.

»Sehen Sie!« sagte er. »Da steht mein Name. Ich habe dies geschrieben, und nun wird es veröffentlicht, verstehen Sie.«

»Nun, das genügt!« sagte Herr Seehaase mit Entschluß, raffte die Blätter zusammen, faltete sie und gab sie ihm zurück. »Das muß genügen, Petersen!« wiederholte er kurz, indem er verstohlen die Augen schloß und abwinkend den Kopf schüttelte. »Wir dürfen den Herrn nicht länger aufhalten. Der Wagen wartet. Ich bitte sehr, die kleine Störung zu entschuldigen, mein Herr. Der Beamte hat ja nur seine Pflicht getan, aber ich sagte ihm sofort, daß er auf falscher Fährte sei ...«

So? dachte Tonio Kröger.

Der Polizist schien nicht ganz einverstanden; er wandte noch etwas ein von »Individium« und »vorweisen«. Aber Herr Seehaase führte seinen Gast unter wiederholten Ausdrücken des Bedauerns durch das Vestibül zurück, geleitete ihn zwischen den beiden Löwen hindurch zum Wagen und schloß selbst unter Achtungsbezeugungen den Schlag hinter ihm. Und dann rollte die lächerlich hohe und breite Droschke stolpernd, klirrend und lärmend die steilen Gassen hinab zum Hafen ...

Dies war Tonio Krögers seltsamer Aufenthalt in seiner Vaterstadt.

7

Die Nacht fiel ein, und mit einem schwimmenden Silberglanz stieg schon der Mond empor, als Tonio Krögers Schiff die offene See gewann. Er stand am Bugspriet, in seinen Mantel gehüllt vor dem Winde, der mehr und mehr erstarkte, und blickte hinab in das dunkle Wandern und Treiben der starken, glatten Wellenleiber dort unten, die umeinander schwankten, sich klatschend begegneten, in unerwarteten Richtungen auseinanderschossen und plötzlich schaumig aufleuchteten ...

Eine schaukelnde und still entzückte Stimmung erfüllte ihn. Er war ein wenig niedergeschlagen gewesen, daß man ihn daheim als Hochstapler hatte verhaften wollen, ja, – obgleich er es gewissermaßen in der Ordnung gefunden hatte. Aber dann, nachdem er sich eingeschifft, hatte er, wie als Knabe zuweilen mit seinem Vater, dem Verladen der Waren zugesehen, mit denen man, unter Rufen, die ein Gemisch aus Dänisch und Plattdeutsch waren, den tiefen Bauch des Dampfers füllte, hatte gesehen, wie man außer den Ballen und Kisten auch einen Eisbären und einen Königstiger in dick vergitterten Käfigen hinabließ, die wohl von Hamburg kamen und für eine dänische Menagerie bestimmt waren; und dies hatte ihn zerstreut. Während dann das Schiff zwischen den flachen Ufern den Fluß entlangglitt, hatte er Polizist Petersens Verhör ganz und gar vergessen, und alles, was vorher gewesen war, seine süßen, traurigen und reuigen Träume der Nacht, der Spaziergang, den er gemacht, der Anblick des Walnußbaumes, war er wieder in seiner Seele stark geworden. Und nun, da das Meer sich öffnete, sah er von fern den Strand, an dem er als Knabe die sommerlichen Träume des Meeres hatte belauschen dürfen, sah die Glut des Leuchtturms und die Lichter des Kurhauses, darin er mit seinen Eltern gewohnt ... Die Ostsee! Er lehnte den Kopf gegen den starken Salzwind, der frei und ohne Hindernis daherkam, die Ohren umhüllte und einen gelinden Schwindel, eine gedämpfte Betäubung hervorrief, in der die Erinnerung an alles Böse, an Qual und Irrsal, an Wollen und Mühen träge und selig unterging. Und in dem Sausen, Klatschen, Schäumen und Ächzen rings um ihn her glaubte er das Rauschen und Knarren des alten Walnußbaumes, das Kreischen einer Gartenpforte zu hören ... Es dunkelte mehr und mehr.

»Die Sderne, Gott, sehen Sie doch bloß die Sderne an«, sagte plötzlich mit schwerfällig singender Betonung eine Stimme, die aus dem Innern einer Tonne zu kommen schien. Er kannte sie schon. Sie gehörte einem rotblonden und schlicht gekleideten Mann mit geröteten Augenlidern und einem feuchtkalten Aussehen, als habe er soeben gebadet. Beim Abendessen in der Kajüte war er Tonio Krögers Nachbar gewesen und hatte mit zagen und bescheidenen Bewegungen erstaunliche Mengen von Hummer-Omelette zu sich genommen. Nun lehnte er neben ihm an der Brüstung und blickte zum Himmel empor, indem er sein Kinn mit Daumen und Zeigefinger erfaßt hielt. Ohne Zweifel befand er sich in einer jener außerordentlichen und festlich-beschaulichen Stimmungen, in denen die Schranken zwischen den Menschen dahinsinken, in denen das Herz auch Fremden sich öffnet und der Mund Dinge spricht, vor denen er sich sonst schamhaft verschließen würde...

»Sehen Sie, Herr, doch bloß die Sderne an. Da sdehen sie und glitzern, es ist, weiß Gott, der ganze Himmel voll. Und nun bitt' ich Sie, wenn man hinaufsieht und bedenkt, daß viele davon doch hundertmal größer sein sollen als die Erde, wie wird einem da zu Sinn? Wir Menschen haben den Telegraphen erfunden und das Telephon und so viele Errungenschaften der Neuzeit, ja, das haben wir. Aber wenn wir da hinaufsehen, so müssen wir doch erkennen und versdehen, daß wir im Grunde Gewürm sind, elendes Gewürm und nichts weiter, – hab' ich recht oder unrecht, Herr? Ja, wir sind Gewürm!« antwortete er sich selbst und nickte demütig und zerknirscht zum Firmament empor.

Au... nein, der hat keine Literatur im Leibe! dachte Tonio Kröger. Und alsbald fiel ihm etwas ein, was er kürzlich gelesen hatte, der Aufsatz eines berühmten französischen Schriftstellers über kosmologische und psychologische Weltanschauung; es war ein recht feines Geschwätz gewesen.

Er gab dem jungen Mann etwas wie eine Antwort auf seine tief erlebte Bemerkung, und dann fuhren sie fort, miteinander zu sprechen, indem sie, über die Brüstung gelehnt, in den unruhig erhellten, bewegten

Abend hinausblickten. Es erwies sich, daß der Reisegefährte ein junger Kaufmann aus Hamburg war, der seinen Urlaub zu dieser Vergnügungsfahrt benutzte ...

»Sollst«, sagte er, »ein bißchen mit dem Steamer nach Kopenhagen fahren, denk' ich, und da sdeh' ich nun, und es ist ja soweit ganz schön. Aber das mit den Hummer-Omeletten, das war nicht richtig, Herr, das sollen Sie sehn, denn die Nacht wird sdürmisch, das hat der Kapitän selbst gesagt, und mit so einem unbekömmlichen Essen im Magen ist das kein Sbaß ...«

Tonio Kröger lauschte all dieser zutunlichen Torheit mit einem heimlichen und freundschaftlichen Gefühl.

»Ja«, sagte er, »man ißt überhaupt zu schwer hier oben. Das macht faul und wehmütig.«

»Wehmütig?« wiederholte der junge Mann und betrachtete ihn verdutzt ... »Sie sind wohl fremd hier, Herr?« fragte er plötzlich ...

»Ach ja, ich komme weit her!« antwortete Tonio Kröger mit einer vagen und abwehrenden Armbewegung.

»Aber Sie haben recht«, sagte der junge Mann; »Sie haben, weiß Gott, recht in dem, was Sie von wehmütig sagen! Ich bin fast immer wehmütig, aber besonders an solchen Abenden wie heute, wenn die Sderne am Himmel sdehn.« Und er stützte wieder sein Kinn mit Daumen und Zeigefinger.

Sicherlich schreibt er Verse, dachte Tonio Kröger, tief ehrlich empfundene Kaufmannsverse ...

Der Abend rückte vor, und der Wind war nun so heftig geworden, daß er das Sprechen behinderte. So beschlossen sie, ein wenig zu schlafen, und wünschten einander gute Nacht.

Tonio Kröger streckte sich in seiner Koje auf der schmalen Bettstatt aus, aber er fand keine Ruhe. Der strenge Wind und sein herbes Arom hatten ihn seltsam erregt, und sein Herz war unruhig wie in ängstlicher Erwartung von etwas Süßem. Auch verursachte die Erschütterung, welche entstand, wenn das Schiff einen steilen Wogenberg hinabglitt und die Schraube wie im Krampf außerhalb des Wassers arbeitete, ihm arge Übelkeit. Er kleidete sich wieder vollends an und stieg ins Freie hinauf.

Wolken jagten am Monde vorbei. Das Meer tanzte. Nicht runde und gleichmäßige Wellen kamen in Ordnung daher, sondern weithin, in bleichem und flackerndem Licht, war die See zerrissen, zerpeitscht, zerwühlt, leckte und sprang in spitzen, flammenartigen Riesenzungen empor, warf neben schaumerfüllten Klüften zackige und unwahrscheinliche Gebilde auf und schien mit der Kraft ungeheurer Arme in tollem Spiel den Gischt in alle Lüfte zu schleudern. Das Schiff hatte schwere Fahrt; stampfend, schlenkernd und ächzend arbeitete es sich durch den Tumult, und manchmal hörte man den Eisbären und den Tiger, die unter dem Seegang litten, in seinem Innern brüllen. Ein Mann im Wachstuchmantel, die Kapuze überm Kopf und eine Laterne um den Leib geschnallt, ging breitbeinig und mühsam balancierend auf dem Verdecke hin und her. Aber dort hinten stand, tief über Bord gebeugt, der junge Mann aus Hamburg und ließ es sich schlecht ergehen. »Gott«, sagte er mit hohler und wankender Stimme, als er Tonio Kröger gewahrte, »sehen Sie doch bloß den Aufruhr der Elemente, Herr!« Aber dann wurde er unterbrochen und wandte sich eilig ab.

Tonio Kröger hielt sich an irgendeinem gestrafften Tau und blickte hinaus in all den unbändigen Übermut. In ihm schwang sich ein Jauchzen auf, und ihm war, als sei es mächtig genug, um Sturm und Flut zu übertönen. Ein Sang an das Meer, begeistert von Liebe, tönte in ihm. Du meiner Jugend wilder Freund, so sind wir einmal noch vereint ... Aber dann war das Gedicht zu Ende. Es ward nicht fertig, nicht rund geformt und nicht in Gelassenheit zu etwas Ganzem geschmiedet. Sein Herz lebte ...

Lange stand er so; dann streckte er sich auf einer Bank am Kajütenhäuschen aus und blickte zum Himmel hinauf, an dem die Sterne flackerten. Er schlummerte sogar ein wenig. Und wenn der kalte Schaum in sein Gesicht spritzte, so war es ihm im Halbschlaf wie eine Liebkosung.

Senkrechte Kreidefelsen, gespenstisch im Mondschein, kamen in Sicht und näherten sich; das war Möen, die Insel. Und wieder trat Schlummer dazwischen, unterbrochen von salzigen Sprühschauern, die scharf ins Gesicht bissen und die Züge erstarren ließen ... Als er völlig wach wurde, war es schon Tag, ein hellgrauer, frischer Tag, und die grüne See ging ruhiger. Beim Frühstück sah er den jungen Kaufmann wieder, der heftig errötete, wahrscheinlich vor Scham, im Dunkeln so poetische und blamable Dinge geäußert zu haben, mit allen fünf Fingern seinen kleinen rötlichen Schnurrbart emporstrich und ihm einen soldatisch scharfen Morgengruß zurief, um ihn dann ängstlich zu meiden.

Und Tonio Kröger landete in Dänemark. Er hielt Ankunft in Kopenhagen, gab Trinkgeld an jeden, der sich die Miene gab, als hätte er Anspruch darauf, durchwanderte von seinem Hotelzimmer aus drei Tage lang die Stadt, indem er sein Reisebüchlein aufgeschlagen vor sich hertrug, und benahm sich ganz wie ein besserer Fremder, der seine Kenntnisse zu bereichern wünscht. Er betrachtete des Königs Neumarkt und das ›Pferd‹ in seiner Mitte, blickte achtungsvoll an den Säulen der Frauenkirche empor, stand lange vor Thorwaldsens edlen und lieblichen Bildwerken, stieg auf den Runden Turm, besichtigte Schlösser und verbrachte zwei bunte Abende im Tivoli. Aber es war nicht so recht eigentlich all dies, was er sah.

An den Häusern, die oft ganz das Aussehen der alten Häuser seiner Vaterstadt mit geschwungenen, durchbrochenen Giebeln hatten, sah er Namen, die ihm aus alten Tagen bekannt waren, die ihm etwas Zartes und Köstliches zu bezeichnen schienen und bei alledem etwas wie Vorwurf, Klage und Sehnsucht nach Verlorenem in sich schlossen. Und allerwegen, indes er in verlangsamten, nachdenklichen Zügen die feuchte Seeluft atmete, sah er Augen, die so blau, Haare, die so blond, Gesichter, die von eben der Art und Bildung waren, wie er sie in den seltsam wehen und reuigen Träumen der Nacht geschaut, die er in seiner Vaterstadt verbracht hatte. Es konnte geschehen, daß auf offener Straße ein Blick, ein klingendes Wort, ein Auflachen ihn ins Innerste traf ...

Es litt ihn nicht lange in der munteren Stadt. Eine Unruhe, süß und töricht, Erinnerung halb und halb Erwartung, bewegte ihn, zusammen mit dem Verlangen, irgendwo still am Strand liegen zu dürfen und nicht den angelegentlich sich umtuenden Touristen spielen zu müssen. So schiffte er sich aufs neue ein und fuhr an einem trüben Tage (die See ging schwarz) nordwärts die Küste von Seeland entlang gen Helsingör. Von dort setzte er seine Reise unverzüglich zu Wagen auf dem Chausseewege fort, noch drei Viertelstunden lang, immer ein wenig oberhalb des Meeres, bis er an seinem letzten und eigentlichen Ziele hielt, dem kleinen weißen Badehotel mit grünen Fensterläden, das inmitten einer Siedelung niedriger Häuschen stand und mit seinem holzgedeckten Turm auf den Sund und die schwedische Küste hinausblickte. Hier stieg er ab, nahm Besitz von dem hellen Zimmer, das man ihm bereitgehalten, füllte Bord und Spind mit dem, was er mit sich führte, und schickte sich an, hier eine Weile zu leben.

8

Schon rückte der September vor: es waren nicht mehr viele Gäste in Aalsgaard. Bei den Mahlzeiten in dem großen, balkengedeckten Eßsaal zu ebener Erde, dessen hohe Fenster auf die Glasveranda und die See hinausblickten, führte die Wirtin den Vorsitz, ein bejahrtes Mädchen mit weißem Haar, farblosen Augen, zartrosigen Wangen und einer haltlosen Zwitscherstimme, das immer seine roten Hände auf dem Tafeltuche ein wenig vorteilhaft zu gruppieren trachtete. Ein kurzhalsiger alter Herr mit eisgrauem Schifferbart und dunkelbläulichem Gesicht war da, ein Fischhändler aus der Hauptstadt, der des Deutschen mächtig war. Er schien gänzlich verstopft und zum Schlagfluß geneigt, denn er atmete kurz und stoßweise und hob von Zeit zu Zeit den beringten Zeigefinger zu einem seiner Nasenlöcher empor, um es zuzudrücken und dem anderen durch starkes Blasen ein wenig Luft zu verschaffen. Nichtsdestoweniger sprach er beständig der Aquavitflasche zu, die sowohl beim Frühstück als beim Mittag- und Abendessen vor ihm stand. Dann waren nur noch drei große amerikanische Jünglinge mit ihrem Gouverneur oder Hauslehrer zugegen, der schweigend an seiner Brille rückte und tagüber mit ihnen Fußball spielte. Sie trugen ihr rotgelbes Haar in der Mitte gescheitelt und hatten lange, unbewegte Gesichter. »Please, give me the wurst-things there!« sagte der eine. »That's not wurst; that's schinken!« sagte ein anderer, und dies war alles, was sowohl sie als der Hauslehrer zur Unterhaltung beitrugen; denn sonst saßen sie still und tranken heißes Wasser.

Tonio Kröger hätte sich keine andere Art von Tischgesellschaft gewünscht. Er genoß seinen Frieden, horchte auf die dänischen Kehllaute, die hellen und trüben Vokale, in denen der Fischhändler und die Wirtin zuweilen konversierten, wechselte hie und da mit dem ersteren eine schlichte Bemerkung über den Barometerstand und erhob sich dann, um durch die Veranda wieder an den Strand hinunterzugehen, wo er schon lange Morgenstunden verbracht hatte.

Manchmal war es dort still und sommerlich. Die See ruhte träge und glatt, in blauen, flaschengrünen und rötlichen Streifen, von silbrig glitzernden Lichtreflexen überspielt, der Tang dörrte zu Heu in der Sonne, und die Quallen lagen da und verdunsteten. Es roch ein wenig faulig und ein wenig auch nach dem Teer des Fischerbootes, an welches Tonio Kröger, im

Sande sitzend, den Rücken lehnte, – so gewandt, daß er den offenen Horizont und nicht die schwedische Küste vor Augen hatte; aber des Meeres leiser Atem strich rein und frisch über alles hin.

Und graue, stürmische Tage kamen. Die Wellen beugten die Köpfe wie Stiere, die die Hörner zum Stoße einlegen, und rannten wütend gegen den Strand, der hoch hinauf überspült und mit naßglänzendem Seegras, Muscheln und angeschwemmtem Holzwerk bedeckt war. Zwischen den langgestreckten Wellenhügeln dehnten sich unter dem verhängten Himmel blaßgrün-schaumig die Täler; aber dort, wo hinter den Wolken die Sonne stand, lag auf den Wassern ein weißlicher Sammetglanz.

Tonio Kröger stand in Wind und Brausen eingehüllt, versunken in dies ewige, schwere, betäubende Getöse, das er so sehr liebte. Wandte er sich und ging fort, so schien es plötzlich ganz ruhig und warm um ihn her. Aber im Rücken wußte er sich das Meer; es rief, lockte und grüßte. Und er lächelte.

Er ging landeinwärts, auf Wiesenwegen durch die Einsamkeit, und bald nahm Buchenwald ihn auf, der sich hügelig weit in die Gegend erstreckte. Er setzte sich ins Moos, an einen Baum gelehnt, so, daß er zwischen den Stämmen einen Streifen des Meeres gewahren konnte. Zuweilen trug der Wind das Geräusch der Brandung zu ihm, das klang, wie wenn in der Ferne Bretter aufeinanderfallen. Krähengeschrei über den Wipfeln, heiser, öde und verloren ... Er hielt ein Buch auf den Knien, aber er las nicht eine Zeile darin. Er genoß ein tiefes Vergessen, ein erlöstes Schweben über Raum und Zeit, und nur zuweilen war es, als würde sein Herz von einem Weh durchzuckt, einem kurzen, stechenden Gefühl von Sehnsucht oder Reue, das nach Namen und Herkunft zu fragen er zu träge und versunken war.

So verging mancher Tag; er hätte nicht zu sagen vermocht, wie viele, und trug kein Verlangen danach, es zu wissen. Dann aber kam einer, an welchem etwas geschah; es geschah, während die Sonne am Himmel stand und Menschen zugegen waren, und Tonio Kröger war nicht einmal so außerordentlich erstaunt darüber.

Gleich dieses Tages Anfang gestaltete sich festlich und entzückend. Tonio Kröger erwachte sehr früh und ganz plötzlich, fuhr mit einem feinen und unbestimmten Erschrecken aus dem Schlafe empor und glaubte, in ein Wunder, einen feenhaften Beleuchtungszauber hineinzublicken. Sein Zimmer, mit Glastür und Balkon nach dem Sunde hinaus gelegen und durch einen dünnen, weißen Gazevorhang in Wohn- und Schlafraum geteilt, war zartfarbig tapeziert und mit leichten, hellen Möbeln versehen, so daß es stets einen lichten und freundlichen Anblick bot. Nun aber sahen seine schlaftrunkenen Augen es in einer unirdischen Verklärung und Illumination vor sich liegen, über und über getaucht in einen unsäglich holden und duftigen Rosenschein, der Wände und Möbel vergoldete und den Gazevorhang in ein mildes, rotes Glühen versetzte ... Tonio Kröger begriff lange nicht, was sich ereignete. Als er aber vor der Glastür stand und hinausblickte, sah er, daß es die Sonne war, die aufging.

Mehrere Tage war es trüb und regnicht gewesen; jetzt aber spannte sich der Himmel wie aus straffer, blaßblauer Seide schimmernd klar über See und Land, und durchquert und umgeben von rot und golden durchleuchteten Wolken erhob sich feierlich die Sonnenscheibe über das flimmernd gekrauste Meer, das unter ihr zu erschauern und zu erglühen schien ... So hub der Tag an, und verwirrt und glücklich warf Tonio Kröger sich in die Kleider, frühstückte vor allen anderen drunten in der Veranda, schwamm hierauf von dem kleinen hölzernen Badehäuschen aus eine Strecke in den Sund hinaus und tat dann einen stundenlangen Gang am Strande hin. Als er zurückkehrte, hielten mehrere omnibusartige Wagen vorm Hotel, und vom Eßsaal aus gewahrte er, daß sowohl in dem anstoßenden Gesellschaftszimmer, dort, wo das Klavier stand, als auch in der Veranda und auf der Terrasse, die davor lag, Menschen in großer Anzahl, kleinbürgerlich gekleidete Herrschaften, an runden Tischen saßen und unter angeregten Gesprächen Bier mit Butterbrot genossen. Es waren ganze Familien, ältere und junge Leute, ja sogar ein paar Kinder.

Beim zweiten Frühstück (der Tisch trug schwer an kalter Küche, Geräuchertem, Gesalzenem und Gebackenem) erkundigte sich Tonio Kröger, was vor sich gehe.

»Gäste!« sagte der Fischhändler. »Ausflügler und Ballgäste aus Helsingör! Ja, Gott soll uns bewahren, wir werden nicht schlafen können, diese Nacht! Es wird Tanz geben, Tanz und Musik, und man muß fürchten, daß das lange dauert. Es ist eine Familienvereinigung, eine Landpartie nebst Reunion, kurzum, eine Subskription oder dergleichen, und sie genießen den schönen Tag. Sie sind zu Boot und zu Wagen gekommen, und jetzt frühstücken sie. Später fahren sie noch weiter über Land, aber abends kommen sie wieder, und dann ist Tanzbelustigung hier im Saale. Ja, verdammt und verflucht, wir werden kein Auge zutun ...«

»Das ist eine hübsche Abwechslung«, sagte Tonio Kröger.

Hierauf wurde längere Zeit nichts mehr gesprochen. Die Wirtin ordnete ihre roten Finger, der Fischhändler blies durch das rechte Nasenloch, um sich ein wenig Luft zu verschaffen, und die Amerikaner tranken heißes Wasser und machten lange Gesichter dazu.

Da geschah dies auf einmal: *Hans Hansen und Ingeborg Holm gingen durch den Saal.* –

Tonio Kröger lehnte, in einer wohligen Ermüdung nach dem Bade und seinem hurtigen Gang, im Stuhl und aß geräucherten Lachs auf Röstbrot: – er saß der Veranda und dem Meere zugewandt. Und plötzlich öffnete sich die Tür, und Hand in Hand kamen die beiden herein, – schlendernd und ohne Eile. Ingeborg, die blonde Inge, war hell gekleidet, wie sie in der Tanzstunde bei Herrn Knaak zu sein pflegte. Das leichte, geblümte Kleid reichte ihr nur bis zu den Knöcheln, und um die Schultern trug sie einen breiten, weißen Tüllbesatz mit spitzem Ausschnitt, der ihren weichen, geschmeidigen Hals frei ließ. Der Hut hing ihr an seinen zusammengeknüpften Bändern über dem einen Arm. Sie war vielleicht ein klein wenig erwachsener als sonst und trug ihren wunderbaren Zopf nun um den Kopf gelegt; aber Hans Hansen war ganz wie immer. Er hatte seine Seemannsüberjacke mit den goldenen Knöpfen an, über welcher auf Schultern und Rücken der breite, blaue Kragen lag; die Matrosenmütze mit den kurzen Bändern hielt er in der hinabhängenden Hand und schlenkerte sie sorglos hin und her. Ingeborg hielt ihre schmal geschnittenen Augen abgewandt, vielleicht ein wenig geniert durch die speisenden Leute, die auf sie schauten. Allein Hans Hansen wandte nun grade und aller Welt zum Trotz den Kopf nach der Frühstückstafel und musterte mit seinen stahlblauen Augen einen nach dem anderen herausfordernd und gewissermaßen verächtlich; er ließ sogar Ingeborgs Hand fahren und schwenkte seine Mütze noch heftiger hin und her, um zu zeigen, was für ein Mann er sei. So gingen die beiden, mit dem still blauenden Meere als Hintergrund, vor Tonio Krögers Augen vorüber, durchmaßen den Saal seiner Länge nach und verschwanden durch die entgegengesetzte Tür im Klavierzimmer.

Dies begab sich um halb zwölf Uhr vormittags, und noch während die Kurgäste beim Frühstück saßen, brach nebenan und in der Veranda die Gesellschaft auf und verließ, ohne daß noch jemand den Eßsaal betreten hätte, durch den Seitenzugang, der vorhanden war, das Hotel. Man hörte, wie draußen unter Scherzen und Gelächter die Wagen bestiegen wurden, wie ein Gefährt nach dem anderen auf der Landstraße sich knirschend in Bewegung setzte und davonrollte ...

»Sie kommen also wieder?« fragte Tonio Kröger ...

»Das tun sie!« sagte der Fischhändler. »Und Gott sei's geklagt. Sie haben Musik bestellt, müssen Sie wissen, und ich schlafe hier überm Saale.«

»Das ist eine hübsche Abwechslung«, wiederholte Tonio Kröger. Dann stand er auf und ging fort.

Er verbrachte den Tag, wie er die anderen verbracht

hatte, am Strande, im Walde, hielt ein Buch auf den Knien und blinzelte in die Sonne. Er bewegte nur einen Gedanken: diesen, daß sie wiederkehren und im Saale Tanzbelustigung abhalten würden, wie es der Fischhändler versprochen hatte; und er tat nichts, als sich hierauf freuen, mit einer so ängstlichen und süßen Freude, wie er sie lange, tote Jahre hindurch nicht mehr erprobt hatte. Einmal, durch irgendeine Verknüpfung von Vorstellungen, erinnerte er sich flüchtig eines fernen Bekannten, Adalberts, des Novellisten, der wußte, was er wollte, und sich ins Kaffeehaus begeben hatte, um der Frühlingsluft zu entgehen. Und er zuckte die Achseln über ihn ...

Es wurde früher als gewöhnlich zu Mittag gegessen, und das Abendbrot nahm man ebenfalls zeitiger als sonst, im Klavierzimmer, weil im Saale schon Vorbereitungen zum Balle getroffen wurden: auf so festliche Art war alles in Unordnung gebracht. Dann, als es schon dunkel war und Tonio Kröger in seinem Zimmer saß, ward es wieder lebendig auf der Landstraße und im Hause. Die Ausflügler kehrten zurück; ja, aus der Richtung von Helsingör trafen zu Rad und zu Wagen noch neue Gäste ein, und bereits hörte man drunten im Hause eine Geige stimmen und eine Klarinette näselnde Übungsläufe vollführen ...

Alles versprach, daß es ein glänzendes Ballfest geben werde.

Nun setzte das kleine Orchester mit einem Marsche ein: gedämpft und taktfest scholl es herauf: man eröffnete den Tanz mit einer Polonäse. Tonio Kröger saß noch eine Weile still und lauschte. Als er aber vernahm, wie das Marschtempo in Walzertakt überging, machte er sich auf und schlich geräuschlos aus seinem Zimmer.

Von dem Korridor, an dem es gelegen war, konnte man über eine Nebentreppe zu dem Seiteneingang des Hotels und von dort, ohne ein Zimmer zu berühren, in die Glasveranda gelangen. Diesen Weg nahm er, leise und verstohlen, als befinde er sich auf verbotenen Pfaden, tastete sich behutsam durch das Dunkel, unwiderstehlich angezogen von dieser dummen und selig wiegenden Musik, deren Klänge schon klar und ungedämpft zu ihm drangen.

Die Veranda war leer und unerleuchtet, aber die Glastür zum Saale, wo die beiden großen, mit blanken Reflektoren versehenen Petroleumlampen hell erstrahlten, stand geöffnet. Dorthin schlich er sich auf leisen Sohlen, und der diebische Genuß, hier im Dunkeln stehen und ungesehen die belauschen zu dürfen, die im Lichte tanzten, verursachte ein Prickeln in seiner Haut. Hastig und begierig sandte er seine Blicke nach den beiden aus, die er suchte . . .

Die Fröhlichkeit des Festes schien schon ganz frei entfaltet, obgleich es kaum seit einer halben Stunde eröffnet war; aber man war ja bereits warm und angeregt hierhergekommen, nachdem man den ganzen Tag miteinander verbracht, sorglos, gemeinsam und glücklich. Im Klavierzimmer, das Tonio Kröger überblicken konnte, wenn er sich ein wenig weiter vorwagte, hatten sich mehrere ältere Herren rauchend und trinkend beim Kartenspiel vereinigt; aber andere saßen bei ihren Gattinnen im Vordergrunde auf den Plüschstühlen und an den Wänden des Saales und sahen dem Tanze zu. Sie hielten die Hände auf die gespreizten Knie gestützt und bliesen mit einem wohlhabenden Ausdruck die Wangen auf, indes die Mütter,

Kapotthütchen auf den Scheiteln, die Hände unter der Brust zusammenlegten und mit seitwärts geneigten Köpfen in das Getümmel der jungen Leute schauten. Ein Podium war an der einen Längswand des Saales errichtet worden, und dort taten die Musikanten ihr Bestes. Sogar eine Trompete war da, welche mit einer gewissen zögernden Behutsamkeit blies, als fürchtete sie sich vor ihrer eigenen Stimme, die sich dennoch beständig brach und überschlug . . . Wogend und kreisend bewegten sich die Paare umeinander, indes andere Arm in Arm den Saal umwandelten. Man war nicht ballmäßig gekleidet, sondern nur wie an einem Sommersonntag, den man im Freien verbringt: die Kavaliere in kleinstädtisch geschnittenen Anzügen, denen man ansah, daß sie die ganze Woche geschont wurden, und die jungen Mädchen in lichten und leichten Kleidern mit Feldblumensträußchen an den Miedern. Auch ein paar Kinder waren im Saale und tanzten untereinander auf ihre Art, sogar, wenn die Musik pausierte. Ein langbeiniger Mensch in schwalbenschwanzförmigem Röckchen, ein Provinzlöwe mit Augenglas und gebranntem Haupthaar, Postadjunkt oder dergleichen und wie die fleischgewordene komische Figur aus einem dänischen Roman, schien Festordner und Kommandeur des Balles zu sein. Eilfertig, transpirierend und mit ganzer Seele bei der Sache, war er überall zugleich, schwänzelte übergeschäftig durch den Saal, indem er kunstvoll mit den Zehenspitzen zuerst auftrat und die Füße, die in glatten und spitzen Militärstiefeletten steckten, auf eine verzwickte Art kreuzweise übereinandersetzte, schwang die Arme in der Luft, traf Anordnungen, rief nach Musik, klatschte in die Hände, und bei all dem flogen die Bänder der großen, bunten Schleife, die als Zeichen seiner Würde auf seiner Schulter befestigt war und nach der er manchmal liebevoll den Kopf drehte, flatternd hinter ihm drein.

Ja, sie waren da, die beiden, die heute im Sonnenlicht an Tonio Kröger vorübergezogen waren, er sah sie wieder und erschrak vor Freude, als er sie fast gleichzeitig gewahrte. Hier stand Hans Hansen, ganz nahe bei ihm, dicht an der Tür; breitbeinig und ein wenig vorgebeugt, verzehrte er bedächtig ein großes Stück Sandtorte, wobei er die hohle Hand unters Kinn hielt, um die Krümel aufzufangen. Und dort an der Wand saß Ingeborg Holm, die blonde Inge, und eben schwänzelte der Adjunkt auf sie zu, um sie durch eine ausgesuchte Verbeugung zum Tanze aufzufordern, wobei er die eine Hand auf den Rücken legte und die andere graziös in den Busen schob; aber sie schüttelte den Kopf und deutete an, daß sie zu atemlos sei und ein wenig ruhen müsse, worauf der Adjunkt sich neben sie setzte.

Tonio Kröger sah sie an, die beiden, um die er vorzeiten Liebe gelitten hatte, – Hans und Ingeborg. Sie waren es nicht so sehr vermöge einzelner Merkmale und der Ähnlichkeit der Kleidung, als kraft der Gleichheit der Rasse und des Typus, dieser lichten, stahlblauäugigen und blondhaarigen Art, die eine Vorstellung von Reinheit, Ungetrübtheit, Heiterkeit und einer zugleich stolzen und schlichten, unberührbaren Sprödigkeit hervorrief... Er sah sie an, sah, wie Hans Hansen so keck und wohlgestaltet wie nur jemals, breit in den Schultern und schmal in den Hüften, in seinem Matrosenanzug dastand, sah, wie Ingeborg auf eine gewisse übermütige Art lachend den Kopf zur Seite warf, auf eine gewisse Art ihre Hand, eine gar nicht besonders schmale, gar nicht besonders feine Kleinmädchenhand, zum Hinterkopfe führte, wobei der leichte Ärmel von ihrem Ellenbogen zurückglitt, – und plötzlich erschütterte das Heimweh seine Brust mit einem solchen Schmerz, daß er unwillkürlich weiter ins Dunkel zurückwich, damit niemand das Zucken seines Gesichtes sähe.

Hatte ich euch vergessen? fragte er. Nein, niemals! Nicht dich, Hans, noch dich, blonde Inge! Ihr wart es ja, für die ich arbeitete, und wenn ich Applaus vernahm, blickte ich heimlich um mich, ob ihr daran teilhättet ... Hast du nun den ›Don Carlos‹ gelesen, Hans Hansen, wie du es mir an eurer Gartenpforte versprachst? Tu's nicht! Ich verlange es nicht mehr von dir. Was geht dich der König an, der weint, weil er einsam ist? Du sollst deine hellen Augen nicht trüb und traumblöde machen vom Starren in Verse und Melancholie ... Zu sein wie du! Noch einmal anfangen, aufwachsen gleich dir, rechtschaffen, fröhlich und schlicht, regelrecht, ordnungsgemäß und im Einverständnis mit Gott und der Welt, geliebt werden von den Harmlosen und Glücklichen, dich zum Weibe nehmen, Ingeborg Holm, und einen Sohn haben wie du, Hans Hansen, – frei vom Fluch der Erkenntnis und der schöpferischen Qual leben, lieben und loben in seliger Gewöhnlichkeit! ... Noch einmal anfangen? Aber es hülfe nichts. Es würde wieder so werden, – alles würde wieder so kommen, wie es gekommen ist. Denn etliche gehen mit Notwendigkeit in die Irre, weil es einen rechten Weg für sie überhaupt nicht gibt.

Nun schwieg die Musik; es war Pause, und Erfrischungen wurden gereicht. Der Adjunkt eilte persönlich mit einem Teebrett voll Heringssalat umher und bediente die Damen; aber vor Ingeborg Holm ließ er sich sogar auf ein Knie nieder, als er ihr das Schälchen reichte, und sie errötete vor Freude darüber.

Man begann jetzt dennoch im Saale, auf den Zuschauer unter der Glastür aufmerksam zu werden, und aus hübschen, erhitzten Gesichtern trafen ihn fremde und forschende Blicke; aber er behauptete trotzdem seinen Platz. Auch Ingeborg und Hans streiften ihn beinahe gleichzeitig mit den Augen, mit jener vollkommenen Gleichgültigkeit, die fast das Ansehen der Verachtung hat. Plötzlich jedoch ward er sich bewußt, daß von irgendwoher ein Blick zu ihm drang und auf ihm ruhte ... Er wandte den Kopf, und sofort trafen seine Augen mit denen zusammen, deren Berührung er empfunden hatte. Ein Mädchen stand nicht weit von ihm, mit blassem, schmalem und feinem Gesicht, das er schon früher bemerkt hatte. Sie hatte nicht viel getanzt, die Kavaliere hatten sich nicht sonderlich um sie bemüht, und er hatte sie einsam mit herb geschlossenen Lippen an der Wand sitzen sehen. Auch jetzt stand sie allein. Sie war hell und duftig gekleidet wie die anderen, aber unter dem durchsichtigen Stoff ihres Kleides schimmerten ihre bloßen Schultern spitz und dürftig, und der magere Hals stak so tief zwischen diesen armseligen Schultern, daß das stille Mädchen fast ein wenig verwachsen erschien. Ihre Hände, mit dünnen Halbhandschuhen bekleidet, hielt sie so vor der flachen Brust, daß die Fingerspitzen sich sacht berührten. Gesenkten Kopfes blickte sie Tonio Kröger von unten herauf mit schwarzen, schwimmenden Augen an. Er wandte sich ab . . .

Hier, ganz nahe bei ihm, saßen Hans und Ingeborg. Er hatte sich zu ihr gesetzt, die vielleicht seine Schwester war, und umgeben von anderen rotwangigen Menschenkindern aßen und tranken sie, schwatzten und vergnügten sich, riefen sich mit klingenden Stimmen Neckereien zu und lachten hell in die Luft. Konnte er sich ihnen nicht ein wenig nähern? Nicht an ihn oder sie ein Scherzwort richten, das ihm einfiel, und das sie ihm wenigstens mit einem Lächeln beantworten mußten? Es würde ihn beglücken, er sehnte sich danach; er würde dann zufriedener in sein Zimmer zurückkehren, mit dem Bewußtsein, eine kleine Gemeinschaft mit den beiden hergestellt zu haben. Er dachte sich aus, was er sagen könnte; aber er fand nicht den Mut, es zu sagen. Auch war es ja wie immer: sie würden ihn nicht verstehen, würden befremdet auf das horchen, was er zu sagen vermöchte. Denn ihre Sprache war nicht seine Sprache.

Nun schien der Tanz aufs neue beginnen zu sollen. Der Adjunkt entfaltete eine umfassende Tätigkeit. Er eilte umher und forderte alle Welt zum Engagieren auf, räumte mit Hilfe des Kellners Stühle und Gläser aus dem Wege, erteilte den Musikern Befehle und schob einzelne Täppische, die nicht wußten wohin, an den Schultern vor sich her. Was hatte man vor? Je vier und vier Paare bildeten Karrees . . . Eine schreckliche Erinnerung machte Tonio Kröger erröten. Man tanzte Quadrille.

Die Musik setzte ein, und die Paare schritten unter Verbeugungen durcheinander. Der Adjunkt kommandierte; er kommandierte, bei Gott, auf französisch und brachte die Nasallaute auf unvergleichlich distinguierte Art hervor. Ingeborg Holm tanzte dicht vor Tonio Kröger, in dem Karree, das sich unmittelbar an der Glastür befand. Sie bewegte sich vor ihm hin und her, vorwärts und rückwärts, schreitend und drehend; ein Duft, der von ihrem Haar oder dem zarten Stoff ihres Kleides ausging, berührte ihn manchmal, und er schloß die Augen in einem Gefühl, das ihm von je so wohl bekannt gewesen, dessen Arom und herben Reiz er in all diesen letzten Tagen leise verspürt hatte, und das ihn nun wieder ganz mit seiner süßen Drangsal erfüllte. Was war es doch? Sehnsucht? Zärtlichkeit? Neid, Selbstverachtung? ... Moulinet des dames! Lachtest du, blonde Inge, lachtest du mich aus, als ich moulinet tanzte und mich so jämmerlich blamierte? Und würdest du auch heute noch lachen, nun da ich doch so etwas wie ein berühmter Mann geworden bin? Ja, das würdest du und würdest dreimal recht daran tun! Und wenn ich, ganz allein, die neun Symphonien, ›Die Welt als Wille und Vorstellung‹ und ›Das Jüngste Gericht‹ vollbracht hätte, – du würdest ewig recht haben zu lachen ... Er sah sie an, und eine Verszeile fiel ihm ein, deren er sich lange nicht erinnert hatte, und die ihm doch so vertraut und verwandt war: »Ich möchte schlafen, aber du mußt tanzen.« Er kannte sie so gut, die melancholisch-nordische, innig-ungeschickte Schwerfälligkeit der Empfindung, die daraus sprach. Schlafen ... Sich danach sehnen, einfach und völlig dem Gefühle leben zu dürfen, das ohne die Verpflichtung, zur Tat und zum Tanz zu werden, süß und träge in sich selber ruht, – und dennoch tanzen, behend und geistesgegenwärtig den schweren, schweren und gefährlichen Messertanz der Kunst vollführen zu müssen, ohne je ganz des demütigenden Widersinnes zu vergessen, der darin lag, tanzen zu müssen, indes man liebte ...

Auf einmal geriet das Ganze in eine tolle und ausgelassene Bewegung. Die Karrees hatten sich aufgelöst, und springend und gleitend stob alles umher; man beschloß die Quadrille mit einem Galopp. Die Paare flogen zum rasenden Eiltakt der Musik an Tonio Kröger vorüber, chassierend, hastend, einander überholend, mit kurzem, atemlosem Gelächter. Eines kam daher, mitgerissen von der allgemeinen Jagd, kreisend und vorwärts sausend. Das Mädchen hatte ein blasses, feines Gesicht und magere, zu hohe Schultern. Und plötzlich, dicht vor ihm, entstand ein Stolpern, Rutschen und Stürzen... Das blasse Mädchen fiel hin. Sie fiel so hart und heftig, daß es fast gefährlich aussah, und mit ihr der Kavalier. Dieser mußte sich so gröblich weh getan haben, daß er seine Tänzerin ganz vergaß, denn, nur halbwegs aufgerichtet, begann er unter Grimassen seine Knie mit den Händen zu reiben; und das Mädchen, scheinbar ganz betäubt vom Falle, lag noch immer am Boden. Da trat Tonio Kröger vor, faßte sie sacht an den Armen und hob sie auf. Abgehetzt, verwirrt und unglücklich sah sie zu ihm empor, und plötzlich färbte ihr zartes Gesicht sich mit einer matten Röte.

»Tak! O, mange Tak!« sagte sie und sah ihn von unten herauf mit dunklen, schwimmenden Augen an.

»Sie sollten nicht mehr tanzen, Fräulein«, sagte er sanft. Dann blickte er sich noch einmal nach *ihnen* um, nach Hans und Ingeborg, und ging fort, verließ die Veranda und den Ball und ging in sein Zimmer hinauf.

Er war berauscht von dem Feste, an dem er nicht teilgehabt, und müde von Eifersucht. Wie früher, ganz wie früher war es gewesen! Mit erhitztem Gesicht hatte er an dunkler Stelle gestanden, in Schmerzen um euch, ihr Blonden, Lebendigen, Glücklichen, und war dann einsam hinweggegangen. Jemand müßte nun kommen! Ingeborg müßte nun kommen, müßte bemerken, daß er fort war, müßte ihm heimlich folgen, ihm die Hand auf die Schulter legen und sagen: Komm herein zu uns! Sei froh! Ich liebe dich! ... Aber sie kam keines Weges. Dergleichen geschah nicht. Ja, wie damals war es, und er war glücklich wie damals. Denn sein Herz lebte. Was aber war gewesen während all der Zeit, in der er das geworden, was er nun war? – Erstarrung; Öde; Eis; und Geist! Und Kunst! ...

Er entkleidete sich, legte sich zur Ruhe, löschte das Licht. Er flüsterte zwei Namen in das Kissen hinein, diese paar keuschen, nordischen Silben, die ihm seine eigentliche und ursprüngliche Liebes-, Leides- und Glückesart, das Leben, das simple und innige Gefühl, die Heimat bezeichneten. Er blickte zurück auf die Jahre seit damals bis auf diesen Tag. Er gedachte der wüsten Abenteuer der Sinne, der Nerven und des Gedankens, die er durchlebt, sah sich zerfressen von Ironie und Geist, verödet und gelähmt von Erkenntnis, halb aufgerieben von den Fiebern und Frösten des Schaffens, haltlos und unter Gewissensnöten zwischen krassen Extremen, zwischen Heiligkeit und Brunst hin und her geworfen, raffiniert, verarmt, erschöpft von kalten und künstlich erlesenen Exaltationen, verirrt, verwüstet, zermartert, krank – und schluchzte vor Reue und Heimweh.

Um ihn war es still und dunkel. Aber von unten tönte gedämpft und wiegend des Lebens süßer, trivialer Dreitakt zu ihm herauf.

9

Tonio Kröger saß im Norden und schrieb an Lisaweta Iwanowna, seine Freundin, wie er es ihr versprochen hatte.

Liebe Lisaweta dort unten in Arkadien, wohin ich bald zurückkehren werde, schrieb er. Hier ist nun also so etwas wie ein Brief, aber er wird Sie wohl enttäuschen, denn ich denke, ihn ein wenig allgemein zu halten. Nicht, daß ich so gar nichts zu erzählen, auf meine Weise nicht dies und das erlebt hätte. Zu Hause, in meiner Vaterstadt, wollte man mich sogar verhaften ... aber davon sollen Sie mündlich hören. Ich habe jetzt manchmal Tage, an denen ich es vorziehe, auf gute Art etwas Allgemeines zu sagen, anstatt Geschichten zu erzählen.

Wissen Sie wohl noch, Lisaweta, daß Sie mich einmal einen Bürger, einen verirrten Bürger nannten? Sie nannten mich so in einer Stunde, da ich Ihnen, verführt durch andere Geständnisse, die ich mir vorher hatte entschlüpfen lassen, meine Liebe zu dem gestand, was ich das ›Leben‹ nenne; und ich frage mich, ob Sie wohl wußten, wie sehr Sie damit die Wahrheit trafen, wie sehr mein Bürgertum und meine Liebe zum ›Leben‹ eins und dasselbe sind. Diese Reise hat mir Veranlassung gegeben, darüber nachzudenken ...

Mein Vater, wissen Sie, war ein nordisches Temperament: betrachtsam, gründlich, korrekt aus Puritanismus und zur Wehmut geneigt; meine Mutter von unbestimmt exotischem Blut, schön, sinnlich, naiv, zugleich fahrlässig und leidenschaftlich und von einer impulsiven Liederlichkeit. Ganz ohne Zweifel war dies eine Mischung, die außerordentliche Möglichkeiten – und außerordentliche Gefahren in sich schloß. Was herauskam, war dies: ein Bürger, der sich in die Kunst verirrte, ein Bohemien mit Heimweh nach der guten Kinderstube, ein Künstler mit schlechtem Gewissen. Denn mein bürgerliches Gewissen ist es ja, was mich in allem Künstlertum, aller Außerordentlichkeit und allem Genie etwas tief Zweideutiges, tief Anrüchiges, tief Zweifelhaftes erblicken läßt, was mich mit dieser verliebten Schwäche für das Simple, Treuherzige und Angenehm-Normale, das Ungeniale und Anständige erfüllt.

Ich stehe zwischen zwei Welten, bin in keiner daheim und habe es infolgedessen ein wenig schwer. Ihr Künstler nennt mich einen Bürger, und die Bürger sind versucht, mich zu verhaften ... ich weiß nicht, was von beidem mich bitterer kränkt. Die Bürger sind dumm; ihr Anbeter der Schönheit aber, die ihr mich phlegmatisch und ohne Sehnsucht heißt, solltet bedenken, daß es ein Künstlertum gibt, so tief, so von Anbeginn und Schicksals wegen, daß keine Sehnsucht ihm süßer und empfindenswerter erscheint als die nach den Wonnen der Gewöhnlichkeit.

Ich bewundere die Stolzen und Kalten, die auf den Pfaden der großen, der dämonischen Schönheit abenteuern und den ›Menschen‹ verachten, – aber ich beneide sie nicht. Denn wenn irgend etwas imstande ist, aus einem Literaten einen Dichter zu machen, so ist es diese meine Bürgerliebe zum Menschlichen, Lebendigen und Gewöhnlichen. Alle Wärme, alle Güte, aller Humor kommt aus ihr, und fast will mir scheinen, als sei sie jene Liebe selbst, von der geschrieben steht, daß einer mit Menschen- und Engelszungen reden könne und ohne sie doch nur ein tönendes Erz und eine klingende Schelle sei.

Was ich getan habe, ist nichts, nicht viel, so gut wie nichts. Ich werde Besseres machen, Lisaweta, – dies ist ein Versprechen. Während ich schreibe, rauscht das Meer zu mir herauf, und ich schließe die Augen. Ich schaue in eine ungeborene und schemenhafte Welt hinein, die geordnet und gebildet sein will, ich sehe in ein Gewimmel von Schatten menschlicher Gestalten, die mir winken, daß ich sie banne und erlöse: tragische und lächerliche und solche, die beides zugleich sind, – und diesen bin ich sehr zugetan. Aber meine tiefste und verstohlenste Liebe gehört den Blonden und Blauäugigen, den hellen Lebendigen, den Glücklichen, Liebenswürdigen und Gewöhnlichen.

Schelten Sie diese Liebe nicht, Lisaweta; sie ist gut und fruchtbar. Sehnsucht ist darin und schwermütiger Neid und ein klein wenig Verachtung und eine ganz keusche Seligkeit.

[1903]

Das Wunderkind

Das Wunderkind kommt herein – im Saale wird's still.

Es wird still, und dann beginnen die Leute zu klatschen, weil irgendwo seitwärts ein geborener Herrscher und Herdenführer zuerst in die Hände geschlagen hat. Sie haben noch nichts gehört, aber sie klatschen Beifall; denn ein gewaltiger Reklameapparat hat dem Wunderkinde vorgearbeitet, und die Leute sind schon betört, ob sie es wissen oder nicht.

Das Wunderkind kommt hinter einem prachtvollen Wandschirm hervor, der ganz mit Empirekränzen und großen Fabelblumen bestickt ist, klettert hurtig die Stufen zum Podium empor und geht in den Applaus hinein, wie in ein Bad, fröstelnd, von einem kleinen Schauer angeweht, aber doch wie in ein freundliches Element. Es geht an den Rand des Podiums vor, lächelt, als sollte es photographiert werden, und dankt mit einem kleinen, schüchternen und lieblichen Damengruß, obgleich es ein Knabe ist.

Es ist ganz in weiße Seide gekleidet, was eine gewisse Rührung im Saale verbreitet. Es trägt ein weißseidenes Jäckchen von phantastischem Schnitt mit einer Schärpe darunter, und sogar seine Schuhe sind aus weißer Seide. Aber gegen die weißseidenen Höschen stechen scharf die bloßen Beinchen ab, die ganz braun sind; denn es ist ein Griechenknabe.

Bibi Saccellaphylaccas heißt er. Dies ist einmal sein Name. Von welchem Vornamen ›Bibi‹ die Abkürzung oder Koseform ist, weiß niemand, ausgenommen der Impresario, und der betrachtet es als Geschäftsgeheimnis. Bibi hat glattes, schwarzes Haar, das ihm bis zu den Schultern hinabhängt und trotzdem seitwärts gescheitelt und mit einer kleinen seidenen Schleife aus der schmal gewölbten, bräunlichen Stirn zurückgebunden ist. Er hat das harmloseste Kindergesichtchen von der Welt, ein unfertiges Näschen und einen ahnungslosen Mund; nur die Partie unter seinen pechschwarzen Mausaugen ist schon ein wenig matt und von zwei Charakterzügen deutlich begrenzt. Er sieht aus, als sei er neun Jahre alt, zählt aber erst acht und wird für siebenjährig ausgegeben. Die Leute wissen selbst nicht, ob sie es eigentlich glauben. Vielleicht wissen sie es besser und glauben dennoch daran, wie sie es in so manchen Fällen zu tun gewohnt sind. Ein wenig Lüge, denken sie, gehört zur Schönheit. Wo, denken sie, bliebe die Erbauung und Erhebung nach dem Alltag, wenn man nicht ein bißchen guten Willen mitbrächte, fünf gerade sein zu lassen? Und sie haben ganz recht in ihren Leutehirnen!

Das Wunderkind dankt, bis das Begrüßungsgeprassel sich legt; dann geht es zum Flügel, und die Leute werfen einen letzten Blick auf das Programm. Zuerst kommt ›Marche solennelle‹, dann ›Rêverie‹ und dann ›Le hibou et les moineaux‹, – alles von Bibi Saccellaphylaccas. Das ganze Programm ist von ihm, es sind seine Kompositionen. Er kann sie zwar nicht aufschreiben, aber er hat sie alle in seinem kleinen ungewöhnlichen Kopf, und es muß ihnen künstlerische

Bedeutung zugestanden werden, wie ernst und sachlich auf den Plakaten vermerkt ist, die der Impresario abgefaßt hat. Es scheint, daß der Impresario dieses Zugeständnis seiner kritischen Natur in harten Kämpfen abgerungen hat.

Das Wunderkind setzt sich auf den Drehsessel und angelt mit seinen Beinchen nach den Pedalen, die vermittels eines sinnreichen Mechanismus viel höher angebracht sind als gewöhnlich, damit Bibi sie erreichen kann. Es ist sein eigener Flügel, den er überallhin mitnimmt. Er ruht auf Holzböcken, und seine Politur ist ziemlich strapaziert von den vielen Transporten; aber das alles macht die Sache nur interessanter.

Bibi setzt seine weißseidenen Füße auf die Pedale; dann macht er eine kleine spitzfindige Miene, sieht geradeaus und hebt die rechte Hand. Es ist ein bräunlich naives Kinderhändchen, aber das Gelenk ist stark und unkindlich und zeigt hart ausgearbeitete Knöchel.

Seine Miene macht Bibi für die Leute, weil er weiß, daß er sie ein wenig unterhalten muß. Aber er selbst für sein Teil hat im stillen sein besonderes Vergnügen bei der Sache, ein Vergnügen, das er niemandem beschreiben könnte. Es ist dieses prickelnde Glück, dieser heimliche Wonneschauer, der ihn jedesmal überrieselt, wenn er wieder an einem offenen Klavier sitzt, – er wird das niemals verlieren. Wieder bietet sich ihm die Tastatur dar, diese sieben schwarz-weißen Oktaven, unter denen er sich so oft in Abenteuer und tief erregende Schicksale verloren, und die doch wieder so reinlich und unberührt erscheinen wie eine geputzte Zeichentafel. Es ist die Musik, die ganze Musik, die vor ihm liegt! Sie liegt vor ihm ausgebreitet wie ein lockendes Meer, und er kann sich hineinstürzen und selig schwimmen, sich tragen und entführen lassen und im Sturme gänzlich untergehen, und dennoch dabei die Herrschaft in Händen halten, regieren und verfügen ... Er hält seine rechte Hand in der Luft.

Im Saal ist atemlose Stille. Es ist diese Spannung vor dem ersten Ton ... Wie wird es anfangen? So fängt es an. Und Bibi holt mit seinem Zeigefinger den ersten Ton aus dem Flügel, einen ganz unerwartet kraftvollen Ton in der Mittellage, ähnlich einem Trompetenstoß. Andere fügen sich daran, eine Introduktion ergibt sich, – man löst die Glieder.

Es ist ein prunkhafter Saal, gelegen in einem modischen Gasthof ersten Ranges, mit rosig fleischlichen Gemälden an den Wänden, mit üppigen Pfeilern, umschnörkelten Spiegeln und einer Unzahl, einem wahren Weltensystem von elektrischen Glühlampen, die in Dolden, in ganzen Bündeln überall hervorsprießen und den Raum mit einem weit übertaghellen, dünnen, goldigen, himmlischen Licht durchzittern ... Kein Stuhl ist unbesetzt, ja selbst in den Seitengängen und dem Hintergrunde stehen die Leute. Vorn, wo es zwölf Mark kostet (denn der Impresario huldigt dem Prinzip der ehrfurchtgebietenden Preise), reiht sich die vornehme Gesellschaft; es ist in den höchsten Kreisen ein lebhaftes Interesse für das Wunderkind vorhanden. Man sieht viele Uniformen, viel erwählten Geschmack der Toilette ... Sogar eine Anzahl von Kindern ist da, die auf wohlerzogene Art ihre Beine vom Stuhl hängen lassen und mit glänzenden Augen ihren kleinen begnadeten weißseidenen Kollegen betrachten ...

Vorn links sitzt die Mutter des Wunderkindes, eine

äußerst beleibte Dame, mit gepudertem Doppelkinn und einer Feder auf dem Kopf, und an ihrer Seite der Impresario, ein Herr von orientalischem Typus mit großen goldenen Knöpfen an den weit hervorstehenden Manschetten. Aber vorn in der Mitte sitzt die Prinzessin. Es ist eine kleine, runzelige, verschrumpfte alte Prinzessin, aber sie fördert die Künste, soweit sie zartsinnig sind. Sie sitzt in einem tiefen Sammetfauteuil, und zu ihren Füßen sind Perserteppiche ausgebreitet. Sie hält die Hände dicht unter der Brust auf ihrem graugestreiften Seidenkleid zusammengelegt, beugt den Kopf zur Seite und bietet ein Bild vornehmen Friedens, indes sie dem arbeitenden Wunderkinde zuschaut. Neben ihr sitzt ihre Hofdame, die sogar ein grüngestreiftes Seidenkleid trägt. Aber darum ist sie doch nur eine Hofdame und darf sich nicht einmal anlehnen.

Bibi schließt unter großem Gepränge. Mit welcher Kraft dieser Knirps den Flügel behandelt! Man traut seinen Ohren nicht. Das Thema des Marsches, eine schwunghafte, enthusiastische Melodie, bricht in voller harmonischer Ausstattung noch einmal hervor, breit und prahlerisch, und Bibi wirft bei jedem Takt den Oberkörper zurück, als marschierte er triumphierend im Festzuge. Dann schließt er gewaltig, schiebt sich gebückt und seitwärts vom Sessel herunter und lauert lächelnd auf den Applaus.

Und der Applaus bricht los, einmalig, gerührt, begeistert: Seht doch, was für zierliche Hüften das Kind hat, indes es seinen kleinen Damengruß exekutiert! Klatscht, klatscht! Wartet, nun ziehe ich meine Handschuhe aus. Bravo, kleiner Saccophylax oder wie du heißt –! Aber das ist ja ein Teufelskerl! – –

Bibi muß dreimal wieder hinter dem Wandschirm hervorkommen, ehe man Ruhe gibt. Einige Nachzügler, verspätete Ankömmlinge, drängen von hinten herein und bringen sich mühsam im vollen Saale unter. Dann nimmt das Konzert seinen Fortgang.

Bibi säuselt seine ›Rêverie‹, die ganz aus Arpeggien besteht, über welche sich manchmal mit schwachen Flügeln ein Stückchen Melodie erhebt; und dann spielt er ›Le hibou et les moineaux‹. Dieses Stück hat durchschlagenden Erfolg, übt eine zündende Wirkung. Es ist ein richtiges Kinderstück und von wunderbarer Anschaulichkeit. Im Baß sieht man den Uhu sitzen und grämlich mit seinen Schleieraugen klappen, indes im Diskant zugleich frech und ängstlich die Spatzen schwirren, die ihn necken wollen. Bibi wird viermal hervorgejubelt nach dieser Pièce. Ein Hotelbedienter mit blanken Knöpfen trägt ihm drei große Lorbeerkränze aufs Podium hinauf und hält sie von der Seite vor ihn hin, während Bibi grüßt und dankt. Sogar die Prinzessin beteiligt sich an dem Applaus, indem sie ganz zart ihre flachen Hände gegeneinander bewegt, ohne daß es irgendeinen Laut ergibt . . .

Wie dieser kleine versierte Wicht den Beifall hinzuziehen versteht! Er läßt hinter dem Wandschirm auf sich warten, versäumt sich ein bißchen auf den Stufen zum Podium, betrachtet mit kindischem Vergnügen die bunten Atlasschleifen der Kränze, obgleich sie ihn längst schon langweilen, grüßt lieblich und zögernd und läßt den Leuten Zeit, sich auszutoben, damit nichts von dem wertvollen Geräusch ihrer Hände verlorengehe. ›Le hibou‹ ist mein Reißer, denkt er; denn diesen Ausdruck hat er vom Impresario gelernt. Nachher kommt die Fantaisie, die eigentlich viel besser ist, besonders die Stelle, wo es nach Cis geht. Aber ihr habt ja an diesem hibou einen Narren gefressen, ihr Publikum, obgleich er das erste und dümmste ist, was ich gemacht habe. Und er dankt lieblich.

Dann spielt er eine Meditation und dann eine Etude; – es ist ein ordentlich umfangreiches Programm. Die Meditation geht ganz ähnlich wie die ›Rêverie‹, was kein Einwand gegen sie ist, und in der Etude zeigt Bibi all seine technische Fertigkeit, die übrigens hinter seiner Erfindungsgabe ein wenig zurücksteht. Aber dann kommt die Fantaisie. Sie ist sein Lieblingsstück. Er spielt sie jedesmal ein bißchen anders; behandelt sie frei und überrascht sich zuweilen selbst dabei durch neue Einfälle und Wendungen, wenn er seinen guten Abend hat.

Er sitzt und spielt, ganz klein und weiß glänzend vor dem großen, schwarzen Flügel, allein und auserkoren auf dem Podium über der verschwommenen Menschenmasse, die zusammen nur eine dumpfe, schwer bewegliche Seele hat, auf die er mit seiner einzelnen und herausgehobenen Seele wirken soll . . . Sein weiches, schwarzes Haar ist ihm mitsamt der weißseidenen Schleife in die Stirn gefallen, seine starkknochigen, trainierten Handgelenke arbeiten, und man sieht die Muskeln seiner bräunlichen, kindlichen Wangen erbeben.

Zuweilen kommen Sekunden des Vergessens und Alleinseins, wo seine seltsamen, matt umränderten Mausaugen zur Seite gleiten, vom Publikum weg auf die bemalte Saalwand an seiner Seite, durch die sie hindurchblicken, um sich in einer ereignisvollen, von vagem Leben erfüllten Weite zu verlieren. Aber dann zuckt ein Blick aus dem Augenwinkel zurück in den Saal, und er ist wieder vor den Leuten.

Klage und Jubel, Aufschwung und tiefer Sturz – ›meine Fantaisie!‹ denkt Bibi ganz liebevoll. ›Hört doch, nun kommt die Stelle, wo es nach Cis geht!‹ Und er läßt die Verschiebung spielen, indes es nach Cis geht. ›Ob sie es merken?‹ Ach nein, bewahre, sie merken es nicht! Und darum vollführt er wenigstens einen hübschen Augenaufschlag zum Plafond, damit sie doch etwas zu sehen haben.

Die Leute sitzen in langen Reihen und sehen dem Wunderkinde zu. Sie denken auch allerlei in ihren Leutehirnen. Ein alter Herr mit einem weißen Bart, einem Siegelring am Zeigefinger und einer knolligen Geschwulst auf der Glatze, einem Auswuchs, wenn man will, denkt bei sich: ›Eigentlich sollte man sich schämen. Man hat es nie über ›Drei Jäger aus Kurpfalz‹ hinausgebracht, und da sitzt man nun als eisgrauer Kerl und läßt sich von diesem Dreikäsehoch Wunderdinge vormachen. Aber man muß bedenken, daß es von oben kommt. Gott verteilt seine Gaben, da ist nichts zu tun, und es ist keine Schande, ein gewöhnlicher Mensch zu sein. Es ist etwas wie mit dem Jesuskind. Man darf sich vor einem Kinde beugen, ohne sich schämen zu müssen. Wie seltsam wohltuend das ist!‹ – Er wagt nicht zu denken: Wie süß das ist! – ›Süß‹ wäre blamabel für einen kräftigen, alten Herrn. Aber er fühlt es! Er fühlt es dennoch!

›Kunst...‹, denkt der Geschäftsmann mit der Papageiennase. ›Ja freilich, das bringt ein bißchen Schimmer ins Leben, ein wenig Klingklang und weiße

Seide. Übrigens schneidet er nicht übel ab. Es sind reichlich fünfzig Plätze zu zwölf Mark verkauft: das macht allein sechshundert Mark, – und dann alles übrige. Bringt man Saalmiete, Beleuchtung und Programme in Abzug, so bleiben gut und gern tausend Mark netto. Das ist mitzunehmen.‹

›Nun, das war Chopin, was er da eben zum besten gab!‹ denkt die Klavierlehrerin, eine spitznäsige Dame in den Jahren, da die Hoffnungen sich schlafen legen und der Verstand an Schärfe gewinnt. ›Man darf sagen, daß er nicht sehr unmittelbar ist. Ich werde nachher äußern: ‹Er ist wenig unmittelbar.› Das klingt gut. Übrigens ist seine Handhaltung vollständig unerzogen. Man muß einen Taler auf den Handrücken legen können ... Ich würde ihn mit dem Lineal behandeln.‹

Ein junges Mädchen, das ganz wächsern aussieht und sich in einem gespannten Alter befindet, in welchem man sehr wohl auf delikate Gedanken verfallen kann, denkt im geheimen: ›Aber was ist das! Was spielt er da? Es ist ja die Leidenschaft, die er da spielt! Aber er ist doch ein Kind?! Wenn er mich küßte, so wär' es, als küßte mein kleiner Bruder mich, – es wäre kein Kuß. Gibt es denn eine losgelöste Leidenschaft, eine Leidenschaft an sich und ohne irdischen Gegenstand, die nur ein inbrünstiges Kinderspiel wäre? ... Gut, wenn ich dies laut sagte, würde man mir Lebertran verabfolgen. So ist die Welt.‹

An einem Pfeiler steht ein Offizier. Er betrachtet den erfolgreichen Bibi und denkt: ›Du bist etwas, und ich bin etwas, jeder auf seine Art!‹ Im übrigen zieht er die Absätze zusammen und zollt dem Wunderkinde den Respekt, den er allen bestehenden Mächten zollt.

Aber der Kritiker, ein alternder Mann in blankem, schwarzem Rock und aufgekrempelten, bespritzten Beinkleidern, sitzt auf seinem Freiplatze und denkt: ›Man sehe ihn an, diesen Bibi, diesen Fratz! Als Einzelwesen hat er noch ein Ende zu wachsen, aber als Typus ist er ganz fertig, als Typus des Künstlers. Er hat in sich des Künstlers Hoheit und seine Würdelosigkeit, seine Scharlatanerie und seinen heiligen Funken, seine Verachtung und seinen heimlichen Rausch. Aber das darf ich nicht schreiben; es ist zu gut. Ach, glaubt mir, ich wäre selbst ein Künstler geworden, wenn ich nicht das alles so klar durchschaute ...‹

Da ist das Wunderkind fertig, und ein wahrer Sturm erhebt sich im Saale. Er muß hervor und wieder hervor hinter seinem Wandschirm. Der Mann mit den blanken Knöpfen schleppt neue Kränze herbei, vier Lorbeerkränze, eine Lyra aus Veilchen, ein Bukett aus Rosen. Er hat nicht Arme genug, dem Wunderkinde all die Spenden zu reichen, der Impresario begibt sich persönlich aufs Podium, um ihm behilflich zu sein. Er hängt einen Lorbeerkranz um Bibi's Hals, er streichelt zärtlich sein schwarzes Haar. Und plötzlich, wie übermannt, beugt er sich nieder und gibt dem Wunderkinde einen Kuß, einen schallenden Kuß, gerade auf den Mund. Da aber schwillt der Sturm zum Orkan. Dieser Kuß fährt wie ein elektrischer Stoß in den Saal, durchläuft die Menge wie ein nervöser Schauer. Ein tolles Lärmbedürfnis reißt die Leute hin. Laute Hochrufe mischen sich in das wilde Geprassel der Hände. Einige von Bibi's kleinen gewöhnlichen Kameraden dort unten wehen mit ihren Taschentüchern ... Aber der Kritiker denkt: ›Freilich, dieser Impresariokuß mußte kommen.

Ein alter, wirksamer Scherz. Ja, Herrgott, wenn man nicht alles so klar durchschaute!‹

Und dann geht das Konzert des Wunderkindes zu Ende. Um halb acht Uhr hat es angefangen, um halb neun Uhr ist es aus. Das Podium ist voller Kränze, und zwei kleine Blumentöpfe stehen auf den Lampenbrettern des Flügels. Bibi spielt als letzte Nummer seine ›Rhapsodie grecque‹, welche schließlich in die griechische Hymne übergeht, und seine anwesenden Landsleute hätten nicht übel Lust, mitzusingen, wenn es nicht ein vornehmes Konzert wäre. Dafür entschädigen sie sich am Schluß durch einen gewaltigen Lärm, einen heißblütigen Radau, eine nationale Demonstration. Aber der alternde Kritiker denkt: ›Freilich, die Hymne mußte kommen. Man spielt die Sache auf ein anderes Gebiet hinüber, man läßt kein Begeisterungsmittel unversucht. Ich werde schreiben, daß das unkünstlerisch ist. Aber vielleicht ist es gerade künstlerisch. Was ist der Künstler? Ein Hanswurst. Die Kritik ist das Höchste. Aber das darf ich nicht schreiben.‹ Und er entfernt sich in seinen bespritzten Hosen.

Nach neun oder zehn Hervorrufen begibt sich das erhitzte Wunderkind nicht mehr hinter den Wandschirm, sondern geht zu seiner Mama und dem Impresario hinunter in den Saal. Die Leute stehen zwischen den durcheinandergerückten Stühlen und applaudieren und drängen vorwärts, um Bibi aus der Nähe zu sehen. Einige wollen auch die Prinzessin sehen: Es bilden sich vor dem Podium zwei dichte Kreise um das Wunderkind und um die Prinzessin, und man weiß nicht recht, wer von beiden eigentlich Cercle hält. Aber die Hofdame verfügt sich auf Befehl zu Bibi; sie zupft und glättet ein wenig an seiner seidenen Jacke, um ihn hoffähig zu machen, führt ihn am Arm vor die Prinzessin und bedeutet ihm ernst, Ihrer Königlichen Hoheit die Hand zu küssen. »Wie machst du es, Kind?« fragt die Prinzessin. »Kommt es dir von selbst in den Sinn, wenn du niedersitzest?« – »Oui, Madame«, anwortet Bibi. Aber inwendig denkt er: ›Ach, du dumme, alte Prinzessin . . .!‹ Dann dreht er sich scheu und unerzogen um und geht wieder zu seinen Angehörigen.

Draußen an den Garderoben herrscht dichtes Gewühl. Man hält seine Nummer empor, man empfängt mit offenen Armen Pelze, Schale und Gummischuhe über die Tische hinüber. Irgendwo steht die Klavierlehrerin unter Bekannten und hält Kritik. »Er ist wenig unmittelbar«, sagt sie laut und sieht sich um . . .

Vor einem der großen Wandspiegel läßt sich eine junge, vornehme Dame von ihren Brüdern, zwei Leutnants, Abendmantel und Pelzschuhe anlegen. Sie ist wunderschön mit ihren stahlblauen Augen und ihrem klaren, reinrassigen Gesicht, ein richtiges Edelfräulein. Als sie fertig ist, wartet sie auf ihre Brüder. »Steh nicht so lange vor dem Spiegel, Adolf!« sagt sie leise und ärgerlich zu dem einen, der sich von dem Anblick seines hübschen, simplen Gesichts nicht trennen kann. Nun, das ist gut! Leutnant Adolf wird sich doch vor dem Spiegel seinen Paletot zuknöpfen dürfen, mit ihrer gütigen Erlaubnis! – Dann gehen sie, und draußen auf der Straße, wo die Bogenlampen trübe durch den Schneenebel schimmern, fängt Leutnant Adolf im Gehen ein bißchen an auszuschlagen, mit emporgeklapptem Kragen und die Hände in den schrägen

Manteltaschen auf dem hartgefrorenen Schnee einen kleinen niggerdance aufzuführen, weil es so kalt ist.

›Ein Kind!‹ denkt das unfrisierte Mädchen, welches mit frei hängenden Armen in Begleitung eines düsteren Jünglings hinter ihnen geht. ›Ein liebenswürdiges Kind! Dort drinnen war ein verehrungswürdiges . . .‹ Und mit lauter, eintöniger Stimme sagt sie: »Wir sind alle Wunderkinder, wir Schaffenden.«

›Nun!‹ denkt der alte Herr, der es nicht über ›Drei Jäger aus Kurpfalz‹ hinausgebracht hat und dessen Auswuchs jetzt von einem Zylinder bedeckt ist, ›was ist denn das! Eine Art Pythia, wie mir scheint.‹

Aber der düstere Jüngling, der sie aufs Wort versteht, nickt langsam.

Dann schweigen sie, und das unfrisierte Mädchen blickt den drei adeligen Geschwistern nach. Sie verachtet sie, aber sie blickt ihnen nach, bis sie um die Ecke entschwunden sind.

[1903]

Anekdote

Wir hatten, ein Kreis von Freunden, miteinander zu Abend gegessen und saßen noch spät in dem Arbeitszimmer des Gastgebers. Wir rauchten, und unser Gespräch war beschaulich und ein wenig gefühlvoll. Wir sprachen vom Schleier der Maja und seinem schillernden Blendwerk, von dem, was Buddha »das Dürsten« nennt, von der Süßigkeit der Sehnsucht und von der Bitterkeit der Erkenntnis, von der großen Verführung und dem großen Betrug. Das Wort von der »Blamage der Sehnsucht« war gefallen; der philosophische Satz war aufgestellt, das Ziel aller Sehnsucht sei die Überwindung der Welt. Und angeregt durch diese Betrachtungen, erzählte jemand die folgende Anekdote, die sich nach seiner Versicherung buchstäblich so, wie er sie wiedergab, in der eleganten Gesellschaft seiner Vaterstadt ereignet haben sollte.

»Hättet ihr Angela gekannt, Direktor Beckers Frau, die himmlische kleine Angela Becker, – hättet ihr ihre blauen, lächelnden Augen, ihren süßen Mund, das köstliche Grübchen in ihrer Wange, das blonde Gelock an ihren Schläfen gesehen, wäret ihr einmal der hinreißenden Lieblichkeit ihres Wesens teilhaftig geworden, ihr wäret vernarrt in sie gewesen wie ich und alle! Was ist ein Ideal? Ist es vor allem eine *belebende* Macht, eine Glücksverheißung, eine Quelle der Begeisterung und der Kraft, folglich – ein Stachel und Anreiz aller seelischen Energien von seiten des Lebens selbst? Dann war Angela Becker das Ideal unserer Gesellschaft, ihr Stern, ihr Wunschbild. Wenigstens glaube ich, daß niemand, zu dessen Welt sie gehörte, sie wegdenken, niemand sich ihren Verlust vorstellen konnte, ohne zugleich eine Einbuße an Daseinslust und Willen zum Leben, eine unmittelbare dynamische Beeinträchtigung zu empfinden. Auf mein Wort, so war es!

Ernst Becker hatte sie von auswärts mitgebracht, – ein stiller, höflicher und übrigens nicht bedeutender Mann mit braunem Vollbart. Gott wußte, wie er Angela gewonnen hatte; kurzum, sie war die Seine. Ursprünglich Jurist und Staatsbeamter, war er mit dreißig Jahren ins Bankfach übergetreten, – offenbar um dem Mädchen, das er heimzuführen wünschte, Wohlleben und reichen Hausstand bieten zu können, denn gleich danach hatte er geheiratet.

Als Mitdirektor der Hypothekenbank bezog er ein Einkommen von dreißig- oder fünfunddreißigtausend Mark, und Beckers, die übrigens kinderlos waren, nahmen lebhaften Anteil an dem gesellschaftlichen Leben der Stadt. Angela war die Königin der Saison, die Siegerin der Kotillons, der Mittelpunkt der Abendgesellschaften. Ihre Theaterloge war in den Pausen gefüllt von Aufwartenden, Lächelnden, Entzückten. Ihre Bude bei den Wohltätigkeitsbasaren war umlagert von Käufern, die sich drängten, ihre Börsen zu erleichtern, um dafür Angela's kleine Hand küssen zu dürfen, ein Lächeln ihrer holden Lippen dafür zu gewinnen. Was hülfe es, sie glänzend und wonnevoll zu nennen? Nur durch die Wirkungen, die er hervorbrachte, ist der süße Reiz ihrer Person zu schildern. Sie hatte alt und jung in Liebesbande geschlagen. Frauen und Mädchen beteten sie an. Jünglinge schickten ihr Verse unter Blumen. Ein Leutnant schoß einen Regierungsrat im Duell durch die Schulter anläßlich eines Streites, den die beiden auf einem Ballfest eines Walzers mit Angela wegen gehabt. Später wurden sie unzertrennliche Freunde, zusammengeschlossen durch die Verehrung für sie. Alte Herren umringten sie nach den Diners, um sich an ihrem holdseligen Geplauder, ihrem göttlich schalkhaften Mienenspiel zu erlaben; das Blut kehrte in die Wangen der Greise zurück, sie hingen am Leben, sie waren glücklich. Einmal hatte ein General - natürlich im Scherz, aber doch nicht ohne den vollen Ausdruck des Gefühls - im Salon vor ihr auf den Knien gelegen.

Dabei konnte eigentlich niemand, weder Mann noch Frau, sich rühmen, ihr wirklich vertraut oder befreundet zu sein, ausgenommen Ernst Becker natürlich, und der war zu still und bescheiden, zu ausdruckslos auch wohl, um von seinem Glücke ein Rühmens zu machen. Zwischen uns und ihr blieb immer eine schöne Entfernung, wozu der Umstand beitragen mochte, daß man ihrer außerhalb des Salons, des Ballsaales nur selten ansichtig wurde; ja, besann man sich recht, so fand man, daß man dies festliche Wesen kaum jemals bei nüchternem Tage, sondern immer erst abends zur Zeit des künstlichen Lichts und der geselligen Erwärmung erblickt hatte. Sie hatte uns alle zu Anbetern, aber weder Freund noch Freundin: und so war es recht, denn was wäre ein Ideal, mit dem man auf dem Duzfuß steht?

Ihre Tage widmete Angela offenbar der Betreuung

ihres Hausstandes – dem wohligen Glanze nach zu urteilen, der ihre eigenen Abendgesellschaften auszeichnete. Diese waren berühmt und in der Tat der Höhepunkt des Winters: ein Verdienst der Wirtin, wie man hinzufügen muß, denn Becker war nur ein höflicher, kein unterhaltender Gastgeber. Angela übertraf an diesen Abenden sich selbst. Nach dem Essen setzte sie sich an ihre Harfe und sang zum Rauschen der Saiten mit ihrer Silberstimme. Man vergißt das nicht. Der Geschmack, die Anmut, die lebendige Geistesgegenwart, mit der sie den Abend gestaltete, waren bezaubernd; ihre gleichmäßige, überall hinstrahlende Liebenswürdigkeit gewann jedes Herz; und die innig aufmerksame, auch wohl verstohlen zärtliche Art, mit der sie ihrem Gatten begegnete, zeigte uns das Glück, die Möglichkeit des Glücks, erfüllte uns mit einem erquickenden und sehnsüchtigen Glauben an das Gute, wie etwa die Vervollkommnung des Lebens durch die Kunst ihn zu schenken vermag.

Das war Ernst Beckers Frau, und hoffentlich wußte er ihren Besitz zu würdigen. Gab es einen Menschen in der Stadt, der beneidet wurde, so war es dieser, und man kann sich denken, daß er es oft zu hören bekam, was für ein begnadeter Mann er sei. Jeder sagte es ihm, und er nahm alle diese Huldigungen des Neides mit freundlicher Zustimmung entgegen. Zehn Jahre waren Beckers verheiratet; der Direktor war vierzig und Angela ungefähr dreißig Jahre alt. Da kam folgendes:

Beckers gaben Gesellschaft, einen ihrer vorbildlichen Abende, ein Souper zu etwa zwanzig Gedecken. Das Menu ist vortrefflich, die Stimmung die angeregteste. Als zum Gefrorenen der Champagner geschenkt wird, erhebt sich ein Herr, ein Junggeselle gesetzten Alters, und toastet. Er feiert die Wirte, feiert ihre Gastlichkeit, jene wahre und reiche Gastlichkeit, die aus einem Überfluß an Glück hervorgehe und aus dem Wunsche, viele daran teilnehmen zu lassen. Er spricht von Angela, er preist sie aus voller Brust. »Ja, liebe, herrliche, gnädige Frau«, sagt er, mit dem Glas in der Hand zu ihr gewendet, »wenn ich als Hagestolz mein Leben verbringe, so geschieht es, weil ich die Frau nicht fand, die gewesen wäre wie Sie, und wenn ich mich jemals verheiraten sollte, – das eine steht fest: meine Frau müßte aufs Haar Ihnen gleichen!« Dann wendet er sich zu Ernst Becker und bittet um die Erlaubnis, ihm nochmals zu sagen, was er so oft schon vernommen: wie sehr wir alle ihn beneideten, beglückwünschten, seligpriesen. Dann fordert er die Anwesenden auf, einzustimmen in sein Lebehoch auf unsere gottgesegneten Gastgeber, Herrn und Frau Becker.

Das Hoch erschallt, man verläßt die Sitze, man will sich zum Anstoßen mit dem gefeierten Paare drängen. Da plötzlich wird es still, denn Becker steht auf, Direktor Becker, und er ist totenbleich.

Er ist bleich, und nur seine Augen sind rot. Mit bebender Feierlichkeit beginnt er zu sprechen.

Einmal – stößt er aus ringender Brust hervor – einmal müsse er es sagen! Einmal sich von der Wahrheit entlasten, die er solange allein getragen! Einmal endlich uns Verblendeten, Betörten die Augen öffnen über das Idol, um dessen Besitz wir ihn so sehr beneideten! Und während die Gäste, teils sitzend, teils stehend, erstarrt, gelähmt, ohne ihren Ohren zu trauen, mit erweiterten Augen die geschmückte Tafel umgeben, entwirft dieser Mensch in furchtbarem Ausbruch das Bild seiner Ehe, – seiner *Hölle* von einer Ehe ...

Diese Frau – *die* dort, – wie falsch, verlogen und tierisch grausam sie sei. Wie liebeleer und widrig verödet. Wie sie den ganzen Tag in verkommener und liederlicher Schlaffheit verliege, um erst abends, bei künstlichem Licht, zu einem gleisnerischen Leben zu erwachen. Wie es tagsüber ihre einzige Tätigkeit sei, ihre Katze auf greulich erfinderische Art zu martern. Wie bis aufs Blut sie ihn selbst durch ihre boshaften Launen quäle. Wie sie ihn schamlos betrogen, ihn mit Dienern, mit Handwerksgehilfen, mit Bettlern, die an ihre Tür gekommen, zum Hahnrei gemacht habe. Wie sie vordem ihn selbst in den Schlund ihrer Verderbtheit hinabgezogen, ihn erniedrigt, befleckt, vergiftet habe. Wie er das alles getragen, getragen habe um der Liebe willen, die er ehemals für die Gauklerin gehegt, und weil sie zuletzt nur elend und unendlich erbarmenswert sei. Wie er aber endlich des Neides, der Beglückwünschungen, der Lebehochs müde geworden sei und es einmal, – einmal habe sagen müssen.

»Warum«, ruft er, »sie wäscht sich ja nicht einmal! Sie ist zu träge dazu! Sie ist schmutzig unter ihrer Spitzenwäsche!«

Zwei Herren führten ihn hinaus. Die Gesellschaft zerstreute sich.

Einige Tage später begab sich Becker, offenbar einer Vereinbarung mit seiner Gattin gemäß, in eine Nervenheilanstalt. Er war aber vollkommen gesund und lediglich zum Äußersten gebracht.

Später verzogen Beckers in eine andere Stadt.«

[1908]

Das Eisenbahnunglück

Etwas erzählen? Aber ich weiß nichts. Gut, also ich werde etwas erzählen.

Einmal, es ist schon zwei Jahre her, habe ich ein Eisenbahnunglück mitgemacht, - alle Einzelheiten stehen mir klar vor Augen.

Es war keines vom ersten Range, keine allgemeine Harmonika mit »unkenntlichen Massen« und so weiter, das nicht. Aber es war doch ein ganz richtiges Eisenbahnunglück mit Zubehör und obendrein zu nächtlicher Stunde. Nicht jeder hat das erlebt, und darum will ich es zum besten geben.

Ich fuhr damals nach Dresden, eingeladen von Förderern der Literatur. Eine Kunst- und Virtuosenfahrt also, wie ich sie von Zeit zu Zeit nicht ungern unternehme. Man repräsentiert, man tritt auf, man zeigt sich der jauchzenden Menge; man ist nicht umsonst ein Untertan Wilhelms II. Auch ist Dresden ja schön (besonders der Zwinger), und nachher wollte ich auf zehn, vierzehn Tage zum ›Weißen Hirsch‹ hinauf, um mich ein wenig zu pflegen und, wenn, vermöge der ›Applikationen‹, der Geist über mich käme, auch wohl zu arbeiten. Zu diesem Behufe hatte ich mein Manuskript zuunterst in meinen Koffer gelegt, zusammen mit dem Notizenmaterial, ein stattliches Konvolut, in braunes Packpapier geschlagen und mit starkem Spagat in den bayrischen Farben umwunden.

Ich reise gern mit Komfort, besonders, wenn man es mir bezahlt. Ich benützte also den Schlafwagen, hatte mir tags zuvor ein Abteil erster Klasse gesichert und war geborgen. Trotzdem hatte ich Fieber, wie immer bei solchen Gelegenheiten, denn eine Abreise bleibt ein Abenteuer, und nie werde ich in Verkehrsdingen die rechte Abgebrühtheit gewinnen. Ich weiß ganz gut, daß der Nachtzug nach Dresden gewohnheitsmäßig jeden Abend vom Münchener Hauptbahnhof abfährt und jeden Morgen in Dresden ist. Aber wenn ich selber mitfahre und mein bedeutsames Schicksal mit dem seinen verbinde, so ist das eben doch eine große Sache. Ich kann mich dann der Vorstellung nicht entschlagen, als führe er einzig heute und meinetwegen, und dieser unvernünftige Irrtum hat natürlich eine stille, tiefe Erregung zur Folge, die mich nicht eher verläßt, als bis ich alle Umständlichkeiten der Abreise, das Kofferpacken, die Fahrt mit der belasteten Droschke zum Bahnhof, die Ankunft dortselbst, die Aufgabe des Gepäcks hinter mir habe und mich endgültig untergebracht und in Sicherheit weiß. Dann freilich tritt eine wohlige Abspannung ein, der Geist wendet sich neuen Dingen zu, die große Fremde eröffnet sich dort hinter dem Bogen des Glasgewölbes, und freudige Erwartung beschäftigt das Gemüt.

So war es auch diesmal. Ich hatte den Träger meines Handgepäcks reich belohnt, so daß er die Mütze gezogen und mir angenehme Reise gewünscht hatte, und stand mit meiner Abendzigarre an einem Gangfenster des Schlafwagens, um das Treiben auf dem Perron zu betrachten. Da war Zischen und Rollen, Hasten, Abschiednehmen und das singende Ausrufen der Zeitungs-

und Erfrischungsverkäufer, und über allem glühten die großen elektrischen Monde im Nebel des Oktoberabends. Zwei rüstige Männer zogen einen Handkarren mit großem Gepäck den Zug entlang nach vorn zum Gepäckwagen. Ich erkannte wohl, an gewissen vertrauten Merkmalen, meinen eigenen Koffer. Da lag er, ein Stück unter vielen, und auf seinem Grunde ruhte das kostbare Konvolut. Nun, dachte ich, keine Besorgnis, es ist in guten Händen! Sieh diesen Schaffner an mit dem Lederbandelier, dem gewaltigen Wachtmeisterschnauzbart und dem unwirsch wachsamen Blick. Sieh, wie er die alte Frau in der fadenscheinigen schwarzen Mantille anherrscht, weil sie um ein Haar in die zweite Klasse gestiegen wäre. Das ist der Staat, unser Vater, die Autorität und die Sicherheit. Man verkehrt nicht gern mit ihm, er ist streng, er ist wohl gar rauh, aber Verlaß, Verlaß ist auf ihn, und dein Koffer ist aufgehoben wie in Abrahams Schoß.

Ein Herr lustwandelt auf dem Perron, in Gamaschen und gelbem Herbstpaletot, einen Hund an der Leine führend. Nie sah ich ein hübscheres Hündchen. Es ist eine gedrungene Dogge, blank, muskulös, schwarz gefleckt und so gepflegt und drollig wie die Hündchen, die man zuweilen im Zirkus sieht und die das Publikum belustigen, indem sie aus allen Kräften ihres kleinen Leibes um die Manege rennen. Der Hund trägt ein silbernes Halsband, und die Schnur, daran er geführt wird, ist aus farbig geflochtenem Leder. Aber das alles kann nicht wundernehmen angesichts seines Herrn, des Herrn in Gamaschen, der sicher von edelster Abkunft ist. Er trägt ein Glas im Auge, was seine Miene verschärft, ohne sie zu verzerren, und sein Schnurrbart ist trotzig aufgesetzt, wodurch seine Mundwinkel wie sein Kinn einen verachtungsvollen und willensstarken Ausdruck gewinnen. Er richtet eine Frage an den martialischen Schaffner, und der schlichte Mann, der deutlich fühlt, mit wem er es zu tun hat, anwortet ihm, die Hand an der Mütze. Da wandelt der Herr weiter, zufrieden mit der Wirkung seiner Person. Er wandelt sicher in seinen Gamaschen, sein Antlitz ist kalt, scharf faßt er Menschen und Dinge ins Auge. Er ist weit entfernt vom Reisefieber, das sieht man klar, für ihn ist etwas so Gewöhnliches wie eine Abreise kein Abenteuer. Er ist zu Hause im Leben und ohne Scheu vor seinen Einrichtungen und Gewalten, er selbst gehört zu diesen Gewalten, mit einem Worte: ein Herr. Ich kann mich nicht satt an ihm sehen.

Als es ihn an der Zeit dünkt, steigt er ein (der Schaffner wandte gerade den Rücken). Er geht im Korridor hinter mir vorbei, und obgleich er mich anstößt, sagt er nicht »Pardon!« Was für ein Herr! Aber das ist nichts gegen das Weitere, was nun folgt. Der Herr nimmt, ohne mit der Wimper zu zucken, seinen Hund mit sich in sein Schlafkabinett hinein! Das ist zweifellos verboten. Wie würde ich mich vermessen, einen Hund mit in den Schlafwagen zu nehmen. Er aber tut es kraft seines Herrenrechtes im Leben und zieht die Tür hinter sich zu.

Es pfiff, die Lokomotive antwortete, der Zug setzte sich sanft in Bewegung. Ich blieb noch ein wenig am Fenster stehen, sah die zurückbleibenden winkenden Menschen, sah die eiserne Brücke, sah Lichter schweben und wandern ... Dann zog ich mich ins Innere des Wagens zurück.

Der Schlafwagen war nicht übermäßig besetzt; ein Abteil neben dem meinen war leer, war nicht zum Schlafen eingerichtet, und ich beschloß, es mir auf eine friedliche Lesestunde darin bequem zu machen. Ich holte also mein Buch und richtete mich ein. Das Sofa ist mit seidigem lachsfarbenen Stoff überzogen, auf dem Klapptischchen steht der Aschenbecher, das Gas brennt hell. Und rauchend las ich.

Der Schlafwagenkondukteur kommt dienstlich herein, er ersucht mich um mein Fahrscheinheft für die Nacht, und ich übergebe es seinen schwärzlichen Händen. Er redet höflich, aber rein amtlich, er spart sich den »Gute-Nacht!«-Gruß von Mensch zu Mensch und geht, um an das anstoßende Kabinett zu klopfen. Aber das hätte er lassen sollen, denn dort wohnte der Herr mit den Gamaschen, und sei es nun, daß der Herr seinen Hund nicht sehen lassen wollte oder daß er bereits zu Bette gegangen war, kurz, er wurde furchtbar zornig, weil man es unternahm, ihn zu stören, ja, trotz dem Rollen des Zuges vernahm ich durch die dünne Wand den unmittelbaren und elementaren Ausbruch seines Grimmes. »Was ist denn?!« schrie er. »Lassen Sie mich in Ruhe – Affenschwanz!!« Er gebrauchte den Ausdruck »Affenschwanz«, – ein Herrenausdruck, ein Reiter- und Kavaliersausdruck, herzstärkend anzuhören. Aber der Schlafwagenkondukteur legte sich aufs Unterhandeln, denn er mußte den Fahrschein des Herrn wohl wirklich haben, und da ich auf den Gang trat, um alles genau zu verfolgen, so sah ich mit an, wie schließlich die Tür des Herrn mit kurzem Ruck ein wenig geöffnet wurde und das Fahrscheinheft dem Kondukteur ins Gesicht flog, hart und heftig gerade ins Gesicht. Er fing es mit beiden Armen auf, und obgleich er die eine Ecke ins Auge bekommen hatte, so daß es tränte, zog er die Beine zusammen und dankte, die Hand an der Mütze. Erschüttert kehrte ich zu meinem Buch zurück.

Ich erwäge, was etwa dagegen sprechen könnte, noch eine Zigarre zu rauchen, und finde, daß es so gut wie nichts ist. Ich rauche also noch eine im Rollen und Lesen und fühle mich wohl und gedankenreich. Die Zeit vergeht, es wird zehn Uhr, halb elf Uhr oder mehr, die Insassen des Schlafwagens sind alle zur Ruhe gegangen, und schließlich komme ich mit mir überein, ein Gleiches zu tun.

Ich erhebe mich also und gehe in mein Schlafkabinett. Ein richtiges, luxuriöses Schlafzimmerchen, mit gepreßter Ledertapete, mit Kleiderhaken und vernickeltem Waschbecken. Das untere Bett ist schneeig bereitet, die Decke einladend zurückgeschlagen. O große Neuzeit! denke ich. Man legt sich in dieses Bett wie zu Hause, es bebt ein wenig die Nacht hindurch, und das hat zur Folge, daß man am Morgen in Dresden ist. Ich nahm meine Handtasche aus dem Netz, um etwas Toilette zu machen. Mit ausgestreckten Armen hielt ich sie über meinem Kopfe.

In diesem Augenblick geschieht das Eisenbahnunglück. Ich weiß es wie heute.

Es gab einen Stoß, – aber mit ›Stoß‹ ist wenig gesagt. Es war ein Stoß, der sich sofort als unbedingt bösartig kennzeichnete, ein in sich abscheulich krachender Stoß und von solcher Gewalt, daß mir die Handtasche, ich weiß nicht, wohin, aus den Händen flog und ich selbst mit der Schulter schmerzhaft gegen die Wand geschleudert wurde. Dabei war keine Zeit zur Besinnung. Aber was folgte, war ein entsetzliches Schlenkern des Wagens, und während seiner Dauer hatte man Muße, sich zu ängstigen. Ein Eisenbahnwagen schlenkert wohl, bei Weichen, bei scharfen Kurven, das kennt man. Aber dies war ein Schlenkern, daß man nicht stehen konnte, daß man von einer Wand zur anderen geworfen wurde und dem Kentern des Wagens entgegensah. Ich dachte etwas sehr Einfaches, aber ich dachte es konzentriert und ausschließlich. Ich dachte: ›Das geht nicht gut, das geht nicht gut, das geht keinesfalls gut.‹ Wörtlich so. Außerdem dachte ich: ›Halt! Halt! Halt!‹ Denn ich wußte, daß, wenn der Zug erst stünde, sehr viel gewonnen sein würde. Und siehe, auf dieses mein stilles und inbrünstiges Kommando stand der Zug.

Bisher hatte Totenstille im Schlafwagen geherrscht. Nun kam der Schrecken zum Ausbruch. Schrille Damenschreie mischen sich mit den dumpfen Bestürzungsrufen von Männern. Neben mir höre ich »Hilfe!« rufen, und kein Zweifel, es ist die Stimme, die sich vorhin des Ausdrucks »Affenschwanz« bediente, die Stimme des Herrn in Gamaschen, seine von Angst entstellte Stimme. »Hilfe!« ruft er, und in dem Augenblick, wo ich den Gang betrete, auf dem die Fahrgäste zusammenlaufen, bricht er in seidenem Schlafanzug aus seinem Abteil hervor und steht da mit irren Blicken. »Großer Gott!« sagt er, »Allmächtiger Gott!« Und um sich gänzlich zu demütigen und so vielleicht seine Vernichtung abzuwenden, sagt er auch noch in bittendem Tone: »Lieber Gott ...« Aber plötzlich besinnt er sich eines andern und greift zur Selbsthilfe. Er wirft sich auf das Wandschränkchen, in welchem für alle Fälle ein Beil und eine Säge hängen, schlägt mit der Faust die Glasscheibe entzwei, läßt aber, da er nicht gleich dazu gelangen kann, das Werkzeug in Ruh', bahnt sich mit wilden Püffen einen Weg durch die versammelten Fahrgäste, so daß die halbnackten Damen aufs neue kreischen, und springt ins Freie.

Das war das Werk eines Augenblicks. Ich spürte erst jetzt meinen Schrecken: eine gewisse Schwäche im Rücken, eine vorübergehende Unfähigkeit, hinunterzuschlucken. Alles umdrängte den schwarzhändigen Schlafwagenbeamten, der mit roten Augen ebenfalls herbeigekommen war; die Damen, mit bloßen Armen und Schultern, rangen die Hände.

Das sei eine Entgleisung, erklärte der Mann, wir seien entgleist. Was nicht zutraf, wie sich später erwies. Aber siehe, der Mann war gesprächig unter diesen Umständen, er ließ seine amtliche Sachlichkeit dahinfahren, die großen Ereignisse lösten seine Zunge, und er sprach intim von seiner Frau. »Ich hab' noch zu meiner Frau gesagt: Frau, sag' ich, mir ist ganz, als ob heut' was passieren müßt'!« Na, und ob nun vielleicht nichts passiert sei. Ja, darin gaben alle ihm recht. Rauch entwickelte sich im Wagen, dichter Qualm, man wußte nicht, woher, und nun zogen wir alle es vor, uns in die Nacht hinauszubegeben.

Das war nur mittelst eines ziemlich hohen Sprunges vom Trittbrett auf den Bahnkörper möglich, denn es war kein Perron vorhanden, und zudem stand unser Schlafwagen bemerkbar schief, auf die andere Seite geneigt. Aber die Damen, die eilig ihre Blößen bedeckt hatten, sprangen verzweifelt, und bald standen wir alle zwischen den Schienensträngen.

Es war fast finster, aber man sah doch, daß bei uns hinten den Wagen eigentlich nichts fehlte, obgleich sie schief standen. Aber vorn – fünfzehn oder zwanzig Schritte weiter vorn! Nicht umsonst hatte der Stoß in sich so abscheulich gekracht. Dort war eine Trümmerwüste, – man sah ihre Ränder, wenn man sich näherte, und die kleinen Laternen der Schaffner irrten darüber hin.

Nachrichten kamen von dort, aufgeregte Leute, die Meldungen über die Lage brachten. Wir befanden uns dicht bei einer kleinen Station, nicht weit hinter Regensburg, und durch Schuld einer defekten Weiche war unser Schnellzug auf ein falsches Geleise geraten und in voller Fahrt einem Güterzug, der dort hielt, in den Rücken gefahren, hatte ihn aus der Station hinausgeworfen, seinen hinteren Teil zermalmt und selbst schwer gelitten. Die große Schnellzugsmaschine von Maffei in München war hin und entzwei. Preis siebzigtausend Mark. Und in den vorderen Wagen, die beinahe auf der Seite lagen, waren zum Teil die Bänke ineinandergeschoben. Nein, Menschenverluste waren, gottlob, wohl nicht zu beklagen. Man sprach von einer alten Frau, die »herausgezogen« worden sei, aber niemand hatte sie gesehen. Jedenfalls waren die Leute durcheinandergeworfen worden, Kinder hatten unter Gepäck vergraben gelegen, und das Entsetzen war groß. Der Gepäckwagen war zertrümmert. Wie war das mit dem Gepäckwagen? Er war zertrümmert.

Da stand ich …

Ein Beamter läuft ohne Mütze den Zug entlang, es ist der Stationschef, und wild und weinerlich erteilt er Befehle an die Passagiere, um sie in Zucht zu halten und von den Geleisen in die Wagen zu schicken. Aber niemand achtet sein, da er ohne Mütze und Haltung ist. Beklagenswerter Mann! Ihn traf wohl die Verantwortung. Vielleicht war seine Laufbahn zu Ende, sein Leben zerstört. Es wäre nicht taktvoll gewesen, ihn nach dem großen Gepäck zu fragen.

Ein anderer Beamter kommt daher, - er *hinkt* daher, und ich erkenne ihn an seinem Wachtmeisterschnauzbart. Es ist der Schaffner, der unwirsch wachsame Schaffner von heute abend, der Staat, unser Vater. Er hinkt gebückt, die eine Hand auf sein Knie gestützt, und kümmert sich um nichts als um dieses sein Knie. »Ach, ach!« sagt er. »Ach!« - »Nun, nun, was ist denn?« - »Ach, mein Herr, ich steckte ja dazwischen, es ging mir ja gegen die Brust, ich bin ja über das Dach entkommen, ach, ach!« - Dieses »über das Dach entkommen« schmeckte nach Zeitungsbericht, der Mann brauchte bestimmt in der Regel nicht das Wort »entkommen«, er hatte nicht sowohl sein Unglück, als vielmehr einen Zeitungsbericht über sein Unglück erlebt, aber was half mir das? Er war nicht in dem Zustande, mir Auskunft über mein Manuskript zu geben. Und ich frage einen jungen Menschen, der frisch, wichtig und angeregt von der Trümmerwüste kam, nach dem großen Gepäck.

»Ja, mein Herr, das weiß niemand nicht, wie es da ausschaut!« Und sein Ton bedeutete mir, daß ich froh sein solle, mit heilen Gliedern davongekommen zu sein. »Da liegt alles durcheinander. Damenschuhe ...«, sagte er mit einer wilden Vernichtungsgebärde und zog die Nase kraus. »Die Räumungsarbeiten müssen es zeigen. Damenschuhe ...«

Da stand ich. Ganz für mich allein stand ich in der Nacht zwischen den Schienensträngen und prüfte mein Herz. Räumungsarbeiten. Es sollten Räumungsarbeiten mit meinem Manuskript vorgenommen werden. Zerstört also, zerfetzt, zerquetscht wahrscheinlich. Mein Bienenstock, mein Kunstgespinst, mein kluger Fuchsbau, mein Stolz und Mühsal, das Beste von mir. Was würde ich tun, wenn es sich so verhielt? Ich hatte keine Abschrift von dem, was schon dastand, schon fertig gefügt und geschmiedet war, schon lebte und klang, – zu schweigen von meinen Notizen und Studien, meinem ganzen in Jahren zusammengetragenen, erworbenen, erhorchten, erschlichenen, erlittenen Hamsterschatz von Material. Was würde ich also tun? Ich prüfte mich genau, und ich erkannte, daß ich von vorn beginnen würde. Ja, mit tierischer Geduld, mit der Zähigkeit eines tiefstehenden Lebewesens, dem man das wunderliche und komplizierte Werk seines kleinen Scharfsinnes und Fleißes zerstört hat, würde ich nach einem Augenblick der Verwirrung und Ratlosigkeit das Ganze wieder von vorn beginnen, und vielleicht würde es diesmal ein wenig leichter gehen . . .

Aber unterdessen war Feuerwehr eingetroffen, mit Fackeln, die rotes Licht über die Trümmerwüste warfen, und als ich nach vorn ging, um nach dem Gepäckwagen zu sehen, da zeigte es sich, daß er fast heil war und daß den Koffern nichts fehlte. Die Dinge und Waren, die dort verstreut lagen, stammten aus dem Güterzuge, eine unzählige Menge Spagatknäuel zumal, ein Meer von Spagatknäueln, das weithin den Boden bedeckte.

Da ward mir leicht, und ich mischte mich unter die

Leute, die standen und schwatzten und sich anfreundeten gelegentlich ihres Mißgeschickes und aufschnitten und sich wichtig machten. Soviel schien sicher, daß der Zugführer sich brav benommen und großem Unglück vorgebeugt hatte, indem er im letzten Augenblick die Notbremse gezogen. Sonst, sagte man, hätte es unweigerlich eine allgemeine Harmonika gegeben, und der Zug wäre wohl auch die ziemlich hohe Böschung zur Linken hinabgestürzt. Preiswürd'ger Zugführer! Er war nicht sichtbar, niemand hatte ihn gesehen. Aber sein Ruhm verbreitete sich den ganzen Zug entlang, und wir alle lobten ihn in seiner Abwesenheit. »Der Mann«, sagte ein Herr und wies mit der ausgestreckten Hand irgendwohin in die Nacht, »der Mann hat uns alle gerettet.« Und jeder nickte dazu.

Aber unser Zug stand auf einem Geleise, das ihm nicht zukam, und darum galt es, ihn nach hinten zu sichern, damit ihm kein anderer in den Rücken fahre. So stellten sich Feuerwehrleute mit Pechfackeln am letzten Wagen auf, und auch der angeregte junge Mann, der mich so sehr mit seinen Damenstiefeln geängstigt, hatte eine Fackel ergriffen und schwenkte sie signalisierend, obgleich in aller Weite kein Zug zu sehen war.

Und mehr und mehr kam etwas wie Ordnung in die Sache, und der Staat, unser Vater, gewann wieder Haltung und Ansehen. Man hatte telegraphiert und alle Schritte getan, ein Hilfszug aus Regensburg dampfte behutsam in die Station, und große Gasleuchtapparate mit Reflektoren wurden an der Trümmerstätte aufgestellt. Wir Passagiere wurden nun ausquartiert und angewiesen, im Stationshäuschen unserer Weiterbeförderung zu harren. Beladen mit unserem Handgepäck und zum Teil mit verbundenen Köpfen zogen wir durch ein Spalier von neugierigen Eingeborenen in das Warteräumchen ein, wo wir uns, wie es gehen wollte, zusammenpferchten. Und abermals nach einer Stunde war alles aufs Geratewohl in einem Extrazuge verstaut.

Ich hatte einen Fahrschein erster Klasse (weil man mir die Reise bezahlte), aber das half mir gar nichts, denn jedermann gab der ersten Klasse den Vorzug, und diese Abteile waren noch voller als die anderen. Jedoch, wie ich eben mein Plätzchen gefunden, wen gewahre ich mir schräg gegenüber, in eine Ecke gedrängt? Den Herrn mit den Gamaschen und den Reiterausdrücken, meinen Helden. Er hat sein Hündchen nicht bei sich, man hat es ihm genommen, es sitzt, allen Herrenrechten zuwider, in einem finsteren Verlies gleich hinter der Lokomotive und heult. Der Herr hat auch einen gelben Fahrschein, der ihm nichts nützt, und er murrt, er macht einen Versuch, sich aufzulehnen gegen den Kommunismus, gegen den großen Ausgleich vor der Majestät des Unglücks. Aber ein Mann antwortet ihm mit biederer Stimme: »San S' froh, daß Sie sitzen!« Und sauer lächelnd ergibt sich der Herr in die tolle Lage.

Wer kommt herein, gestützt auf zwei Feuerwehrmänner? Eine kleine Alte, ein Mütterchen in zerschlissener Mantille, dasselbe, das in München um ein Haar in die zweite Klasse gestiegen wäre. »Ist dies die erste Klasse?« fragt sie immer wieder. »Ist dies auch wirklich die erste Klasse?« Und als man es ihr versichert und ihr Platz macht, sinkt sie mit einem »Gottlob!« auf das Plüschkissen nieder, als ob sie erst jetzt gerettet sei.

In Hof war es fünf Uhr und hell. Dort gab es Frühstück, und dort nahm ein Schnellzug mich auf, der mich und das Meine mit dreistündiger Verspätung nach Dresden brachte.

Ja, das war das Eisenbahnunglück, das ich erlebte. Einmal mußte es ja wohl sein. Und obgleich die Logiker Einwände machen, glaube ich nun doch gute Chancen zu haben, daß mir sobald nicht wieder dergleichen begegnet.

[1909]

Wie Jappe und Do Escobar sich prügelten

Ich war sehr erschüttert, als Johnny Bishop mir sagte, daß Jappe und Do Escobar sich hauen wollten und daß wir hingehen wollten, um zuzusehen.

Es war in den Sommerferien, in Travemünde, an einem brutheißen Tage mit mattem Landwind und flacher, weit zurückgetretener See. Wir waren wohl drei Viertelstunden lang im Wasser gewesen und lagen unter dem Balken- und Bretterwerk der Badeanstalt auf dem festen Sande, zusammen mit Jürgen Brattström, dem Sohn des Reeders. Johnny und Brattström lagen vollständig nackt auf dem Rücken, während es mir angenehmer war, mein Badetuch um die Hüften gewickelt zu haben. Brattström fragte mich, warum ich das täte, und da ich nichts Rechtes darauf zu antworten wußte, so sagte Johnny mit seinem gewinnenden, lieblichen Lächeln: ich wäre wohl schon etwas zu groß, um nackend zu liegen. Wirklich war ich größer und entwickelter als er und Brattström, auch wohl ein wenig älter als sie, ungefähr dreizehn. So nahm ich Johnny's Erklärung stillschweigend an, obgleich sie eine gewisse Kränkung für mich enthielt. Denn in Johnny's Gesellschaft geriet man leicht in ein etwas komisches Licht, wenn man weniger klein, fein und körperlich kindlich war als er, der das alles in so hohem Grade war. Er konnte dann mit seinen hübschen blauen, zugleich freundlich und spöttisch lächelnden Mädchenaugen an einem hinaufsehen, mit einem Ausdruck, als wollte er sagen: ›Was bist du schon für ein langer Flegel!‹ Das Ideal der Männlichkeit und der langen Hosen kam abhanden in seiner Nähe, und das zu einer Zeit, nicht lange nach dem Kriege, als Kraft, Mut und jederlei rauhe Tugend unter uns Jungen sehr hoch im Preise stand und alles mögliche für weichlich galt. Aber Johnny, als Ausländer oder halber Ausländer, war unbeeinflußt von dieser Stimmung und hatte im Gegenteil etwas von einer Frau, die sich konserviert und über andere lustig macht, die es weniger tun. Auch war er bei weitem der erste Knabe der Stadt, der elegant und ausgesprochen herrschaftlich gekleidet wurde, nämlich in echte englische Matrosenanzüge mit blauem Leinwandkragen, Schifferknoten, Schnüren, einer silbernen Pfeife in der Brusttasche und einem Anker auf dem bauschigen, am Handgelenk eng zulaufenden Ärmel. Dergleichen wäre bei jedem anderen als geckenhaft verhöhnt und bestraft worden. Ihm aber, da er es mit Anmut und Selbstverständlichkeit trug, schadete es gar nicht, und nie hatte er im geringsten darunter zu leiden gehabt.

Er sah aus wie ein kleiner magerer Amor, wie er da lag, mit erhobenen Armen, seinen hübschen blond- und weichlockigen, länglichen, englischen Kopf in die schmalen Hände gebettet. Sein Papa war ein deutscher Kaufmann gewesen, der sich in England hatte naturalisieren lassen und vor Jahren gestorben war. Aber seine Mutter war Engländerin von Geblüt, eine Dame von mildem, ruhigem Wesen und mit langem Gesicht, die sich mit ihren Kindern, Johnny und einem ebenso hübschen, etwas tückischen kleinen Mädchen, in unserer Stadt niedergelassen hatte. Sie ging immer noch ausschließlich schwarz, in beständiger Trauer um ihren Mann, und sie ehrte wohl seinen letzten Willen, wenn sie die Kinder in Deutschland aufwachsen ließ. Offenbar befand sie sich in angenehmen Verhältnissen. Sie besaß ein geräumiges Haus vor der Stadt und eine Villa an der See, und von Zeit zu Zeit reiste sie mit Johnny und Sissie in ferne Bäder. Zur Gesellschaft gehörte sie nicht, obgleich sie ihr offengestanden hätte. Vielmehr lebte sie, sei es um ihrer Trauer willen, sei es, weil der Horizont unserer herrschenden Familien ihr zu eng war, persönlich in der .größten Zurückgezogenheit, sorgte aber durch Einladungen und die Anordnung gemeinsamer Spiele, durch Johnny's und Sissie's Teilnahme am Tanz- und Anstandskursus und so weiter für den geselligen Verkehr ihrer Kinder, den sie, wenn nicht selber bestimmte, so doch mit ruhiger Sorgfalt überwachte, und zwar so, daß Johnny und Sissie es ausschließlich nur mit Kindern aus vermögenden Häusern hielten, – selbstverständlich nicht zufolge eines ausgesprochenen Prinzips, aber doch der einfachen Tatsache nach. Frau Bishop trug insofern von weitem zu meiner Erziehung bei, als sie mich lehrte, daß, um von anderen geachtet zu werden, nichts weiter nötig ist, als selber auf sich zu halten. Des männlichen Oberhauptes beraubt, zeigte die kleine Familie keines der Merkmale von Verwahrlosung und Niedergang, die sonst in diesem Falle so oft das bürgerliche Mißtrauen erwecken. Ohne weiteren Verwandtschaftsanhang, ohne Titel, Überlieferung, Einfluß und öffentliche Stellung war ihr Dasein zugleich separiert und anspruchsvoll:

und zwar dermaßen sicher und abwägend anspruchsvoll, daß man ihr stillschweigend und unbedenklich jedes Zugeständnis machte und die Freundschaft der Kinder bei Jungen und Mädchen sehr hoch bewertet wurde. – Was nebenbei Jürgen Brattström betraf, so war erst sein Vater zu Reichtum und öffentlichen Ämtern aufgerückt und hatte sich und den Seinen das rote Sandsteinhaus am Burgfelde gebaut, das dem der Frau Bishop benachbart war. Jürgen war also, unter Frau Bishops ruhiger Genehmigung, Johnny's Gartengespiele und Schulweggefährte – ein phlegmatisch zutunlicher, kurzgliedriger Knabe ohne hervorstechende Charaktereigenschaften, der unterderhand schon einen kleinen Lakritzenhandel betrieb.

Wie gesagt, war ich äußerst erschrocken über Johnny's Mitteilung von Jappe's und Do Escobars bevorstehendem Zweikampf, der heute um zwölf Uhr in bitterem Ernst auf dem Leuchtenfeld ausgefochten werden sollte. Das konnte furchtbar werden, denn Jappe und Escobar waren starke, kühne Gesellen mit Ritterehre, deren feindliches Zusammentreffen wohl Bangigkeit erregen konnte. In der Erinnerung erscheinen sie mir noch immer so groß und männerhaft wie damals, obwohl sie nicht älter als fünfzehnjährig gewesen sein können. Jappe entstammte dem Mittelstande der Stadt; er war wenig beaufsichtigt und eigentlich schon das, was wir damals einen »Butcher« (will sagen Stromer) nannten, jedoch mit der Nuance des Lebemännischen. Do Escobar war frei von Natur, ein exotischer Fremdling, der nicht einmal regelmäßig zur Schule ging, sondern nur hospitierte und zuhörte (ein unordentliches, aber paradiesisches Dasein!), – der bei irgendwelchen Bürgersleuten Pension bezahlte und sich vollständiger Selbständigkeit erfreute. Beide waren sie Leute, die spät zu Bett gingen, Wirtshäuser besuchten, abends in der Breiten Straße bummelten, den Mädchen nachstiegen, wagehalsig turnten, kurz: Kavaliere. Obwohl sie in Travemünde nicht im Kurhotel – wohin sie auch nicht gehört hätten –, sondern irgendwo im Städtchen logierten, waren sie draußen im Kurgarten als Weltleute zu Hause, und ich wußte, daß sie abends, namentlich sonntags, wenn ich längst in einem der Schweizerhäuser in meinem Bette lag und unter den Klängen des Kurkonzerts friedlich entschlummert war, nebst anderen Mitgliedern der jugendlichen Lebewelt unternehmend im Strome der Badegäste und Ausflügler vor dem langen Zeltdach der Konditorei hin und her flanierten und erwachsene Unterhaltung suchten und fanden. Hierbei waren sie aneinandergeraten, – Gott wußte, wie und warum. Möglich, daß sie einander nur im Vorbeischlendern mit den Schultern gestoßen und in ihrer Ehrenhaftigkeit einen Kriegsfall daraus gemacht hatten. Johnny, der natürlich ebenfalls längst geschlafen hatte und auch nur durch Hörensagen von dem Handel unterrichtet war, äußerte mit seiner so angenehmen, ein wenig verschleierten Kinderstimme, daß es sich wohl um eine »Deern« gehandelt haben werde, und das war unschwer zu denken bei Jappe's und Do Escobars verwegener Fortgeschrittenheit. Kurz, sie hatten unter den Leuten kein Aufhebens gemacht, sondern, vor Zeugen, mit knappen und verbissenen Worten Ort und Stunde zum Austrag der Ehrensache verabredet. Morgen um zwölf Rendezvous da und da auf dem Leuchtenfelde.

Guten Abend! Auch Ballettmeister Knaak von Hamburg, Maître de plaisir und Leiter der Reunions im Kurhause, war zugegen gewesen und hatte sein Erscheinen am Walplatze zugesagt.

Johnny freute sich rückhaltlos auf den Kampf, ohne daß er oder Brattström die Beklemmung geteilt hätten, die ich empfand. Wiederholt versicherte er, indem er nach seiner reizenden Art das r weit vorne am Gaumen bildete, daß die beiden sich in vollem Ernst und als Feinde hauen würden; und dann erwog er mit vergnügter und etwas spöttischer Sachlichkeit die Siegeschancen. Jappe und Do Escobar waren beide schrecklich stark, hö, beide schon gewaltige Flegel. Es war amüsant, daß sie es einmal so ernstlich ausmachen würden, welcher von beiden der gewaltigste Flegel sei. Jappe, meinte Johnny, habe eine breite Brust und vorzügliche Arm- und Beinmuskeln, wie man täglich beim Baden beobachten könne. Aber Do Escobar sei außerordentlich sehnig und wild, so daß es schwer sei, vorherzusagen, wer die Oberhand behalten werde. Es war sonderbar, Johnny so souverän über Jappe's und Do Escobars Qualitäten sich äußern zu hören und dabei seine eigenen schwachen Kinderarme zu sehen, mit denen er nie einen Schlag weder zu geben noch abzuwehren vermocht hätte. Was mich selbst betraf, so war ich zwar weit entfernt, mich vom Besuche der Schlägerei auszuschließen. Das wäre lächerlich gewesen, und außerdem zog das Bevorstehende mich mächtig an. Unbedingt mußte ich hingehen und alles mitansehen, da ich einmal davon erfahren hatte, – dies war eine Art Pflichtgefühl, das aber in hartem Kampfe mit widerstrebenden Empfindungen lag: mit einer großen

Scheu und Scham, unkriegerisch und wenig beherzt wie ich war, mich auf den Schauplatz mannhafter Taten zu wagen; einer nervösen Furcht vor den Erschütterungen, die der Anblick eines erbitterten Kampfes, im Ernst und sozusagen auf Leben und Tod, in mir hervorbringen würde und die ich im voraus empfand; einer einfachen feigen Besorgnis auch wohl, daß ich dort, mitgefangen und mitgehangen, für meine eigene Person Anforderungen möchte ausgesetzt sein, die meiner innersten Natur zuwiderliefen, – der Besorgnis, herangezogen und genötigt zu werden, mich auch meinerseits als ein schneidiger Bursche zu erweisen, ein Erweis, den ich wie nichts zweites verabscheute. Anderseits aber konnte ich nicht umhin, mich in Jappe's und Do Escobars Lage zu versetzen und die verzehrenden Empfindungen, die ich bei ihnen voraussetzte, innerlich nachzufühlen. Ich stellte mir die Beleidigung und Herausforderung im Kurgarten vor, ich unterdrückte mit ihnen, eleganter Rücksichten halber, den Drang, sofort mit den Fäusten übereinander herzufallen. Ich erprobte ihre empörte Rechtsleidenschaft, den Gram, den flackernden, hirnzerreißenden Haß, die Anfälle von rasender Ungeduld und Rache, unter denen sie die Nacht verbracht haben mußten. Zum Äußersten gebracht, über alle Furchtsamkeit hinausgerissen, schlug ich mich im Geiste blind und blutig mit einem ebenso entmenschten Gegner herum, trieb ihm mit allen Kräften meines Wesens die Faust ins verhaßte Maul, daß sämtliche Zähne zerbrachen, empfing dafür einen brutalen Tritt in den Unterleib und ging unter in roten Wogen, worauf ich mit gestillten Nerven und Eisumschlägen unter den sanften Vorwürfen der Meinen in meinem Bette erwachte ... Kurz, als es halb zwölf war und wir aufstanden, um uns anzuziehen, war ich halb erschöpft vor Aufregung, und in der Kabine sowohl wie nachher, als wir fertig angekleidet die Badeanstalt verließen, pochte das Herz mir genau, als sei ich es selbst, der sich hauen sollte, mit Jappe oder Do Escobar, öffentlich und unter schweren Bedingungen.

Ich weiß noch genau, wie wir zu dritt die schwankende Holzbrücke hinabgingen, die vom Strande schräg zur Badeanstalt anstieg. Selbstverständlich hüpften wir, um die Brücke tunlichst ins Schwingen zu versetzen und uns emporschnellen zu lassen wie vom Trampolin. Aber unten angelangt, verfolgten wir nicht den Brettersteg, der zwischen Pavillonen und Sitzkörben hin den Strand entlangführte, sondern hielten den Kurs landeinwärts, ungefähr auf das Kurhaus zu, eher mehr links. Auf den Dünen brütete die Sonne und entlockte dem spärlich und dürr bewachsenen Boden, den Stranddisteln, den Binsen, die uns in die Beine stachen, seinen trockenen und hitzigen Duft. Nichts war zu hören als das ununterbrochene Summen der metallblauen Fliegen, die scheinbar unbeweglich in der schweren Wärme standen, plötzlich den Platz wechselten und an anderer Stelle ihren scharfen und monotonen Gesang wieder aufnahmen. Die kühlende Wirkung des Bades war längst verbraucht. Brattström und ich lüfteten abwechselnd unsere Kopfbedeckungen – er seine schwedische Schifferkappe mit vorspringendem Wachstuchschirm, ich meine runde Helgoländer Wollmütze, eine sogenannte Tam-o-shanter –, um uns den Schweiß zu trocknen. Johnny litt wenig unter der Hitze, dank seiner Magerkeit und besonders wohl auch, weil seine Kleidung dem Sommertag eleganter angepaßt war als die unsere. In seinem leichten und komfortablen Matrosenanzug aus gestreiftem Waschstoff, der Hals und Waden frei ließ, die blaue, kurzbebänderte Mütze mit englischer Inschrift auf dem schönen Köpfchen, die langen und schmalen Füße in feinen, fast absatzlosen Halbschuhen aus weißem Leder, ging er mit ausgreifenden, steigenden Schritten und etwas krummen Knien zwischen Brattström und mir und sang mit seinem anmutigen Akzent das Gassenlied ›Fischerin, du Kleine‹, das damals im Schwange war; sang es mit einer unanständigen Variante, die von der frühreifen Jugend dafür erfunden worden. Denn so war er: In aller Kindlichkeit wußte er schon mancherlei und war gar nicht zu zimperlich, es im Munde zu führen. Dann aber setzte er eine kleine scheinheilige Miene auf, sagte: »Pfui, wer wird wohl so böse Lieder singen!« und tat ganz, als seien wir es gewesen, die die kleine Fischerin so schlüpfrig apostrophiert hatten.

Mir war überhaupt nicht nach Singen zumute, so nahe wie wir dem Treffpunkte und Schicksalsplatze schon waren. Das scharfe Dünengras war in sandiges Moos, in mageren Wiesengrund übergegangen, es war das Leuchtenfeld, wo wir schritten, so genannt nach dem gelben und runden Leuchtturm, der links in großer Entfernung emporragte, – und unversehens kamen wir an und waren am Ziel.

Es war ein warmer, friedlicher Ort, von Menschen fast nie begangen, den Blicken durch Weidengesträuch verborgen. Und auf dem freien Platze, innerhalb des Gebüsches, hatte wie eine lebendige Schranke ein Kreis junger Leute sich gesetzt und gelagert, fast alle älter als wir und aus verschiedenen Gesellschaftsschichten. Offenbar waren wir die letzten Zuschauer, die eintrafen. Nur auf Ballettmeister Knaak, der als Schiedsrichter und Unparteiischer dem Kampfe anwohnen sollte, wurde noch gewartet. Aber sowohl Jappe wie Do Escobar waren zur Stelle, - ich erblickte sie sofort. Sie saßen weit voneinander entfernt im Kreise und taten, als sähen sie einander nicht. Nachdem wir durch stummes Kopfnicken einige Bekannte begrüßt hatten, ließen auch wir uns mit eingezogenen Schenkeln auf dem warmen Erdboden nieder.

Es wurde geraucht. Auch Jappe und Do Escobar hielten Zigaretten in den Mundwinkeln, wobei sie, vor dem Rauch blinzelnd, jeder ein Auge schlossen, und man sah wohl, daß sie nicht ohne Gefühl für die Großartigkeit waren, die darin lag, so dazusitzen und in aller Nachlässigkeit eine Zigarette zu rauchen, bevor man sich haute. Beide waren schon herrenmäßig gekleidet, aber Do Escobar bedeutend weltmännischer als Jappe. Er trug sehr spitzige gelbe Schuhe zu seinem hellgrauen Sommeranzug, ein rosafarbenes Manschettenhemd, buntseidene Krawatte und einen runden, schmalrandigen Strohhut, nach hinten auf den Wirbel gerückt, so daß der dichte und feste, schwarzblank pomadisierte Hügel, zu dem er sein gescheiteltes Haar seitlich über der Stirn emporfrisiert hatte, darunter zum Vorschein kam. Zuweilen hob und schüttelte er die rechte Hand, um das silberne Armband, das er trug, in die Manschette zurückzuwerfen. Jappe sah wesentlich unscheinbarer aus. Seine Beine staken in enganliegenden Hosen, die, heller als Rock und Weste, unter seinen schwarzen Wichsstiefeln mit Stegen befestigt waren, und die karierte Sportmütze, die sein blondes lockiges Haar bedeckte, hatte er im Gegensatz zu Do Escobar tief in die Stirn gezogen. Er hielt in hockender Stellung seine Knie mit den Armen umschlungen, und dabei bemerkte man erstens, daß er lose Manschetten über den Hemdärmeln trug, und zweitens, daß die Nägel seiner verschränkten Finger entweder viel zu kurz beschnitten waren oder daß er dem Laster frönte, sie abzunagen. Übrigens war trotz der flotten und selbständigen Attitüde des Rauchens die Stimmung im Kreise ernst, ja befangen und vorwiegend schweigsam. Wer sich dagegen auflehnte, war eigentlich nur Do Escobar, der unaufhörlich laut, heiser und mit wirbelndem Zungen-r zu seiner Umgebung sprach, indem er den Rauch durch die Nase strömen ließ. Sein Gerassel stieß mich ab, und trotz seiner allzu kurzen Nägel fühlte ich mich geneigt, es mit Jappe zu halten, der kaum dann und wann über die Schulter hinweg ein Wort an seine Nachbarn richtete und im übrigen scheinbar vollkommen ruhig dem Rauch seiner Zigarette nachblickte.

Dann kam Herr Knaak, – noch sehe ich ihn in seinem Morgenanzug aus bläulich gestreiftem Flanell beschwingten Schrittes aus der Richtung des Kurhauses daherkommen und, den Strohhut lüftend, außerhalb unseres Kreises stehenbleiben. Daß er gern kam, glaube ich nicht, bin vielmehr überzeugt, daß er in einen sauren Apfel biß, indem er einer Prügelei seine Gegenwart schenkte; aber seine Stellung, sein schwieriges Verhältnis zu der streitbaren und ausgesprochen männlich gesinnten Jugend nötigte ihn wohl dazu. Braun, schön und fett (fett namentlich in der Hüftengegend), erteilte er zur Winterszeit Tanz- und Anstandsunterricht sowohl in einem geschlossenen Familienzirkel wie auch öffentlich im Kasino und versah im Sommer den Posten eines Festarrangeurs und Badekommissärs im Kurhause zu Travemünde. Mit seinen eitlen Augen, seinem wogenden, wiegenden Gang, bei dem er die sehr auswärtsgerichteten Fußspitzen sorgfältig zuerst auf den Boden setzte und den übrigen Teil des Fußes nachfallen ließ, seiner selbstgefälligen und studierten Sprechweise, der bühnenmäßigen Sicherheit seines Auftretens, der unerhörten, demonstrativen Gewähltheit seiner Manieren war er das Entzücken des weiblichen Geschlechts, während die Männerwelt, und namentlich die kritische halbwüchsige, ihn bezweifelte. Ich habe oft über die Stellung François Knaaks im Leben nachgedacht und sie immer sonderbar und phantastisch gefunden. Kleiner Leute Kind, wie er war, schwebte er mit seiner Pflege der höchsten Lebensart schlechthin in der Luft, und ohne zur Gesellschaft zu gehören, wurde er von ihr als Hüter und Lehrmeister ihres Sittenideals bezahlt. Auch Jappe und Do Escobar waren seine Schüler; nicht im Privatkursus wie Johnny, Brattström und ich, sondern beim öffentlichen Unterricht im Kasino; und hier war es, wo das Sein und Wesen Herrn Knaaks der schärfsten Abschätzung von seiten der jungen Leute unterlag (denn wir im Privatkursus waren sanfter). Ein Kerl, der den zierlichen Umgang mit kleinen Mädchen lehrte, ein Kerl, über den das unwiderlegte Gerücht im Umlauf war, daß er ein Korsett trage, der mit den Fingerspitzen den Saum seines Gehrockes erfaßte, knickste, Kapriolen schnitt und unversehens in die Lüfte sprang, um dort oben mit den Füßen zu trillern und federnd auf das Parkett zurückzuplumpsen: war das überhaupt ein Kerl? Dies der Verdacht, der auf Herrn Knaaks Person und Dasein lastete; und gerade seine übermäßige Sicherheit und Überlegenheit reizte dazu. Sein Vorsprung an Jahren war bedeutend, und es hieß, daß er (eine komische Vorstellung!) in Hamburg Frau und Kinder besitze. Diese seine Eigenschaft als Erwachsener und der Umstand, daß man ihm immer nur im Tanzsaal begegnete, schützte ihn davor, überführt und entlarvt zu werden. Konnte er turnen? Hatte er es jemals gekonnt? Hatte er Mut? Hatte er Kräfte? Kurz, war er als honorig zu betrachten? Er kam nicht in die Lage, sich über die solideren Eigenschaften auszuweisen, die seinen Salonkünsten hätten die Waage halten müssen, um ihn respektabel zu machen. Aber es gab Jungen, die umhergingen und ihn geradeheraus einen Affen und Feigling nannten. Wahrscheinlich wußte er das, und darum war er heute gekommen, um sein Interesse an einer ordentlichen Prügelei zu bekunden und es als Kamerad mit den jungen Leuten zu halten, obgleich er doch eigentlich als Badekommissär den ungesetzlichen Ehrenhandel nicht hätte dulden dürfen. Aber nach meiner Überzeugung fühlte er sich nicht wohl bei der Sache und war sich deutlich bewußt, auf Glatteis geraten zu sein. Manche prüften ihn kalt mit den Augen, und er selbst sah sich unruhig um, ob auch Leute kämen.

Höflich entschuldigte er sein verspätetes Eintreffen. Eine Unterredung mit der Kurhausdirektion in betreff der Reunion am Sonnabend, sagte er, habe ihn aufgehalten. »Sind die Kombattanten zur Stelle?« fragte er hierauf in strammem Ton. »Dann können wir anfangen.« Auf seinen Stock gestützt und die Füße gekreuzt, stand er außerhalb unseres Kreises, erfaßte seinen weichen braunen Schnurrbart mit der Unterlippe und machte finstere Kenneraugen.

Jappe und Do Escobar standen auf, warfen ihre Zigaretten fort und begannen, sich zum Kampfe bereitzumachen. Do Escobar tat es im Fluge, mit eindrucksvoller Geschwindigkeit. Er warf seinen Hut, seine Jacke und Weste zu Boden, knüpfte auch Krawatte, Halskragen und Tragbänder ab und warf sie zum übrigen. Dann zog er sogar sein rosafarbenes Manschettenhemd aus der Hose hervor, entwand sich behende den Ärmeln und stand da im weiß- und rotgestreiften Trikotunterjäckchen, das seine gelblichen, schon schwarzbehaarten Arme von der Mitte der Oberarme an bloß ließ. »Darf ich bitten, mein Herr?« sagte er mit rasselndem r, indem er rasch in die Mitte des Platzes trat und mit gestraffter Brust seine Schultern in den Gelenken zurechtrückte ... Sein silbernes Armband hatte er anbehalten.

Jappe, der noch nicht fertig war, wandte den Kopf nach ihm, und die Brauen emporgezogen, sah er ihm einen Augenblick mit beinahe geschlossenen Lidern auf die Füße, als wollte er sagen: ›Warte gefälligst. Ich komme auch ohne deinen gespreizten Schnack.‹ Obgleich er breiter in den Schultern war, erschien er bei weitem nicht so athletisch und kampfgemäß wie Do Escobar, als er sich ihm entgegenstellte. Seine Beine in den prallen Steghosen neigten zur X-Form, und sein weiches, schon etwas gelbliches Hemd mit den weiten, an den Handgelenken mit Knöpfen geschlossenen Ärmeln und den grauen Gummihosenträgern darüber sah nach gar nichts aus, während Do Escobars gestreiftes Trikot und namentlich die schwarzen Haare auf seinen Armen außerordentlich streitbar und gefährlich wirkten. Beide waren bleich, aber bei Jappe sah man es deutlicher, weil er gewöhnlich rotbackig war. Er hatte das Gesicht eines munteren und etwas brutalen Blondins mit Stülpnase und einem Sattel von Sommersprossen darüber. Do Escobars Nase dagegen war kurz, gerade und abfallend, und über seinen aufgeworfenen Lippen sah man einen schwarzen Anflug von Schnurrbart.

Sie standen mit hängenden Armen fast Brust an Brust und blickten mit finsterer, verächtlicher Miene der eine dem anderen in die Magengegend. Ersichtlich wußten sie nicht recht, was sie miteinander anfangen sollten, und das entsprach ganz meinem eigenen Empfinden. Seit ihrem Zusammentreffen war die ganze Nacht und der halbe Tag verflossen, und ihre Lust, aufeinander loszuschlagen, die gestern abend so lebhaft gewesen und nur von ihrer Ritterlichkeit gezügelt worden war, hatte Zeit gehabt, sich abzukühlen. Nun sollten sie zu festgesetzter Stunde, mit nüchternem Blut und vor versammeltem Publikum auf Kommando tun, was sie gestern so gern aus lebendigem Antriebe getan hätten. Aber schließlich waren sie gesittete Jungen und keine Gladiatoren des Altertums. Man trägt bei ruhigem Verstande doch eine menschliche Scheu, jemandem mit den Fäusten den gesunden Leib zu zerschlagen. So dachte ich es mir, und so war es wohl auch.

Da aber ehrenhalber etwas geschehen mußte, fingen sie an, einander mit den fünf Fingerspitzen vor die Brust zu stoßen, als glaubten sie in gegenseitiger Geringschätzung, den Gegner so leichthin zu Boden strecken zu können, und zu dem deutlichen Zweck, einander zu reizen. In dem Augenblick aber, als Jappe's Miene anfing, sich zu verzerren, brach Do Escobar das Vorgefecht ab.

»Pardon, mein Herr!« sagte er, indem er zwei Schritte zurücktrat und sich abwandte. Er tat es, um seine Hosenschnalle im Rücken fester anzuziehen; denn er hatte ja seine Tragbänder abgelegt, und da er schmal in den Hüften war, so fing seine Hose wohl an zu rutschen. Als er fertig und frisch gegürtet war, sagte er etwas Rasselndes, Gaumiges, Spanisches, das niemand verstand und das wohl heißen sollte, daß er nun erst richtig bereit sei, warf aufs neue die Schultern zurück und trat wieder vor. Offenbar war er maßlos eitel.

Das plänkelnde Puffen mit Schultern und flachen Händen begann von vorn. Auf einmal aber, ganz unerwartet, entstand ein kurzes, blindes, rasendes Handgemenge, ein wirbelndes Durcheinander ihrer Fäuste, das drei Sekunden dauerte und dann ebenso plötzlich wieder abbrach.

»Jetzt sind sie in Stimmung«, sagte Johnny, der neben mir saß und einen dürren Grashalm im Munde hatte. »Ich wette mit euch, daß Jappe ihn unterkriegt. Do Escobar ist zu machig. Seht mal, er schielt immer zu den anderen hin! Jappe ist fest bei der Sache. Wetten, daß er ihn mächtig verhauen wird?«

Sie waren voneinander abgeprallt und standen mit arbeitender Brust, die Fäuste an den Hüften. Zweifellos hatten beide Empfindliches abbekommen, denn ihre Gesichter waren böse, und beide schoben mit einem entrüsteten Ausdruck ihre Lippen vor, als wollten sie sagen: ›Was fällt dir ein, mir so weh zu tun!‹ Jappe hatte rote Augen, und Do Escobar zeigte seine weißen Zähne, als sie wieder losgingen.

Sie schlugen einander nun mit aller Kraft, abwechselnd und mit kurzen Pausen auf die Schultern, die Unterarme und vor die Brust. »Das ist nichts«, sagte Johnny mit seinem lieblichen Akzent. »So wird keiner fertiggemacht. Unters Kinn müssen sie hauen, so von unten her in den Kinnbacken. Das gibt aus.« Aber unterdessen hatte es sich so gemacht, daß Do Escobar mit seinem linken Arm Jappe's beide Arme gefangen hatte, sie wie in einem Schraubstock fest gegen seine Brust gepreßt hielt und mit der rechten Faust unaufhörlich Jappe's Flanke bearbeitete.

Eine große Bewegung entstand. »Nicht festhalten!« riefen viele und sprangen auf. Herr Knaak eilte erschrocken ins Zentrum. »Nicht festhalten!« rief auch er. »Sie halten ihn ja fest, lieber Freund! Das widerspricht jedem Komment.« Er trennte sie und belehrte Do Escobar nochmals, daß Festhalten völlig verboten sei. Dann zog er sich wieder hinter die Peripherie zurück.

Jappe war wütend, das sah man deutlich. Sehr blaß massierte er sich die Seite, indem er Do Escobar mit einem langsamen und Unheil verkündenden Kopfnicken betrachtete. Und als er den nächsten Gang begann, da zeugte seine Miene von solcher Entschlossenheit, daß jeder sich entscheidender Taten von ihm versah.

Und wirklich, sobald das neue Treffen sich eingeleitet hatte, vollführte Jappe einen Coup – bediente er sich einer Finte, die er wahrscheinlich im voraus ersonnen hatte. Ein Scheinstoß mit der Linken nach oben veranlaßte Do Escobar, sein Gesicht zu decken; aber indem er es tat, traf Jappe's Rechte ihn so hart in den Magen, daß Do Escobar sich vorwärts krümmte und sein Gesicht das Aussehen gelben Wachses gewann.

»Das saß«, sagte Johnny. »Da tut es weh. Nun kann es sein, daß er sich aufnimmt und Ernst macht, um sich zu rächen.« Aber der Magenstoß hatte zu derb getroffen, und Do Escobars Nervensystem war sichtlich erschüttert. Man konnte sehen, daß er gar keine ordentlichen Fäuste mehr machen konnte, um zu schlagen, und seine Augen hatten einen Ausdruck, als sei er nicht mehr bei Bewußtsein. Da er aber fühlte, daß seine Muskeln versagten, so beredete seine Eitelkeit ihn, sich folgendermaßen zu benehmen: Er fing an, den leichtbeweglichen Südländer zu spielen, der den deutschen Bären durch seine Behendigkeit neckt und zur Verzweiflung bringt. Mit kurzen Schritten und unter allerlei nutzlosen Wendungen tänzelte er in kleinen Kreisen um Jappe herum, und dazu versuchte er, übermütig zu lächeln, was bei seinem reduzierten Zustande einen heldenhaften Eindruck auf mich machte. Aber Jappe geriet durchaus nicht in Verzweiflung, sondern drehte sich einfach auf dem Absatz mit und versetzte ihm manchen schweren Schlag, während er mit dem linken Arm Do Escobars schwach tändelnde Angriffe abwehrte. Was jedoch Do Escobars Schicksal besiegelte, war der Umstand, daß seine Hose beständig rutschte, so daß auch sein Trikothemdchen daraus hervor und in die Höhe glitt und ein Stück seines bloßen, gelblichen Körpers sehen ließ, worüber einige lachten. Warum hatte er auch seine Tragbänder abgelegt!

Schönheitsgründe hätte er außer acht lassen sollen. Denn nun störte ihn die Hose, hatte ihn während des ganzen Kampfes gestört. Immer wollte er daran ziehen und das Jäckchen hineinstopfen, denn trotz seiner üblen Verfassung ertrug er nicht das Gefühl, einen derangierten und komischen Anblick zu bieten. Und so geschah es schließlich, daß Jappe ihm, als er nur mit einer Hand focht und mit der anderen an seiner Toilette zu bessern suchte, einen solchen Schlag auf die Nase verabfolgte, daß ich noch heute nicht verstehe, wieso sie nicht ganz in die Brüche ging.

Aber das Blut stürzte hervor, und Do Escobar wandte sich ab und ging fort von Jappe, suchte mit der rechten Hand die Blutung zu hemmen und gab mit der Linken ein vielsagendes Zeichen nach hinten. Jappe stand noch, die X-Beine gespreizt und mit eingelegten Fäusten, und wartete, daß Do Escobar wiederkäme. Aber Do Escobar tat nicht mehr mit. Verstand ich ihn recht, so war er der Gesittetere von beiden und fand, daß es hohe Zeit sei, der Sache ein Ende zu machen. Jappe würde ohne Zweifel mit blutender Nase weitergekämpft haben; aber fast ebenso sicher hätte Do Escobar auch in diesem Falle seine weitere Mitwirkung verweigert, und um so entschiedener tat er das jetzt, da er selber es war, der blutete. Man hatte ihm das Blut aus der Nase getrieben, zum Teufel, so weit hätte es nach seiner Ansicht niemals kommen dürfen. Das Blut lief ihm zwischen den Fingern hindurch auf die Kleider, besudelte sein helles Beinkleid und tropfte hinab auf seine gelben Schuhe. Das war eine Schweinerei, nichts weiter, und unter diesen Umständen lehnte er es als unmenschlich ab, sich weiter zu schlagen.

Übrigens war seine Auffassung diejenige der Mehrheit. Herr Knaak kam in den Kreis und erklärte den Kampf für beendet. »Der Ehre ist Genüge geschehen«, sagte er. »Beide haben sich vorzüglich gehalten.« Man sah ihm an, wie erleichtert er sich fühlte, weil die Sache so glimpflich abgelaufen war. »Aber es ist ja keiner gefallen«, sagte Johnny erstaunt und enttäuscht. Doch auch Jappe war durchaus damit einverstanden, den Fall als erledigt zu betrachten, und ging aufatmend zu seinen Kleidern. Herrn Knaaks so zarte Fiktion, daß der Zweikampf unentschieden geblieben sei, wurde allgemein angenommen. Jappe ward nur verstohlen beglückwünscht; andere liehen Do Escobar ihre Taschentücher, da sein eigenes rasch von Blut übersättigt war. »Weiter!« hieß es hierauf. »Nun sollen ein paar andere sich hauen.«

Das war der Versammlung aus der Seele gesprochen. Jappe's und Do Escobars Handel hatte so kurz gewährt, nur gute zehn Minuten, kaum länger. Man war einmal da, man hatte noch Zeit, man mußte doch etwas vornehmen! Zwei andere also, und in die Arena, wer ebenfalls zeigen wollte, daß er ein Junge zu heißen verdiene!

Niemand meldete sich. Warum aber begann bei diesem Aufruf mein Herz wie eine kleine Pauke zu schlagen? Was ich gefürchtet hatte, war eingetreten: die Anforderungen griffen auf die Zuschauer über. Aber warum war mir nun fast, als hätte ich mich auf diesen großen Augenblick die ganze Zeit mit Schrecken gefreut, und warum fand ich mich, sowie er eintrat, in einen Strudel widerstrebender Empfindungen gestürzt? Ich sah Johnny an: Vollkommen gelassen und unbeteiligt saß er neben mir, drehte seinen Strohhalm im Munde herum und blickte mit offener, neugieriger Miene im Kreise umher, ob noch ein paar starke Flegel sich fänden, die sich zu seinem Privatvergnügen die Nasen entzweischlagen wollten. Warum mußte ich mich persönlich getroffen und aufgefordert – in furchtbarer Erregung mir selbst gegenüber verpflichtet fühlen, meine Scheu mit gewaltiger und traumhafter Anstrengung zu überwinden und die Aufmerksamkeit aller auf mich zu lenken, indem ich als Held in die Schranken trat? Tatsächlich, sei es aus Dünkel oder übergroßer Schüchternheit, war ich im Begriff, meine Hand zu erheben und mich zum Kampf zu melden, als irgendwo im Kreise eine dreiste Stimme sich hören ließ:

»Jetzt soll Herr Knaak sich mal hauen!«

Alle Augen richteten sich scharf auf Herrn Knaak. Sagte ich es nicht, daß er sich auf Glatteis begeben, sich der Gefahr einer Prüfung auf Herz und Nieren ausgesetzt hatte? Aber er antwortete:

»Danke, ich habe in meiner Jugend genug Prügel bekommen.«

Er war gerettet. Aalglatt hatte er sich aus der Schlinge gezogen, hatte auf seine Jahre hingewiesen, zu verstehen gegeben, daß er früher einer ehrlichen Prügelei keineswegs ausgewichen sei, und dabei nicht einmal geprahlt, sondern seinen Worten das Gepräge der Wahrheit zu geben gewußt, indem er mit sympathischer Selbstverspottung eingestand, daß er verhauen worden sei. Man ließ ab von ihm. Man sah ein, daß es schwer, wenn nicht unmöglich war, ihn zu Fall zu bringen.

»Dann soll gerungen werden!« verlangte jemand. Dieser Vorschlag fand wenig Beifall. Aber mitten hinein in die Beratungen darüber ließ Do Escobar (und ich vergesse nie den peinlichen Eindruck, den es machte) hinter seinem blutigen Schnupftuch hervor seine heisere spanische Stimme vernehmen: »Ringen ist feige. Ringen tun die Deutschen!« – Eine unerhörte Taktlosigkeit von seiner Seite, die denn auch sofort die gebührende Abfertigung fand. Denn hier war es, wo Herr Knaak ihm die ausgezeichnete Antwort erteilte: »Möglich. Aber es scheint auch, daß die Deutschen den Spaniern zuweilen tüchtige Prügel geben.« Beifälliges Gelächter lohnte ihm; seine Stellung war sehr gefestigt seit dieser Entgegnung, und Do Escobar war für heute nun endgültig abgetan.

Aber daß Ringen mehr oder weniger langweilig sei, war doch die vorherrschende Meinung, und so ging man denn dazu über, sich mit allerlei Turnerstückchen: Bockspringen über des Nächsten Rücken, Kopfstehen, Handgehen und dergleichen mehr, die Zeit zu vertreiben. – »Kommt, nun gehen wir«, sagte Johnny zu Brattström und mir und stand auf. Das war ganz Johnny Bishop. Er war hergekommen, weil ihm etwas Reelles mit blutigem Ausgang geboten werden sollte. Da die Sache in Spielerei verlief, so ging er.

Er vermittelte mir die ersten Eindrücke von der eigentümlichen Überlegenheit des englischen Nationalcharakters, den ich später so sehr bewundern lernte.

[1911]

Unordnung und frühes Leid

Als Hauptgericht hat es nur Gemüse gegeben, Wirsing-Koteletts; darum folgt noch ein Flammeri, hergestellt aus einem der nach Mandeln und Seife schmeckenden Puddingpulver, die man jetzt kauft, und während Xaver, der jugendliche Hausdiener, in einer gestreiften Jacke, welcher er entwachsen ist, weißwollenen Handschuhen und gelben Sandalen, ihn auftischt, erinnern die Großen ihren Vater auf schonende Art daran, daß sie heute Gesellschaft haben.

Die Großen, das sind die achtzehnjährige und braunäugige Ingrid, ein sehr reizvolles Mädchen, das zwar vor dem Abiturium steht und es wahrscheinlich auch ablegen wird, wenn auch nur, weil sie den Lehrern und namentlich dem Direktor die Köpfe bis zu absoluter Nachsicht zu verdrehen gewußt hat, von ihrem Berechtigungsschein aber keinen Gebrauch zu machen gedenkt, sondern auf Grund ihres angenehmen Lächelns, ihrer ebenfalls wohltuenden Stimme und eines ausgesprochenen und sehr amüsanten parodistischen Talentes zum Theater drängt – und Bert, blond und siebzehnjährig, der die Schule um keinen Preis zu beenden, sondern sich so bald wie möglich ins Leben zu werfen wünscht und entweder Tänzer oder Kabarett-Rezitator oder aber Kellner werden will: dies letztere unbedingt »in Kairo« – zu welchem Ziel er schon einmal, morgens um fünf, einen knapp vereitelten Fluchtversuch unternommen hat. Er zeigt entschiedene Ähnlichkeit mit Xaver Kleinsgütl, dem gleichaltrigen Hausdiener: nicht weil er gewöhnlich aussähe — er gleicht in den Zügen sogar auffallend seinem Vater, Professor Cornelius –, sondern eher kraft einer Annäherung von der anderen Seite her, oder allenfalls vermöge einer wechselseitigen Anpassung der Typen, bei der ein weitgehender Ausgleich der Kleidung und allgemeinen Haltung die Hauptrolle spielt. Beide tragen ihr dichtes Haar auf dem Kopfe sehr lang, flüchtig in der Mitte gescheitelt, und haben folglich die gleiche Kopfbewegung, um es aus der Stirn zurückzuwerfen. Wenn einer von ihnen durch die Gartenpforte das Haus verläßt, barhaupt bei jedem Wetter, in einer Windjacke, die aus bloßer Koketterie mit einem Lederriemen gegürtet ist, und mit etwas vorgeneigtem Oberkörper, dazu noch den Kopf auf der Schulter, davonschiebt oder sich aufs Rad setzt – Xaver benutzt willkürlich die Räder seiner Herrschaft, auch die weiblichen und in besonders sorgloser Laune sogar das des Professors –, so kann Doktor Cornelius von seinem Schlafzimmerfenster aus beim besten Willen nicht unterscheiden, wen er vor sich hat, den Burschen oder seinen Sohn. Wie junge Mushiks, findet er, sehen sie aus, einer wie der andere, und beide sind sie leidenschaftliche Zigarettenraucher, wenn auch Bert nicht über die Mittel verfügt, so viele zu rauchen wie Xaver, der es auf dreißig Stück pro Tag gebracht hat, und zwar von einer Marke, die den Namen einer in Flor stehenden Kino-Diva trägt.

Die Großen nennen ihre Eltern »die Greise« – nicht hinter ihrem Rücken, sondern anredeweise und in aller

Anhänglichkeit, obgleich Cornelius erst siebenundvierzig und seine Frau noch acht Jahre jünger ist. »Geschätzter Greis!« sagen sie, »treuherzige Greisin!«, und die Eltern des Professors, die in seiner Heimat das bestürzte und verschüchterte Leben alter Leute führen, heißen in ihrem Munde »die Urgreise«. Was die »Kleinen« betrifft, Lorchen und Beißer, die mit der »blauen Anna«, so genannt nach der Bläue ihrer Backen, auf der oberen Diele essen, so reden sie nach dem Beispiel der Mutter den Vater mit Vornamen an, sagen also Abel. Es klingt unbeschreiblich drollig in seiner extravaganten Zutraulichkeit, wenn sie ihn so rufen und nennen, besonders in dem süßen Stimmklang der fünfjährigen Eleonore, die genau aussieht wie Frau Cornelius auf ihren Kinderbildern, und die der Professor über alles liebt.

»Greislein«, sagt Ingrid angenehm, indem sie ihre große, aber schöne Hand auf die des Vaters legt, der nach bürgerlichem und nicht unnatürlichem Herkommen dem Familientisch vorsitzt, und zu dessen Linken sie, der Mutter gegenüber, ihren Platz hat – »guter Vorfahr, laß dich nun sanft gemahnen, denn sicher hast du's verdrängt. Es war also heute nachmittag, daß wir unsere kleine Lustbarkeit haben sollten, unser Gänsehüpfen mit Heringssalat – da heißt es für deine Person denn Fassung bewahren und nicht verzagen, um neun Uhr ist alles vorüber.«

»Ach?« sagt Cornelius mit verlängerter Miene. – »Gut, gut«, sagt er und schüttelt den Kopf, um sich in Harmonie mit dem Notwendigen zu zeigen. »Ich dachte nur – ist das schon fällig? Donnerstag, ja. Wie die Zeit verfliegt. Wann kommen sie denn?«

Um halb fünf, antwortet Ingrid, der ihr Bruder im Verkehr mit dem Vater den Vortritt läßt, würden die Gäste wohl einlaufen. Im Oberstock, solange er ruhe, höre er fast nichts, und von sieben bis acht halte er seinen Spaziergang. Wenn er wolle, könne er sogar über die Terrasse entweichen.

»Oh –«, macht Cornelius im Sinne von ›Du übertreibst‹. Aber Bert sagt nun doch:

»Es ist der einzige Abend der Woche, an dem Wanja nicht spielen muß. Um halb sieben müßte er gehen an jedem andern. Das wäre doch schmerzlich für alle Beteiligten.«

»Wanja«, das ist Iwan Herzl, der gefeierte jugendliche Liebhaber des Staatstheaters, sehr befreundet mit Bert und Ingrid, die häufig bei ihm Tee trinken und ihn in seiner Garderobe besuchen. Er ist ein Künstler der neueren Schule, der in sonderbaren und, wie es dem Professor scheint, äußerst gezierten und unnatürlichen Tänzerposen auf der Bühne steht und leidvoll schreit. Einen Professor der Geschichte kann das unmöglich ansprechen, aber Bert hat sich unter Herzls Einfluß begeben, schwärzt sich den Rand der unteren Augenlider, worüber es zu einigen schweren, aber fruchtlosen Szenen mit dem Vater gekommen ist, und erklärt mit jugendlicher Gefühllosigkeit für die Herzenspein der Altvorderen, daß er sich Herzl nicht nur zum Vorbild nehmen wolle, falls er sich für den Tänzerberuf entscheide, sondern sich auch als Kellner in Kairo genau so zu bewegen gedenke wie er.

Cornelius verbeugt sich leicht gegen seinen Sohn, die Augenbrauen etwas hochgezogen, jene loyale Bescheidung und Selbstbeherrschung andeutend, die seiner

Generation gebührt. Die Pantomime ist frei von nachweisbarer Ironie und allgemeingültig. Bert mag sie sowohl auf sich wie auf das Ausdruckstalent seines Freundes beziehen.

Wer sonst noch komme, erkundigt sich der Hausherr. Man nennt ihm einige Namen, ihm mehr oder weniger bekannt, Namen aus der Villenkolonie, aus der Stadt, Namen von Kolleginnen Ingrids aus der Oberklasse des Mädchengymnasiums ... Man müsse noch telephonieren, heißt es. Man müsse zum Beispiel mit Max telephonieren, Max Hergesell, stud. ing., dessen Namen Ingrid sofort in der gedehnten und näselnden Weise vorbringt, die nach ihrer Angabe die Privat-Sprechmanier aller Hergesells sein soll, und die sie auf äußerst drollige und lebenswahrscheinliche Weise zu parodieren fortfährt, so daß die Eltern vor Lachen in Gefahr kommen, sich mit dem schlechten Flammeri zu verschlucken. Denn auch in diesen Zeiten muß man lachen, wenn etwas komisch ist.

Zwischendurch ruft das Telephon im Arbeitszimmer des Professors, und die Großen laufen hinüber, denn sie wissen, daß es sie angeht. Viele Leute haben das Telephon bei der letzten Verteuerung aufgeben müssen, aber die Cornelius' haben es gerade noch halten können, wie sie die vor dem Kriege gebaute Villa bis jetzt noch haben halten können, kraft des leidlich den Umständen angepaßten Millionengehalts, das der Professor als Ordinarius für Geschichte bezieht. Das Vorstadthaus ist elegant und bequem, wenn auch etwas verwahrlost, weil Reparaturen aus Materialmangel unmöglich sind, und entstellt von eisernen Öfen mit langen Rohren. Aber es ist der Lebensrahmen des höheren Mittelstandes von ehemals, worin man nun lebt, wie es nicht mehr dazu paßt, das heißt ärmlich und schwierig, in abgetragenen und gewendeten Kleidern. Die Kinder wissen nichts anderes, für sie ist es Norm und Ordnung, es sind geborene Villenproletarier. Die Kleiderfrage kümmert sie wenig. Dies Geschlecht hat sich ein zeitgemäßes Kostüm erfunden, ein Produkt aus Armut und Pfadfindergeschmack, das im Sommer beinahe nur aus einem gegürteten Leinenkittel und Sandalen besteht. Die bürgerlich Alten haben es schwerer.

Die Großen reden nebenan mit den Freunden, während ihre Servietten über den Stuhllehnen hängen. Es sind Eingeladene, die anrufen. Sie wollen zusagen oder absagen oder über irgend etwas verhandeln, und die Großen verhandeln mit ihnen im Jargon des Kreises, einem Rotwelsch voller Redensartlichkeit und Übermut, von dem die »Greise« selten ein Wort verstehen. Auch diese beraten unterdessen: über die Verpflegung, die man den Gästen bieten wird. Der Professor zeigt bürgerlichen Ehrgeiz. Er möchte, daß es zum Abendessen, nach dem italienischen Salat und dem belegten Schwarzbrot eine Torte gebe, etwas Tortenähnliches; aber Frau Cornelius erklärt, daß das zu weit führen würde – die jungen Leute erwarten es gar nicht, meint sie, und die Kinder stimmen ihr zu, als sie sich noch einmal zum Flammeri setzen.

Die Hausfrau, von der die höher gewachsene Ingrid den Typus hat, ist mürbe und matt von den verrückten Schwierigkeiten der Wirtschaft. Sie müßte ein Bad aufsuchen, aber das Schwanken des Bodens unter den Füßen, das Drüber und Drunter aller Dinge machen das vorläufig untunlich. Sie denkt an die Eier, die heute unbedingt eingekauft werden müssen, und spricht davon: von den Sechstausend-Mark-Eiern, die nur an diesem Wochentage von einem bestimmten Geschäft, eine Viertelstunde von hier, in bestimmter Anzahl abgegeben werden, und zu deren Entgegennahme sich die Kinder unmittelbar nach Tische vor allem anderen aufmachen müssen. Danny, der Nachbarssohn, wird kommen, sie abzuholen, und Xaver wird sich in Zivilkleidung den jungen Herrschaften ebenfalls anschließen. Denn das Geschäft gibt nur fünf Eier pro Woche an einen und denselben Hausstand ab, und darum werden die jungen Leute einzeln, nacheinander und unter verschiedenen angenommenen Namen den Laden betreten, um zwanzig Eier im ganzen für die Villa Cornelius zu erringen: ein wöchentlicher Hauptspaß für alle Beteiligten, den Mushik Kleinsgütl nicht ausgenommen, namentlich aber für Ingrid und Bert, die außerordentlich zur Mystifikation und Irreführung ihrer Mitmenschen neigen und dergleichen auf Schritt und Tritt um seiner selbst willen betreiben, auch wenn durchaus keine Eier dabei herauskommen. Sie lieben es, sich im Trambahnwagen indirekt und auf dem Wege der Darstellung für ganz andere junge Personen auszugeben, als sie in Wirklichkeit sind, indem sie miteinander im Landesdialekt, den sie sonst gar nicht sprechen, öffentlich lange, gefälschte Gespräche führen, so recht ordinäre Gespräche, wie die Leute sie führen: das allergewöhnlichste Zeug über Politik und Lebensmittelpreise und Menschen, die es nicht gibt, so daß der ganze Wagen mit Sympathie und doch mit dem dunklen Argwohn, daß hier irgend etwas nicht stimmt, ihrer grenzenlos gewöhnlichen Zungenfertigkeit lauscht. Dann werden sie immer frecher und fangen an, sich von den

Menschen, die es nicht gibt, die abscheulichsten Geschichten zu erzählen. Ingrid ist imstande, mit hoher, schwankender, ordinär zwitschernder Stimme vorzugeben, daß sie ein Ladenfräulein ist, welches ein uneheliches Kind besitzt, einen Sohn, der sadistisch veranlagt ist und neulich auf dem Lande eine Kuh so unbeschreiblich gemartert hat, daß es für einen Christenmenschen kaum anzusehen gewesen ist. Über die Art, wie sie das Wort »gemartert« zwitschert, ist Bert dicht daran herauszuplatzen, legt aber eine schaurige Teilnahme an den Tag und tritt mit dem unglücklichen Ladenfräulein in ein langes und schauriges, zugleich verderbtes und dummes Gespräch über die Natur der krankhaften Grausamkeit ein, bis ein alter Herr, schräg gegenüber, der sein Billett zusammengefaltet zwischen Zeigefinger und Siegelring trägt, das Maß voll findet und sich öffentlich dagegen verwahrt, daß so junge Leute solche Themata (er gebraucht den griechischen Plural »Themata«) in dieser Ausführlichkeit erörtern. Worauf Ingrid so tut, als ob sie in Tränen schwömme, und Bert sich den Anschein gibt, als ob er eine tödliche Wut auf den alten Herrn mit äußerster Anstrengung, aber kaum noch auf lange Zeit, unterdrücke und bändige: die Fäuste geballt, zähneknirschend und am ganzen Leibe zitternd, so daß der alte Herr, der es nur gut gemeint hat, an der nächsten Station schleunig den Wagen verläßt.

Solcherart sind die Unterhaltungen der »Großen«. Das Telephon spielt eine hervorragende Rolle dabei: sie klingeln an bei aller Welt, bei Opernsängern, Staatspersonen und Kirchenfürsten, melden sich als Ladenfräulein oder als Graf und Gräfin Mannsteufel und bequemen sich nur schwer zu der Einsicht, daß sie falsch verbunden sind. Einmal haben sie die Besuchskartenschale der Eltern ausgeleert und die Karten kreuz und quer, aber nicht ohne Sinn für das Verwirrend-Halbwahrscheinliche, in die Briefkästen des Viertels verteilt, woraus viel Unruhe erwuchs, da plötzlich Gott weiß wer bei der Himmel weiß wem Besuch abgelegt zu haben schien.

Xaver, jetzt ohne Servierhandschuhe, so daß man den gelben Kettenring sieht, den er an der Linken trägt, kommt haarwerfend herein, um abzudecken, und während der Professor sein Achttausend-Mark-Dünnbier austrinkt und sich eine Zigarette anzündet, hört man die »Kleinen« sich auf Treppe und Diele tummeln. Sie kommen, wie üblich, die Eltern nach Tisch zu begrüßen, stürmen das Eßzimmer, im Kampf mit der Tür, an deren Klinke sie sich gemeinsam mit den Händchen hängen, und stapfen und stolpern mit ihren eiligen, ungeschickten Beinchen, in roten Filzhausschuhen, über denen die Söckchen faltig heruntergerutscht sind, rufend, berichtend und schwatzend über den Teppich, indem ein jedes nach seinem gewohnten Ziele steuert: Beißer zur Mutter, auf deren Schoß er mit den Knien klettert, um ihr zu sagen, wieviel er gegessen hat, und ihr zum Beweise seinen geschwollenen Bauch zu zeigen, und Lorchen zu ihrem »Abel«, – so sehr der Ihre, weil sie so sehr die Seine ist, weil sie die innige und wie alles tiefe Gefühl etwas melancholische Zärtlichkeit spürt und lächelnd genießt, mit der er ihre Klein-Mädchen-Person umfängt, die Liebe, mit der er sie anblickt und ihr fein gestaltetes Händchen oder ihre Schläfe küßt, auf der sich bläuliche Äderchen so zart und rührend abzeichnen.

Die Kinder zeigen die zugleich starke und unbestimmte, durch gleichmäßige Kleidung und Haartracht unterstützte Ähnlichkeit des Geschwisterpärchens, unterscheiden sich aber auch wieder auffallend voneinander, und zwar im Sinne des Männlichen und Weiblichen. Das ist ein kleiner Adam und eine kleine Eva, deutlich betont, - auf seiten Beißers, wie es scheint, sogar bewußt und vom Selbstgefühl her betont: von Figur schon ist er gedrungener, stämmiger, stärker, unterstreicht aber seine vierjährige Manneswürde noch in Haltung, Miene und Redeweise, indem er die Ärmchen athletisch, wie ein junger Amerikaner, von den etwas gehobenen Schultern hängen läßt, beim Sprechen den Mund hinunterzieht und seiner Stimme einen tiefen, biederen Klang zu geben sucht. Übrigens ist all diese Würde und Männlichkeit mehr angestrebt als wahrhaft in seiner Natur gesichert; denn, gehegt und geboren in wüsten, verstörten Zeiten, hat er ein recht labiles und reizbares Nervensystem mitbekommen, leidet schwer unter den Mißhelligkeiten des Lebens, neigt zu Jähzorn und Wutgetrampel, zu verzweifelten und erbitterten Tränenergüssen über jede Kleinigkeit und ist schon darum der besondere Pflegling der Mutter. Er hat kastanienbraune Kugelaugen, die leicht etwas schielen, weshalb er wohl bald eine korrigierende Brille wird tragen müssen, ein langes Näschen und einen kleinen Mund. Es sind die Nase und der Mund des Vaters, wie recht deutlich geworden, seitdem der Professor sich den Spitzbart hat abnehmen lassen und glatt rasiert geht. (Der Spitzbart war wirklich nicht länger zu halten; auch der historische Mensch bequemt sich schließlich zu solchen Zugeständnissen an die Sitten der Gegenwart.) Aber Cornelius hält sein Töchterchen auf den Knien, sein Eleonorchen, die kleine Eva – so viel graziler, im Ausdruck süßer als der Junge –, und läßt sie, indem er die Zigarette weit von ihr weghält, mit ihren feinen Händchen an seiner Brille fingern, deren zum Lesen und Fernsehen abgeteilte Gläser täglich wieder ihre Neugier beschäftigen.

Im Grunde hat er ein Gefühl dafür, daß die Vorliebe seiner Frau wohl hochherziger gewählt hat als die seine und daß die schwierige Männlichkeit Beißers vielleicht mehr wiegt als der ausgeglichenere Liebreiz seines Kindchens. Aber dem Herzen, meint er, läßt sich nicht gebieten, und sein Herz gehört nun einmal der Kleinen, seitdem sie da ist, seitdem er sie zum erstenmal gesehen. Auch erinnert er sich fast immer, wenn er sie in den Armen hält, an dieses erste Mal: es war in einem hellen Zimmer der Frauenklinik, wo Lorchen zur Welt gekommen, in zwölfjährigem Abstand von ihren großen Geschwistern. Er trat herzu, und in dem Augenblick fast, wo er unter dem Lächeln der Mutter behutsam die Gardine von dem Puppenhimmelbettchen zog, das neben dem großen stand, und das kleine Wunder gewahrte, das da so wohlausgebildet und wie von der Klarheit süßen Ebenmaßes umflossen in den Kissen lag, mit Händchen, die schon damals, in noch viel winzigeren Maßen, so schön waren wie jetzt, mit offenen Augen, die damals himmelblau waren und den hellen Tag widerstrahlten – fast in derselben Sekunde fühlte er sich ergriffen und gebunden; es war Liebe auf den ersten Blick und für immer, ein Gefühl, das ungekannt, unerwartet und unerhofft – soweit das Bewußtsein in Frage kam – von ihm Besitz ergriff, und das er sofort mit Erstaunen und Freude als lebensendgültig verstand.

Übrigens weiß Doktor Cornelius, daß es mit der Unverhofftheit, der gänzlichen Ungeahntheit dieses Gefühls und selbst seiner völligen Unwillkürlichkeit, genau erforscht, nicht ganz richtig ist. Er versteht im Grunde, daß es ihn nicht so von ungefähr überkommen und sich mit seinem Leben verbunden hat, sondern daß er unbewußt dennoch darauf vorbereitet oder richtiger: dafür bereitet gewesen ist; daß etwas in ihm bereit war, es im gegebenen Augenblick aus sich zu erzeugen, und daß dies Etwas seine Eigenschaft als Professor der Geschichte gewesen ist – höchst sonderbar zu sagen. Aber Doktor Cornelius sagt es auch nicht, sondern weiß es eben nur manchmal, mit geheimem Lächeln. Er weiß, daß Professoren der Geschichte die Geschichte nicht lieben, sofern sie geschieht, sondern sofern sie geschehen ist; daß sie die gegenwärtige Umwälzung hassen, weil sie sie als gesetzlos, unzusammenhängend und frech, mit einem Worte, als ›unhistorisch‹ empfinden, und daß ihr Herz der zusammenhängenden, frommen und historischen Vergangenheit angehört. Denn über dem Vergangenen, so gesteht sich der Universitätsgelehrte, wenn er vor dem Abendessen am Flusse spazierengeht, liegt die Stimmung des Zeitlosen und Ewigen, und das ist eine Stimmung, die den Nerven eines Geschichtsprofessors weit mehr zusagt als die Frechheiten der Gegenwart. Das Vergangene ist verewigt, das heißt: es ist tot, und der Tod ist die Quelle aller Frömmigkeit und alles erhaltenden Sinnes. Der Doktor sieht das heimlich ein, wenn er allein im Dunklen geht. Es ist sein erhaltender Instinkt, sein Sinn für das ›Ewige‹ gewesen, der sich vor den Frechheiten der Zeit in die Liebe zu diesem Töchterchen gerettet hat.

Denn Vaterliebe und ein Kindchen an der Mutterbrust, das ist zeitlos und ewig und darum sehr heilig und schön. Und doch versteht Cornelius im Dunkeln, daß etwas nicht ganz recht und gut ist in dieser seiner Liebe, – er gesteht es sich theoretisch um der Wissenschaft willen ein. Sie hat ihrem Ursprunge nach etwas Tendenziöses, diese Liebe; es ist Feindseligkeit darin, Opposition gegen die geschehende Geschichte zugunsten der geschehenen, das heißt des Todes. Ja, sonderbar genug, aber wahr, gewissermaßen wahr. Seine Inbrunst für dies süße Stückchen Leben und Nachwuchs hat etwas mit dem Tode zu tun, sie hält zu ihm, gegen das Leben, und das ist in gewissem Sinne nicht ganz schön und gut – obgleich es natürlich die wahnsinnigste Askese wäre, sich wegen solcher gelegentlichen wissenschaftlichen Einsicht das liebste und reinste Gefühl aus dem Herzen zu reißen.

Er hält das Töchterchen auf dem Schoß, das seine dünnen, rosigen Beinchen von seinen Knien hängen läßt, spricht zu ihr, die Augenbrauen hochgezogen, im Ton einer zarten, spaßhaften Ehrerbietung und lauscht entzückt auf das süße, hohe Stimmchen, mit dem sie ihm antwortet und ihn »Abel« nennt. Er tauscht sprechende Blicke dabei mit der Mutter, die ihren Beißer betreut und ihn mit sanftem Vorwurf zu Vernunft und Fassung ermahnt, da er heute, gereizt durch das Leben, wieder einem Wutanfall unterlegen ist und sich wie ein heulender Derwisch benommen hat. Auch zu den »Großen« wirft Cornelius manchmal einen etwas argwöhnischen Blick hinüber, denn er hält es nicht für unmöglich, daß ihnen gewisse wissenschaftliche Einsichten seiner Abendspaziergänge auch nicht ganz fremd sind. Aber wenn dem so ist, so lassen sie es nicht merken. Hinter ihren Stühlen stehend, die Arme auf die Lehne gestützt, sehen sie wohlwollend, wenn auch mit einiger Ironie, dem elterlichen Glücke zu.

Die Kinder tragen dicke, ziegelrote, modern bestickte Künstlerkleidchen, die seinerzeit schon Bert und Ingrid gehört haben, und die ganz gleich sind, mit dem einzigen Unterschied, daß bei Beißer kleine, kurze Hosen unter dem Kittel hervorkommen. Auch den gleichen Haarschnitt tragen sie, die Pagenfrisur. Beißers Haar ist unregelmäßig blond, noch in langsamem Nachdunkeln begriffen, ungeschickt angewachsen überall, struppig, und sieht aus wie eine kleine, komische, schlechtsitzende Perücke. Lorchens dagegen ist kastanienbraun, seidenfein, spiegelnd und so angenehm wie das ganze Persönchen. Es verdeckt ihre Ohren, die, wie man weiß, verschieden groß sind: das eine hat richtiges Verhältnis, das andere aber ist etwas ausgeartet, entschieden zu groß. Der Vater holt die Ohren zuweilen hervor, um sich in starken Akzenten darüber zu verwundern, als hätte er den kleinen Schaden noch nie bemerkt, was Lorchen zugleich beschämt und amüsiert. Ihre weit auseinanderliegenden Augen sind goldig braun und haben einen süßen Schimmer, den klarsten und lieblichsten Blick. Die Brauen darüber sind blond. Ihre Nase ist noch ganz formlos, mit ziemlich dicken Nüstern, so daß die Löcher fast kreisrund sind, ihr Mündchen groß und ausdrucksvoll, mit schön geschwungener, beweglicher Oberlippe. Wenn sie lacht und ihre getrennt stehenden Perlzähne zeigt (erst einen hat sie verloren; sie hat sich das nach allen Seiten wackelnde Ding von ihrem Vater mit dem Taschentuch herausbiegen lassen, wobei sie sehr blaß geworden ist und gezittert hat), so bekommt sie Grübchen in die Wangen, die ihre charakteristische, bei aller kindlichen Weichheit etwas gehöhlte Form daher haben, daß ihr Untergesichtchen leicht vorgebaut ist. Auf der einen Wange, nahe gegen den schlichten Fall des Haares hin, hat sie einen Leberflecken mit Flaum darauf.

Im ganzen ist sie selbst von ihrem Äußeren wenig befriedigt – ein Zeichen, daß sie sich darum kümmert. Ihr Gesichtchen, urteilt sie traurig, sei leider nun einmal häßlich, dagegen »das Figürle« recht nett. Sie liebt kleine gewählte, gebildete Ausdrücke und reiht sie aneinander, wie »vielleicht, freilich, am End'«. Beißers selbstkritische Sorgen betreffen mehr das Moralische. Er neigt zur Zerknirschung, hält sich auf Grund seiner Wutanfälle für einen großen Sünder und ist überzeugt, daß er nicht in den Himmel kommen wird, sondern in die »Höhle«. Da hilft kein Zureden, daß Gott viel Einsicht besitze und fünf gern einmal gerade sein lasse: er schüttelt in verstockter Schwermut den Kopf mit der schlechtsitzenden Perücke und erklärt sein Eingehen in die Seligkeit für völlig unmöglich. Ist er erkältet, so scheint er ganz voll von Schleim; er rasselt und knarrt von oben bis unten, wenn man ihn nur anrührt, und hat sofort das höchste Fieber, so daß er nur so pustet. Kinds-Anna neigt denn auch zur Schwarzseherei, was seine Konstitution betrifft, und ist der Meinung, daß einen Knaben mit so »ungemein fettem Blut« jeden Augenblick der Schlag treffen könne. Einmal hat sie diesen furchtbaren Augenblick schon gekommen gewähnt: als man nämlich Beißer, zur Buße für einen berserkerhaften Wutanfall, das Gesicht zur Wand gekehrt, in die Ecke gestellt hatte – und dieses Gesicht bei zufälliger Prüfung sich als über und über blau angelaufen erwies, viel blauer als Kinds-Anna's eigenes. Sie brachte das Haus auf die Beine, verkündend, daß des Jungen allzu fettes Blut sein letztes Stündlein nun herbeigeführt habe, und der böse Beißer fand sich zu seiner gerechten Verwunderung plötzlich in angstvolle Zärtlichkeit eingehüllt, bis sich herausstellte, daß die Bläue seiner Züge nicht vom Schlagfluß, sondern von der gestrichenen Wand des Kinderzimmers herrührte, die ihr Indigo an sein tränenüberschwemmtes Gesicht abgegeben hatte.

Kinds-Anna ist ebenfalls mit eingetreten und mit zusammengelegten Händen an der Tür stehen geblieben: in weißer Schürze, mit öliger Frisur, Gänseaugen und einer Miene, in der sich die strenge Würde der Beschränktheit malt. »Die Kinder«, erklärt sie, stolz auf ihre Pflege und Unterweisung, »entziffern sich wunderbar.« Siebzehn vereiterte Zahnstümpfe hat sie sich kürzlich entfernen und sich ein ebenmäßiges Kunstgebiß gelber Zähne mit dunkelrotem Kautschukgaumen dafür anmessen lassen, das nun ihr Bäuerinnengesicht verschönt. Ihr Geist ist von der eigentümlichen Vorstellung umfangen, daß ihr Gebiß den Gesprächsstoff weiter Kreise bildet, daß gleichsam die Spatzen diese Angelegenheit von den Dächern pfeifen. »Es hat viel unnützes Gerede gegeben«, sagt sie streng und mystisch, »weil ich mir bekanntlich Zähne habe setzen lassen.« Überhaupt neigt sie zu dunklen und undeutlichen, dem Verständnis anderer nicht angepaßten Reden, wie zum Beispiel von einem Doktor Bleifuß, den jedes Kind kenne, und »da wohnen mehr im Haus«, sagte sie, »die sich für ihn ausgeben.« Man kann nur nachgiebig darüber hinweggehen. Sie lehrt die Kinder schöne Gedichte, wie zum Beispiel:

Eisenbahn, Eisenbahn,
Lokomotiv'.
Fahrt sie fort, bleibt sie da,
Tut sie einen Pfief.

Oder jenen zeitgemäß entbehrungsreichen, dabei aber vergnügten Wochenküchenzettel, der lautet:

Montag fängt die Woche an.
Dienstag sind wir übel dran.
Mittwoch sind wir mitten drin.
Donnerstag gibt's Kümmerling.
Freitag gibt's gebratnen Fisch.
Samstag tanzen wir um den Tisch.
Sonntag gibt es Schweinebrätle
Und dazu ein gut's Salätle.

Oder auch einen gewissen Vierzeiler von unbegreiflicher und ungelöster Romantik:

Macht auf das Tor, macht auf das Tor,
Es kommt ein großer Wagen.
Wer sitzt in diesem Wagen?
Ein Herr mit goldenen Haaren!

Oder endlich die schrecklich aufgeräumte Ballade von Mariechen, die auf einem Stein, einem Stein, einem Stein saß und sich ihr gleichfalls goldnes Haar, goldnes Haar, goldnes Haar kämmte. Und von Rudolf, der ein

Messer raus, Messer raus, Messer rauszog, und mit dem es denn auch ein fürchterliches Ende nahm.

Lorchen sagt und singt das alles ganz reizend mit ihrem beweglichen Mäulchen und ihrer süßen Stimme – viel besser als Beißer. Sie macht alles besser als er, und er bewundert sie denn auch ehrlich und ordnet sich ihr, von Anfällen der Auflehnung und des raufsüchtigen Kollers abgesehen, in allen Stücken unter. Oft unterrichtet sie ihn wissenschaftlich, erklärt ihm die Vögel im Bilderbuch, macht sie ihm namhaft: den Wolkenfresser, den Hagelfresser, den Rabenfresser. Das muß er nachsprechen. Auch medizinisch unterweist sie ihn, lehrt ihn Krankheiten, wie Brustentzündung, Blutentzündung und Luftentzündung. Wenn er nicht achtgibt und es nicht nachsprechen kann, stellt sie ihn in die Ecke. Einmal hat sie ihm noch dazu eine Ohrfeige gegeben, aber darüber hat sie sich so geschämt, daß sie sich selber auf längere Zeit in die Ecke gestellt hat.

Ja, sie kommen gut miteinander aus, sind ein Herz und eine Seele. Alles erleben sie gemeinsam, alle Abenteuer. Sie kommen nach Hause und erzählen noch ganz erregt und wie aus einem Munde, daß sie auf der Landstraße »zwei Kuhli-Muhli und ein Kalbfleisch« gesehen haben. Mit den Dienstboten unten, mit Xaver und den Damen Hinterhöfer, zwei ehemals bürgerlichen Schwestern, die »au pair«, wie man sagt, das ist gegen Kost und Logis, die Ämter der Köchin und des Zimmermädchens versehen, leben sie auf vertrautem Fuß, empfinden wenigstens zeitweise eine gewisse Verwandtschaft des Verhältnisses dieser Unteren zu den Eltern mit dem ihren. Sind sie gescholten worden, so gehen sie in die Küche und sagen: »Unsere Herrschaften sind bös!« Dennoch aber ist es ein schöneres Spiel mit den Oberen und namentlich mit »Abel«, wenn er nicht lesen und schreiben muß. Ihm fallen wundervollere Dinge ein als Xaver und den Damen. Die beiden spielen, daß sie »vier Herren« sind und spazierengehen. Dann macht »Abel« ganz krumme Knie, so daß er ebenso klein ist wie sie, und geht so mit spazieren, Hand in Hand mit ihnen, wovon sie nicht genug haben können. Den ganzen Tag könnten sie, alles in allem fünf Herren, mit dem klein gewordenen »Abel« rund um das Eßzimmer spazierengehn.

Ferner ist da das äußerst spannende Kissenspiel, darin bestehend, daß eines der Kinder, aber meistens Lorchen, sich, scheinbar unbemerkt von Abel, auf einen Stuhl am Eßtisch setzt und mäuschenstill sein Kommen erwartet. In der Luft herumblickend und unter Reden, die laut und stark dem Vertrauen auf die Bequemlichkeit seines Stuhles Ausdruck geben, nähert er sich und nimmt auf Lorchen Platz. »Wie?« sagt er. »Was?« Und rückt hin und her, ohne das versteckte Kichern zu hören, das hinter ihm laut wird. »Man hat mir ein Kissen auf meinen Stuhl gelegt? Was für ein hartes, unregelmäßiges, vertracktes Kissen ist das, auf dem ich so auffallend unbequem sitze?« Und immer stärker rutscht er auf dem befremdenden Kissen hin und her und greift hinter sich in das entzückte Kichern und Quieken hinein, bis er sich endlich umwendet und eine große Entdeckungs- und Erkennungsszene das Drama beschließt. Auch dieses Spiel büßt durch hundertfache Wiederholung nichts von seinen Spannungsreizen ein.

Heut kommt es nicht zu solchen Vergnügungen. Die Unruhe des bevorstehenden Festes der »Großen« liegt in der Luft, dem noch der Einkauf mit verteilten Rollen vorangehen muß: Lorchen hat nur eben »Eisenbahn, Eisenbahn« rezitiert und Doktor Cornelius gerade zu ihrer Beschämung entdeckt, daß ja ihre Ohren ganz verschieden groß sind, als Danny, der Nachbarssohn, eintrifft, um Bert und Ingrid abzuholen; und auch Xaver hat schon seine gestreifte Livree mit der Ziviljacke vertauscht, die ihm sofort ein etwas strizzihaftes, wenn auch immer noch flottes und sympathisches Aussehen verleiht. So suchen denn die Kleinen mit Kinds-Anna ihr Reich im Obergeschoß wieder auf, während der Professor sich in sein Arbeitszimmer zurückzieht, um zu lesen, wie es nach Tische seine Gewohnheit ist, und seine Frau Gedanken und Tätigkeit auf die Anchovis-Brötchen und den italienischen Salat richtet, die für die Tanzgesellschaft vorzubereiten sind. Sie muß, bevor die Jugend eintrifft, auch noch zu Rade mit ihrer Einkaufstasche zur Stadt fahren, um eine Summe Geldes, die sie in Händen hat, und die sie nicht der Entwertung aussetzen darf, in Lebensmittel umzusetzen.

Cornelius liest, in seinen Stuhl zurückgelehnt. Die Zigarre zwischen Zeige- und Mittelfinger, liest er im Macaulay etwas nach über die Entstehung der englischen Staatsschuld zu Ende des siebzehnten Jahrhunderts und danach bei einem französischen Autor etwas über die wachsende Verschuldung Spaniens gegen Ende des sechzehnten – beides für sein Kolleg von morgen vormittag. Denn er will Englands überraschende wirtschaftliche Prosperität von damals vergleichen mit den verhängnisvollen Wirkungen, die die Staatsverschuldung hundert Jahre früher in Spanien zeitigte, und die ethischen und psychologischen Ursachen dieses Unterschiedes analysieren. Das gibt ihm nämlich Gelegenheit, von dem England Wilhelms III., um das es sich eigentlich gerade handelt, auf das Zeitalter Philipps II. und der Gegenreformation zu kommen, das sein Steckenpferd ist und über das er selbst ein verdienstvolles Buch geschrieben hat – ein vielzitiertes Werk, dem er sein Ordinariat verdankt. Während seine Zigarre zu Ende geht und dabei etwas zu schwer wird, bewegt er bei sich ein paar leise melancholisch gefärbte Sätze, die er morgen vor seinen Studenten sprechen will, über den sachlich aussichtslosen Kampf des langsamen Philipp gegen das Neue, den Gang der Geschichte, die reichzersetzenden Kräfte des Individuums und der germanischen Freiheit, über diesen vom Leben verurteilten und also auch von Gott verworfenen Kampf beharrender Vornehmheit gegen die Mächte des Fortschritts und der Umgestaltung. Er findet die Sätze gut und feilt noch daran, während er die benutzten Bücher wieder einräumt und hinauf in sein Schlafzimmer geht, um seinem Tag die gewohnte Zäsur zu geben, diese Stunde bei geschlossenen Läden und mit geschlossenen Augen, die er braucht, und die heute, wie ihm nach der wissenschaftlichen Ablenkung wieder einfällt, im Zeichen häuslicher Unruhe stehen wird. Er lächelt über das schwache Herzklopfen, das diese Erinnerung ihm verursacht; in seinem Kopfe vermischen sich die Satzentwürfe über den in schwarzes Seidentuch gekleideten Philipp mit dem Gedanken an den Hausball der Kinder, und so schläft er auf fünf Minuten ein.

Wiederholt, während er liegt und ruht, hört er die Hausglocke gehen, die Gartenpforte zufallen, und jedesmal empfindet er einen kleinen Stich der Erregung, Erwartung und Beklemmung bei dem Gedanken, daß es die jungen Leute sind, die eintreffen und schon die Diele zu füllen beginnen. Jedesmal wieder lächelt er bei sich selbst über den Stich, aber auch dieses Lächeln noch ist ein Ausdruck einer Nervosität, die natürlich übrigens auch etwas Freude enthält; denn wer freute sich nicht auf ein Fest. Um halb fünf (es ist schon Abend) steht er auf und erfrischt sich am Waschtisch. Die Waschschüssel ist seit einem Jahr entzwei. Es ist eine Kippschüssel, die an einer Seite aus dem Gelenke gebrochen ist und nicht repariert werden kann, weil keine Handwerker kommen, und nicht erneuert, weil kein Geschäft in der Lage ist, eine zu liefern. So ist sie notdürftig über ihrem Ablauf an den Rändern der Marmorplatte aufgehängt und kann nur entleert werden, indem man sie mit beiden Händen hochhebt und ausgießt. Cornelius schüttelt, wie täglich mehrmals, den Kopf über die Schüssel, macht sich dann fertig – mit Sorgfalt übrigens; er putzt unter dem Deckenlicht seine Brille vollkommen blank und durchsichtig – und tritt den Gang hinunter ins Eßzimmer an.

Als er unterwegs die Stimmen hört, die drunten ineinandergehen, und das Grammophon, das schon in Bewegung gesetzt ist, nimmt seine Miene einen gesellschaftlich verbindlichen Ausdruck an. ›Bitte, sich nicht stören zu lassen!‹ beschließt er zu sagen und geradewegs ins Eßzimmer zum Tee zu gehen. Der Satz erscheint ihm als das gegebene Wort der Stunde: heiter-rücksichtsvoll nach außen, wie es ist, und eine gute Brustwehr für ihn selber.

Die Diele ist hell erleuchtet; alle elektrischen Kerzen

des Kronleuchters brennen, bis auf eine ganz ausgebrannte. Auf einer unteren Stufe der Treppe bleibt Cornelius stehen und überblickt die Diele. Sie nimmt sich hübsch aus im Licht, mit der Marées-Kopie über dem Backsteinkamin, der Täfelung, die übrigens weiches Holz ist, und dem roten Teppich, darauf die Gäste umherstehen, plaudernd, in den Händen Teetassen und halbe Brotscheiben, die mit Anchovispaste bestrichen sind. Festatmosphäre, ein leichter Dunst von Kleidern, Haar und Atem webt über die Diele, charakteristisch und erinnerungsvoll. Die Tür zur Garderobe ist offen, denn noch kommen neue Geladene.

Gesellschaft blendet im ersten Augenblick; der Professor sieht nur das allgemeine Bild. Er hat nicht bemerkt, daß Ingrid, in dunklem Seidenkleid mit weißem plissierten Schulterüberfall und bloßen Armen, dicht vor ihm mit Freunden am Fuße der Stufen steht. Sie nickt und lächelt mit ihren schönen Zähnen zu ihm herauf.

»Ausgeruht?« fragt sie leise, unter vier Augen. Und als er sie mit ungerechtfertigter Überraschung erkennt, macht sie ihn mit den Freunden bekannt.

»Darf ich dir Herrn Zuber vorstellen?« sagt sie. »Das ist Fräulein Plaichinger.«

Herr Zuber ist dürftigen Ansehens, die Plaichinger dagegen eine Germania, blond, üppig und locker gekleidet, mit Stumpfnase und der hohen Stimme beleibter Frauen, wie sich herausstellt, als sie dem Professor auf seine artige Begrüßung antwortet.

»Oh, herzlich willkommen«, sagt er. »Das ist ja schön, daß Sie uns die Ehre schenken. Coabiturientin wahrscheinlich?«

Herr Zuber ist Golfclub-Genosse Ingrids. Er steht im Wirtschaftsleben, ist in der Brauerei seines Onkels tätig, und der Professor scherzt einen Augenblick mit ihm über das dünne Bier, indem er tut, als ob er den Einfluß des jungen Zuber auf die Qualität des Bieres grenzenlos überschätze. »Aber wollen Sie sich doch ja nicht stören lassen!« sagt er dann und will ins Eßzimmer hinübergehen.

»Da kommt ja auch Max«, sagt Ingrid. »Nun, Max, du Schlot, was bummelst du so spät heran zu Spiel und Tanz!«

Das duzt sich allgemein und geht miteinander um, wie es den Alten ganz fremd ist: von Züchtigkeit, Galanterie und Salon ist wenig zu spüren.

Ein junger Mann mit weißer Hemdbrust und schmaler Smokingschleife kommt von der Garderobe her zur Treppe und grüßt, – brünett, aber rosig, rasiert natürlich, aber mit einem kleinen Ansatz von Backenbart neben den Ohren, ein bildhübscher Junge, – nicht lächerlich und lodernd schön wie ein Violin-Zigeuner, sondern hübsch auf eine sehr angenehme, gesittete und gewinnende Art, mit freundlichen, schwarzen Augen, und der Smoking sitzt ihm sogar noch etwas ungeschickt.

»Na, na, nicht schimpfen, Cornelia. Das blöde Kolleg«, sagt er; und Ingrid stellt ihn dem Vater vor als Herrn Hergesell.

So, das ist also Herr Hergesell. Wohlerzogen bedankt er sich beim Hausherrn, der ihm die Hand schüttelt, für die freundliche Einladung. »Ich zügele etwas nach«, sagt er und macht einen kleinen sprachlichen Scherz. »Ausgerechnet Bananen muß ich heute bis vier Uhr Kolleg haben; und dann sollte ich doch noch nach

Hause, mich umziehen.« Hierauf spricht er von seinen Pumps, mit denen er eben in der Garderobe große Plage gehabt haben will.

»Ich habe sie im Beutel mitgebracht«, erzählt er. »Es geht doch nicht, daß wir Ihnen hier mit den Straßenschuhen den Teppich zertrampeln. Nun hatte ich aber verblendeterweise keinen Schuhlöffel eingesteckt und konnte bei Gott nicht hineinkommen, haha, stellen Sie sich vor, eine unglaubliche Kiste! Mein Lebtag habe ich nicht so enge Pumps gehabt. Die Nummern fallen verschieden aus, es ist kein Verlaß darauf, und dann ist das Zeug auch hart heuzutage – schauen Sie, das ist kein Leder, das ist Gußeisen! Den ganzen Zeigefinger habe ich mir zerquetscht ...« Und er weist zutraulich seinen geröteten Zeigefinger vor, indem er das Ganze noch einmal als eine »Kiste« bezeichnet, und zwar als eine ekelhafte. Er spricht wirklich ganz so, wie Ingrid es nachgemacht hat: nasal und auf besondere Weise gedehnt, aber offenbar ohne jede Affektation, sondern eben nur, weil es so in der Art aller Hergesells liegt.

Doktor Cornelius rügt es, daß kein Schuhlöffel in der Garderobe ist, und erweist dem Zeigefinger alle Teilnahme. »Nun dürfen Sie sich aber absolut nicht stören lassen«, sagt er. »Auf Wiedersehen!« Und er geht über die Diele ins Eßzimmer.

Auch dort sind Gäste; der Familientisch ist lang ausgezogen, und es wird Tee daran getrunken. Aber der Professor geht geradewegs in den mit Stickerei ausgeschlagenen und von einem eigenen kleinen Deckenkörper besonders beleuchteten Winkel, an dessen Rundtischchen er Tee zu trinken pflegt. Er findet dort seine Frau im Gespräch mit Bert und zwei anderen jungen

Herren. Der eine ist Herzl; Cornelius kennt und begrüßt ihn. Der andere heißt Möller, – ein Wandervogel-Typ, der bürgerliche Festkleider offenbar weder besitzt noch besitzen will (im Grunde gibt es das gar nicht mehr), ein junger Mensch, der fern davon ist, den ›Herrn‹ zu spielen (das gibt es im Grunde auch nicht mehr), – in gegürteter Bluse und kurzer Hose, mit einer dicken Haartolle, langem Hals und einer Hornbrille. Er ist im Bankfach tätig, wie der Professor erfährt, ist aber außerdem etwas wie ein künstlerischer Folklorist, ein Sammler und Sänger von Volksliedern aus allen Zonen und Zungen. Auch heute hat er auf Wunsch seine Gitarre mitgebracht. Sie hängt noch im Wachstuchsack in der Garderobe.

Schauspieler Herzl ist schmal und klein, hat aber einen mächtigen schwarzen Bartwuchs, wie man an der überpuderten Rasur erkennt. Seine Augen sind übergroß, glutvoll und tief schwermütig; dabei hat er jedoch außer dem vielen Rasierpuder offenbar auch etwas Rot aufgelegt – das matte Karmesin auf der Höhe seiner Wangen ist sichtlich kosmetischer Herkunft. Sonderbar, denkt der Professor. Man sollte meinen, entweder Schwermut oder Schminke. Zusammen bildet es doch einen seelischen Widerspruch. Wie mag ein Schwermütiger sich schminken? Aber da haben wir wohl eben die besondere, fremdartige seelische Form des Künstlers, die diesen Widerspruch möglich macht, vielleicht geradezu daraus besteht. Interessant und kein Grund, es an Zuvorkommenheit fehlen zu lassen. Es ist eine legitime Form, eine Urform . . . »Nehmen Sie etwas Zitrone, Herr Hofschauspieler!«

Hofschauspieler gibt es gar nicht mehr, aber Herzl

hört den Titel gern, obgleich er ein revolutionärer Künstler ist. Das ist auch so ein Widerspruch, der zu seiner seelischen Form gehört. Mit Recht setzt der Professor sein Vorhandensein voraus und schmeichelt ihm, gewissermaßen zur Sühne für den geheimen Anstoß, den er an dem leichten Auftrag von Rouge auf Herzls Wangen genommen.

»Allerverbindlichsten Dank, verehrter Herr Professor!« sagt Herzl so überstürzt, daß nur seine hervorragende Sprechtechnik eine Entgleisung seiner Zunge verhütet. Überhaupt ist sein Verhalten gegen die Wirte und gegen den Hausherrn im besonderen von dem größten Respekt, ja von fast übertriebener und unterwürfiger Höflichkeit getragen. Es ist, als habe er ein schlechtes Gewissen wegen des Rouge, das aufzulegen er zwar innerlich gezwungen war, das er aber selbst aus der Seele des Professors heraus mißbilligt, und mit dem er durch größte Bescheidenheit gegen die nicht geschminkte Welt zu versöhnen sucht.

Man unterhält sich, während man Tee trinkt, von Möllers Volksliedern, von spanischen, baskischen Volksliedern, und von da kommt man auf die Neu-Einstudierung von Schillers ›Don Carlos‹ im Staatstheater, eine Aufführung, in der Herzl die Titelrolle spielt. Er spricht von seinem Carlos. »Ich hoffe«, sagt er, »mein Carlos ist aus einem Guß.« Auch von der übrigen Besetzung ist kritisch die Rede, von den Werten der Inszenierung, dem Milieu, und schon sieht sich der Professor wieder in sein Fahrwasser bugsiert, auf das Spanien der Gegenreformation gebracht, was ihn fast peinlich dünkt. Er ist ganz unschuldig daran, hat gar nichts getan, dem Gespräch diese Wendung zu geben.

Er fürchtet, daß es aussehen könnte, als habe er die Gelegenheit gesucht, zu dozieren, wundert sich und wird darüber schweigsam. Es ist ihm lieb, daß die Kleinen an den Tisch kommen, Lorchen und Beißer. Sie haben blaue Sammetkleidchen an, ihr Sonntagshabit, und wollen ebenfalls bis zur Schlafensstunde auf ihre Art an dem Feste der Großen teilnehmen. Schüchtern und mit großen Augen sagen sie den Fremden guten Tag, müssen ihre Namen und ihr Alter sagen. Herr Möller sieht sie nur ernsthaft an, aber Schauspieler Herzl zeigt sich völlig berückt, beglückt und entzückt von ihnen. Er segnet sie geradezu, hebt die Augen zum Himmel und faltet die Hände vor seinem Mund. Es kommt ihm gewiß von Herzen, aber die Gewöhnung an die Wirkungsbedingungen des Theaters macht seine Worte und Taten fürchterlich falsch, und außerdem scheint es, als solle auch seine Devotion vor den Kindern mit dem Rouge auf der Höhe seiner Wangen versöhnen.

Der Teetisch der Gäste hat sich schon geleert, auf der Diele wird nun getanzt, die Kleinen laufen dorthin, und der Professor zieht sich zurück. »Recht viel Vergnügen!« sagt er, indem er den Herren Möller und Herzl, die aufgesprungen sind, die Hand schüttelt. Und er geht in sein Arbeitszimmer hinüber, sein gefriedetes Reich, wo er die Rolläden herunterläßt, die Schreibtischlampe andreht und sich zu seiner Arbeit setzt.

Es ist Arbeit, die sich bei unruhiger Umgebung zur Not erledigen läßt: ein paar Briefe, ein paar Exzerpte. Natürlich ist Cornelius zerstreut. Er hängt kleinen Eindrücken nach, den ungeschmeidigen Pumps des Herrn Hergesell, der hohen Stimme in dem dicken Körper der Plaichinger. Auch auf Möllers baskische Liedersammlung gehen seine Gedanken zurück, während er schreibt oder zurückgelehnt ins Leere blickt, auf Herzls Demut und Übertriebenheit, »seinen« Carlos und Philipps Hof. Mit Gesprächen, findet er, ist es geheimnisvoll. Sie sind gefügig, gehen ganz ungelenkt einem insgeheim dominierenden Interesse nach. Er meint das öfters beobachtet zu haben. Zwischendurch lauscht er auf die übrigens keineswegs lärmenden Geräusche des Hausballes draußen. Nur einiges Reden, nicht einmal Tanzgeschlürf ist zu hören. Sie schlürfen und kreisen ja nicht, sie gehen sonderbar auf dem Teppich herum, der sie nicht stört, ganz anders angefaßt, als es zu seiner Zeit geschah, zu den Klängen des Grammophons, denen er hauptsächlich nachhängt, diesen sonderbaren Weisen der neuen Welt, jazzartig instrumentiert, mit allerlei Schlagzeug, das der Apparat vorzüglich wiedergibt, und dem schnalzenden Geknack der Kastagnetten, die aber eben nur als Jazz-Instrument und durchaus nicht spanisch wirken. Nein, spanisch nicht. Und er ist wieder bei seinen Berufsgedanken.

Nach einer halben Stunde fällt ihm ein, daß es nicht mehr als freundlich von ihm wäre, mit einer Schachtel Zigaretten zu der Lustbarkeit beizutragen. Es geht nicht an, findet er, daß die jungen Leute ihre eigenen Zigaretten rauchen, – obgleich sie selbst sich wohl nicht viel dabei denken würden. Und er geht ins leere Eßzimmer und nimmt aus dem Wandschränkchen eine Schachtel von seinem Vorrat, nicht gerade die besten, oder doch nicht gerade die, die er selber am liebsten raucht, ein etwas zu langes und dünnes Format, das er nicht ungern los wird bei dieser Gelegenheit, denn schließlich sind es ja junge Leute. Er geht damit auf die

Diele, hebt lächelnd die Schachtel hoch und stellt sie offen auf die Kaminplatte, um sich sogleich und nur unter leichter Umschau wieder gegen sein Zimmer zu wenden.

Eben ist Tanzpause, der Musikapparat schweigt. Man steht und sitzt an den Rändern der Diele plaudernd umher, an dem Mappentisch vor den Fenstern, auf den Stühlen vor dem Kamin. Auch auf den Stufen der eingebauten Treppe, ihrem reichlich schadhaften Plüschläufer, sitzt junge Welt amphitheatralisch: Max Hergesell zum Beispiel sitzt dort mit der üppig-hochstimmigen Plaichinger, die ihm ins Gesicht blickt, während er halb liegend zu ihr spricht, den einen Ellbogen hinter sich auf die nächsthöhere Stufe gestützt und mit der anderen Hand zu seinen Reden gestikulierend. Die Hauptfläche des Raumes ist leer; nur in der Mitte, gerade unter dem Kronleuchter, sieht man die beiden Kleinen in ihren blauen Kleidchen, ungeschickt umschlungen, sich still, benommen und langsam um sich selber drehen. Cornelius beugt sich im Vorbeigehen zu ihnen nieder und streicht ihnen mit einem guten Wort über das Haar, ohne daß sie sich dadurch stören ließen in ihrem kleinen, ernsthaften Tun. Aber an seiner Türe sieht er noch, wie stud. ing. Hergesell, wahrscheinlich weil er den Professor bemerkt hat, sich mit dem Ellbogen von der Stufe abstößt, herunterkommt und Lorchen aus den Ärmchen ihres Bruders nimmt, um selber drollig und ohne Musik mit ihr zu tanzen. Beinahe wie Cornelius selbst macht er es, wenn dieser mit den »vier Herren« spazierengeht, beugt tief die Knie, indem er sie anzufassen sucht wie eine Große, und macht einige Shimmy-Schritte mit dem verschämten

Lorchen. Wer es bemerkt, amüsiert sich sehr. Es ist das Zeichen, das Grammophon wieder laufen zu lassen, den Tanz allgemein wieder aufzunehmen. Der Professor, den Türgriff in der Hand, sieht einen Augenblick nickend und mit den Schultern lachend zu und tritt in sein Zimmer. Noch einige Minuten lang halten seine Züge das Lächeln von draußen mechanisch fest.

Er blättert wieder bei seiner Schirmlampe und schreibt, erledigt ein paar anspruchslose Sachlichkeiten. Nach einer Weile beobachtet er, daß die Gesellschaft sich von der Diele in den Salon seiner Frau hinüberzieht, welcher sowohl mit der Diele wie mit seinem Zimmer Verbindung hat. Dort wird nun gesprochen, und Gitarrenklänge mischen sich versuchend darein. Herr Möller will also singen, und er singt auch schon. Zu tönenden Gitarrengriffen singt der junge Beamte mit kräftiger Baßstimme ein Lied in fremder Sprache – kann sein, daß es Schwedisch ist; mit voller Bestimmtheit vermag der Professor es bis zum Schluß, dem mit großem Beifall aufgenommenen Schluß, nicht zu erkennen. Eine Portière ist hinter der Tür zum Salon, die dämpft den Schall. Als ein neues Lied beginnt, geht Cornelius vorsichtig hinüber.

Es ist halb dunkel im Salon. Nur die verhüllte Stehlampe brennt, und in ihrer Nähe sitzt Möller mit übergeschlagenem Bein auf dem Truhenpolster und greift mit dem Daumen in die Saiten. Die Anordnung des Publikums ist zwanglos, trägt das Gepräge lässigen Notbehelfs, da für so viele Zuhörer nicht Sitzplätze vorhanden sind. Einige stehen, aber viele, auch junge Damen, sitzen einfach am Boden, auf dem Teppich, die Knie mit den Armen umschlungen oder auch die

Beine vor sich gestreckt. Hergesell zum Beispiel, wiewohl im Smoking, sitzt so an der Erde, zu Füßen des Flügels, und neben ihm die Plaichinger. Auch die »Kleinen« sind da: Frau Cornelius, in ihrem Lehnstuhl dem Sänger gegenüber, hält sie beide auf dem Schoß, und Beißer, der Barbar, fängt in den Gesang hinein laut zu reden an, so daß er durch Zischen und Fingerdrohen eingeschüchtert werden muß. Nie würde Lorchen sich so etwas zuschulden kommen lassen: sie hält sich zart und still auf dem Knie der Mutter. Der Professor sucht ihren Blick, um seinem Kindchen heimlich zuzuwinken; aber sie sieht ihn nicht, obgleich sie auch den Künstler nicht zu beachten scheint. Ihre Augen gehen tiefer.

Möller singt den ›Joli tambour‹:

Sire, mon roi, donnez-moi votre fille –

Alle sind entzückt. »Wie gut!« hört man Hergesell in der nasalen und besonderen, gleichsam verwöhnten Art aller Hergesells sagen. Es folgt dann etwas Deutsches, wozu Herr Möller selbst die Melodie komponiert hat, und was stürmischen Beifall bei der Jugend findet, ein Bettlerlied:

Bettelweibel will kirfarten gehn,
  Jejucheh!
Bettelmandl will a mitgehn,
  Tideldumteideh.

Geradezu Jubel herrscht nach dem fröhlichen Bettlerlied. »Wie ausnehmend gut!« sagt Hergesell wieder auf seine Art. Noch etwas Ungarisches kommt, auch ein Schlager, in der wildfremden Originalsprache vorgetragen, und Möller hat starken Erfolg. Auch der Professor beteiligt sich ostentativ an dem Applaus. Dieser Einschlag von Bildung und historisierend-rückblickender Kunstübung in die Shimmy-Geselligkeit erwärmt ihn. Er tritt an Möller heran, gratuliert ihm und unterhält sich mit ihm über das Vorgetragene, über seine Quellen, ein Liederbuch mit Noten, das Möller ihm zur Einsichtnahme zu leihen verspricht. Cornelius ist um so liebenswürdiger gegen ihn, als er, nach Art aller Väter, die Gaben und Werte des fremden jungen Menschen sofort mit denen seines eigenen Sohnes vergleicht und Unruhe, Neid und Beschämung dabei empfindet. Da ist nun dieser Möller, denkt er, ein tüchtiger Bankbeamter. (Er weiß gar nicht, ob Möller in der Bank so sehr tüchtig ist.) Und dabei hat er noch dies spezielle Talent aufzuweisen, zu dessen Ausbildung natürlich Energie und Studium gehört haben. Dagegen mein armer Bert, der nichts weiß und nichts kann und nur daran denkt, den Hanswursten zu spielen, obgleich er gewiß nicht einmal dazu Talent hat! – Er möchte gerecht sein, sagt sich versuchsweise, daß Bert bei alledem ein feiner Junge ist, mit mehr Fonds vielleicht als der erfolgreiche Möller; daß möglicherweise ein Dichter in ihm steckt oder so etwas, und daß seine tänzerischen Kellnerpläne bloß knabenhaftes und zeitverstörtes Irrlichtelieren sind. Aber sein neidvoller Vaterpessimismus ist stärker. – Als Möller noch einmal zu singen beginnt, geht Doktor Cornelius wieder zu sich hinüber.

Es wird sieben, während er es bei geteilter Aufmerksamkeit treibt wie bisher; und da ihm noch ein kurzer, sachlicher Brief einfällt, den er ganz gut jetzt schreiben kann, wird es – denn Schreiben ist ein sehr starker Zeitvertreib – beinahe halb acht. Halb neun Uhr soll der italienische Salat eingenommen werden, und so heißt es denn nun ausgehen für den Professor, seine Post einwerfen und sich im Winterdunkel sein Quantum Luft und Bewegung verschaffen. Längst ist der Ball auf der Diele wieder eröffnet; er muß hindurch, um zu seinem Mantel und seinen Überschuhen zu gelangen, aber das hat weiter nichts Spannendes mehr: er ist ja ein wiederholt gesehener Hospitant bei der Jugendgeselligkeit und braucht nicht zu fürchten, daß er stört. Er tritt hinaus, nachdem er seine Papiere verwahrt und seine Briefe an sich genommen, und verweilt sich sogar etwas auf der Diele, da er seine Frau in einem Lehnstuhl neben der Tür seines Zimmers sitzend findet.

Sie sitzt dort und sieht zu, zuweilen besucht von den »Großen« und anderen jungen Leuten, und Cornelius stellt sich neben sie und blickt ebenfalls lächelnd in das Treiben, das nun offenbar auf den Höhepunkt seiner Lebhaftigkeit gekommen ist. Es sind noch mehr Zuschauer da: die blaue Anna, in strenger Beschränktheit, steht an der Treppe, weil die »Kleinen« der Festivität nicht satt werden, und weil sie achtgeben muß, daß Beißer sich nicht zu heftig dreht und so sein allzu fettes Blut in gefährliche Wallung bringt. Aber auch die untere Welt will etwas vom Tanzvergnügen der Großen haben: sowohl die Damen Hinterhöfer wie auch Xaver stehen an der Tür zur Anrichte und unterhalten sich mit Zusehen. Fräulein Walburga, die ältere der deklassierten Schwestern und der kochende Teil (um sie nicht geradezu als Köchin zu bezeichnen, da sie es nicht gerne hört), schaut mit braunen Augen durch ihre dick geschliffene

Rundbrille, deren Nasenbügel, damit er nicht drücke, mit einem Leinenläppchen umwunden ist - ein gutmütig-humoristischer Typ, während Fräulein Cäcilia, die jüngere, wenn auch nicht eben junge, wie stets eine äußerst süffisante Miene zur Schau trägt - in Wahrung ihrer Würde als ehemalige Angehörige des dritten Standes. Sehr bitter leidet Fräulein Cäcilia unter ihrem Sturz aus der kleinbürgerlichen Sphäre in die Dienstbotenregion. Sie lehnt es strikte ab, ein Mützchen oder sonst irgendein Abzeichen des Zimmermädchenberufs zu tragen, und ihre schwerste Stunde kommt regelmäßig am Mittwochabend, wenn Xaver Ausgang hat und sie servieren muß. Sie serviert mit abgewandtem Gesicht und gerümpfter Nase, eine gefallene Königin; es ist eine Qual und tiefe Bedrückung, ihre Erniedrigung mit anzusehen, und die »Kleinen«, als sie einmal zufällig am Abendessen teilnahmen, haben bei ihrem Anblick alle beide und genau gleichzeitig laut zu weinen begonnen.

Solche Leiden kennt Jung-Xaver nicht. Er serviert sogar recht gern, tut es mit einem gewissen sowohl natürlichen wie geübten Geschick, denn er war einmal Pikkolo. Sonst aber ist er wirklich ein ausgemachter Taugenichts und Windbeutel - mit positiven Eigenschaften, wie seine bescheidene Herrschaft jederzeit zuzugeben bereit ist, aber ein unmöglicher Windbeutel eben doch. Man muß ihn nehmen, wie er ist, und von dem Dornbusch nicht Feigen verlangen. Er ist ein Kind und Früchtchen der gelösten Zeit, ein rechtes Beispiel seiner Generation, ein Revolutionsdiener, ein sympathischer Bolschewist. Der Professor pflegt ihn als »Festordner« zu kennzeichnen, da er bei außerordentlichen, bei amüsanten Gelegenheiten durchaus seinen Mann steht, sich anstellig und gefällig erweist. Aber, völlig unbekannt mit der Vorstellung der Pflicht, ist er für die Erfüllung langweilig laufender, alltäglicher Obliegenheiten sowenig zu gewinnen, wie man gewisse Hunde dazu bringt, über den Stock zu springen. Offensichtlich wäre es gegen seine Natur, und das entwaffnet und stimmt zum Verzicht. Aus einem bestimmten, ungewöhnlichen und amüsanten Anlaß wäre er bereit, zu jeder beliebigen Nachtstunde das Bett zu verlassen. Alltäglich aber steht er nicht vor acht Uhr auf – er tut es nicht, er springt nicht über den Stock; aber den ganzen Tag schallen die Äußerungen seiner gelösten Existenz, sein Mundharmonikaspiel, sein rauher, aber gefühlvoller Gesang, sein fröhliches Pfeifen aus dem Küchen-Souterrain ins obere Haus empor, während der Rauch seiner Zigaretten die Anrichte füllt. Er steht und sieht den gefallenen Damen zu, die arbeiten. Des Morgens, wenn der Professor frühstückt, reißt er auf dessen Schreibtisch das Kalenderblatt ab – sonst legt er keine Hand an das Zimmer. Er soll das Kalenderblatt in Ruhe lassen, Doktor Cornelius hat es ihm oftmals anbefohlen, da dieser dazu neigt, auch das nächste noch abzureißen, und so Gefahr läuft, aus aller Ordnung zu geraten. Aber diese Arbeit des Blattabreißens gefällt dem jungen Xaver, und darum läßt er sie sich nicht nehmen.

Übrigens ist er ein Kinderfreund, das gehört zu seinen gewinnenden Seiten. Er spielt aufs treuherzigste mit den Kleinen im Garten, schnitzt und bastelt ihnen talentvoll dieses und jenes, ja liest ihnen sogar mit seinen dicken Lippen aus ihren Büchern vor, was wunderlich genug zu hören ist. Das Kino liebt er von ganzer Seele und neigt zu Schwermut, Sehnsucht und Selbstgesprächen, wenn er es besucht hat. Unbestimmte Hoffnungen, dieser Welt eines Tages persönlich anzugehören und darin sein Glück zu machen, bewegen ihn. Er begründet sie auf sein Schüttelhaar und seine körperliche Gewandtheit und Waghalsigkeit. Öfters besteigt er die Esche im Vorgarten, einen hohen, aber schwanken Baum, klettert von Zweig zu Zweig bis in den obersten Wipfel, so daß jedem angst und bange wird, der ihm zusieht. Oben zündet er sich eine Zigarette an, schwingt sich hin und her, daß der hohe Mast bis in seine Wurzeln schwankt, und hält Ausschau nach einem Kino-Direktor, der des Weges kommen und ihn engagieren könnte.

Zöge er seine gestreifte Jacke aus und legte Zivil an, so könnte er einfach mittanzen; er würde nicht sonderlich aus dem Rahmen fallen. Die Freundschaft der »Großen« ist von gemischtem Äußeren: der bürgerliche Gesellschaftsanzug kommt wohl mehrmals vor unter den jungen Leuten, ist aber nicht herrschend: Typen von der Art des Lieder-Möller sind vielfach eingesprengt, und zwar sowohl weiblicherseits wie unter den jungen Herren. Dem Professor, der neben dem Sessel seiner Frau stehend ins Bild blickt, sind die sozialen Umstände dieses Nachwuchses beiläufig und vom Hörensagen bekannt. Es sind Gymnasiastinnen, Studentinnen und Kunstgewerblerinnen; es sind im männlichen Teil manchmal rein abenteuerliche und von der Zeit ganz eigens erfundene Existenzen. Ein bleicher, lang aufgeschossener Jüngling mit Perlen im Hemd, Sohn eines Zahnarztes, ist nichts als Börsenspekulant und lebt nach allem, was der Professor hört, in dieser

Eigenschaft wie Aladin mit der Wunderlampe. Er hält sich ein Auto, gibt seinen Freunden Champagner-Soupers und liebt es, bei jeder Gelegenheit Geschenke unter sie zu verteilen, kostbare kleine Andenken aus Gold und Perlmutter. Auch heute hat er den jungen Gastgebern Geschenke mitgebracht: einen goldenen Bleistift für Bert und für Ingrid ein Paar riesiger Ohrringe, wirklicher Ringe und von barbarischer Größe, die aber gottlob nicht im Ernst durchs Läppchen zu ziehen, sondern nur mit einer Zwicke darüber zu befestigen sind. Die »Großen« kommen und zeigen ihre Geschenke lachend den Eltern, und diese schütteln die Köpfe, indem sie sie bewundern, während Aladin sich wiederholt aus der Ferne verbeugt.

Die Jugend tanzt eifrig, soweit man es tanzen nennen kann, was sie da mit ruhiger Hingebung vollzieht. Das schiebt sich eigentümlich umfaßt und in neuartiger Haltung, den Unterleib vorgedrückt, die Schultern hochgezogen und mit einigem Wiegen der Hüften, nach undurchsichtiger Vorschrift schreitend, langsam auf dem Teppich umher, ohne zu ermüden, da man auf diese Weise gar nicht ermüden kann. Wogende Busen, erhöhte Wangen auch nur, sind nicht zu bemerken. Hie und da tanzen zwei junge Mädchen zusammen, zuweilen sogar zwei junge Männer; es ist ihnen alles einerlei. Sie gehen so zu den exotischen Klängen des Grammophons, das mit robusten Nadeln bedient wird, damit es laut klingt, und seine Shimmys, Foxtrotts und Onesteps erschallen läßt, diese Double Fox, Afrikanischen Shimmys, Java dances und Polka Creolas – wildes, parfümiertes Zeug, teils schmachtend, teils exerzierend, von fremdem Rhythmus, ein monotones, mit orchestralem Zierat, Schlagzeug, Geklimper und Schnalzen aufgeputztes Neger-Amüsement.

»Wie heißt die Platte?« erkundigt sich Cornelius bei der mit dem bleichen Spekulanten vorüberschiebenden Ingrid nach einem Stück, das nicht übel schmachtet und exerziert und ihn durch gewisse Einzelheiten der Erfindung vergleichsweise anmutet.

»Fürst von Pappenheim, Tröste dich, mein schönes Kind«, sagt sie und lächelt angenehm mit ihren weißen Zähnen.

Zigarettenrauch schwebt unter dem Kronleuchter. Der Geselligkeitsdunst hat sich verstärkt, – dieser trocken-süßliche, verdickte, erregende, an Ingredienzien reiche Festbrodem, der für jeden Menschen, besonders aber für den, der eine allzu empfindliche Jugend überstand, so voll ist von Erinnerungen unreifer Herzenspein ... Die »Kleinen« sind immer noch auf der Diele; bis acht dürfen sie mittun, da ihnen das Fest so große Freude macht. Die jungen Leute haben sich an ihre Teilnahme gewöhnt, sie gehören dazu auf ihre Art und gewissermaßen. Übrigens haben sie sich getrennt: Beißer dreht sich allein in seinem blausamtenen Kittelchen in der Mitte des Teppichs, während Lorchen drolligerweise hinter einem schiebenden Paare herläuft und den Tänzer an seinem Smoking festzuhalten sucht. Es ist Max Hergesell mit seiner Dame, der Plaichinger. Sie schieben gut, es ist ein Vergnügen, ihnen zuzusehen. Man muß einräumen, daß aus diesen Tänzen der wilden Neuzeit sehr wohl etwas Erfreuliches gemacht werden kann, wenn die rechten Leute sich ihrer annehmen. Der junge Hergesell führt vorzüglich, frei innerhalb der Regel, wie es scheint. Wie elegant er rückwärts auszuschreiten weiß, wenn Raum vorhanden ist! Aber auch auf dem Platz, im Gedränge versteht er sich mit Geschmack zu halten, unterstützt von der Schmiegsamkeit einer Partnerin, die die überraschende Grazie entwickelt, über welche volleibige Frauen manchmal verfügen. Sie plaudern Gesicht an Gesicht und scheinen das sie verfolgende Lorchen nicht zu beachten. Andere lachen über die Hartnäckigkeit der Kleinen, und Doktor Cornelius sucht, als die Gruppe an ihm vorüberkommt, sein Kindchen abzufangen und an sich zu ziehen. Aber Lorchen entwindet sich ihm fast gequält und will von Abel zurzeit nichts wissen. Sie kennt ihn nicht, stemmt das Ärmchen gegen seine Brust und strebt, das liebe Gesichtchen abgewandt, nervös und belästigt von ihm fort, ihrer Caprice nach.

Der Professor kann nicht umhin, sich schmerzlich berührt zu fühlen. In diesem Augenblick haßt er das Fest, das mit seinen Ingredienzien das Herz seines Lieblings verwirrt und es ihm entfremdet. Seine Liebe, diese nicht ganz tendenzlose, an ihrer Wurzel nicht ganz einwandfreie Liebe ist empfindlich. Er lächelt mechanisch, aber seine Augen haben sich getrübt und sich irgendwo vor ihm auf dem Teppichmuster, zwischen den Füßen der Tanzenden, ›festgesehen‹.

»Die Kleinen sollten zu Bette gehen«, sagt er zu seiner Frau. Aber sie bittet um noch eine Viertelstunde für die Kinder. Man habe sie ihnen zugesagt, da sie den Trubel so sehr genössen. Er lächelt wieder und schüttelt den Kopf, bleibt noch einen Augenblick an seinem Platz und geht dann in die Garderobe, die überfüllt ist von Mänteln, Tüchern, Hüten und Überschuhen.

Er hat Mühe, seine eigenen Sachen aus dem Wust

hervorzukramen, und darüber kommt Max Hergesell in die Garderobe, in dem er sich mit dem Taschentuch die Stirn wischt.

»Herr Professor«, sagt er im Tone aller Hergesells und dienert jugendlich, ». . . wollen Sie ausgehen? Das ist eine ganz blöde Kiste mit meinen Pumps, sie drücken wie Karl der Große. Das Zeug ist mir einfach zu klein, wie sich herausstellt, von der Härte ganz abgesehen. Es drückt mich hier auf den Nagel vom großen Zeh«, sagt er und steht auf einem Bein, während er den andern Fuß in beiden Händen hält, »daß es knapp in Worte zu fassen ist. Ich habe mich entschließen müssen, zu wechseln, die Straßenschuhe müssen nun doch dran glauben . . . Oh, darf ich Ihnen behilflich sein?«

»Aber danke!« sagt Cornelius. »Lassen Sie doch. Befreien Sie sich lieber von Ihrer Plage! Sehr liebenswürdig von Ihnen.« Denn Hergesell hat sich auf ein Knie niedergelassen und hakt ihm die Schließen seiner Überschuhe zu.

Der Professor bedankt sich, angenehm berührt von soviel respektvoll treuherziger Dienstfertigkeit. »Noch recht viel Vergnügen«, wünscht er, »wenn Sie gewechselt haben! Das geht natürlich nicht an, daß Sie in drückenden Schuhen tanzen. Unbedingt müssen Sie wechseln. Auf Wiedersehen, ich muß etwas Luft schöpfen.«

»Gleich tanze ich wieder mit Lorchen!« ruft Hergesell ihm noch nach. »Das wird mal eine prima Tänzerin, wenn sie in die Jahre kommt. Garantie!«

»Meinen Sie?« antwortet Cornelius vom Hausflur her. »Ja, Sie sind Fachmann und Champion. Daß Sie sich nur keine Rückgratverkrümmung zuziehen beim Bücken!«

Er winkt und geht. Netter Junge, denkt er, während er das Anwesen verläßt. Stud. ing., klare Direktion, alles in Ordnung. Dabei so gut aussehend und freundlich. – Und schon wieder faßt ihn der Vaterneid seines »armen Bert« wegen, diese Unruhe, die ihm die Existenz des fremden jungen Mannes im rosigsten Licht, die seines Sohnes aber im allertrübsten erscheinen läßt. So tritt er seinen Abendspaziergang an.

Er geht die Allee hinauf, über die Brücke und jenseits ein Stück flußaufwärts, die Uferpromenade entlang bis zur übernächsten Brücke. Es ist naßkalt und schneit zuweilen etwas. Er hat den Mantelkragen aufgestellt, hält den Stock im Rücken, die Krücke an den einen Oberarm gehakt und ventiliert dann und wann seine Lunge tief mit der winterlichen Abendluft. Wie gewöhnlich bei dieser Bewegung denkt er an seine wissenschaftlichen Angelegenheiten, sein Kolleg, die Sätze, die er morgen über Philipps Kampf gegen den germanischen Umsturz sprechen will, und die getränkt sein sollen mit Gerechtigkeit und Melancholie. Namentlich mit Gerechtigkeit! denkt er. Sie ist der Geist der Wissenschaft, das Prinzip der Erkenntnis und das Licht, in dem man den jungen Leuten die Dinge zeigen muß, sowohl um der geistigen Zucht willen wie auch aus menschlich-persönlichen Gründen: um nicht bei ihnen anzustoßen und sie nicht mittelbar in ihren politischen Gesinnungen zu verletzen, die heutzutage natürlich schrecklich zerklüftet und gegensätzlich sind, so daß viel Zündstoff vorhanden ist und man sich leicht das Gescharr der einen Seite zuziehen, womöglich Skandal erregen kann, wenn man historisch Partei nimmt. Aber Parteinahme, denkt er, ist eben auch unhistorisch; historisch allein ist die Gerechtigkeit. Nur allerdings, eben darum und wohlüberlegt ... Gerechtigkeit ist nicht Jugendhitze und frisch-fromm-fröhliche Entschlossenheit, sie ist Melancholie. Da sie jedoch von Natur Melancholie ist, so sympathisiert sie auch von Natur und insgeheim mit der melancholischen, der aussichtslosen Partei und Geschichtsmacht mehr als mit der frisch-fromm-fröhlichen. Am Ende besteht sie aus solcher Sympathie und wäre ohne sie gar nicht vorhanden? Am Ende gibt es also gar keine Gerechtigkeit? fragt sich der Professor und ist in diesen Gedanken so vertieft, daß er seine Briefe ganz unbewußt in den Kasten bei der übernächsten Brücke wirft und anfängt zurückzugehen. Es ist ein die Wissenschaft störender Gedanke, dem er da nachhängt, aber er ist selber Wissenschaft, Gewissensangelegenheit, Psychologie und muß pflichtgemäß vorurteilslos aufgenommen werden, ob er nun stört oder nicht ... Unter solchen Träumereien kehrt Doktor Cornelius nach Hause zurück.

Im Torbogen der Haustür steht Xaver und scheint nach ihm auszuschauen.

»Herr Professor«, sagt Xaver mit seinen dicken Lippen und wirft das Haar zurück, »gehen S' nur glei nauf zum Lorchen. Die hat's.«

»Was gibt es?« fragt Cornelius erschrocken. »Ist sie krank?«

»Ne, krank grad net«, antwortet Xaver. »Bloß erwischt hat sie's und recht weinen tut s' alleweil recht heftik. Es ist zwegn den Herrn, der wo mit ihr tanzt hat, den Frackjacketen, Herrn Hergesell. Net weg hat s' mögn von der Diele um kein Preis net und weint ganze Bäch. Recht erwischt hat sie's halt bereits recht heftik.«

»Unsinn«, sagt der Professor, der eingetreten ist und seine Sachen in die Garderobe wirft. Er sagt nichts weiter, öffnet die verkleidete Glastür zur Diele und gönnt der Tanzgesellschaft keinen Blick, während er rechtshin zur Treppe geht. Er nimmt die Treppe, indem er jede zweite Stufe überschlägt, und begibt sich über die obere Diele und noch einen kleinen Flur direkt ins Kinderzimmer, gefolgt von Xaver, der an der Tür stehen bleibt.

Im Kinderzimmer ist noch helles Licht. Ein bunter Bilderfries aus Papier läuft rings um die Wände, ein großes Regal ist da, das wirr mit Spielzeug gefüllt ist, ein Schaukelpferd mit rotlackierten Nüstern stemmt die Hufe auf seine geschwungenen Wiegebalken, und weiteres Spielzeug – eine kleine Trompete, Bauklötze, Eisenbahnwaggons – liegt noch auf dem Linoleum des Fußbodens umher. Die weißen Geländerbettchen stehen nicht weit voneinander: das Lorchens ganz in der Ecke am Fenster und Beißers einen Schritt davon, frei ins Zimmer hinein.

Beißer schläft. Er hat wie gewöhnlich, unter Blau-Anna's Assistenz, mit schallender Stimme gebetet und ist dann sofort in Schlaf gefallen, in seinen stürmischen, rot glühenden, ungeheuer festen Schlaf, in dem auch ein neben seinem Lager abgefeuerter Kanonenschuß ihn nicht stören würde: seine geballten Fäuste, aufs Kissen zurückgeworfen, liegen zu beiden Seiten des Kopfes, neben der von vehementem Schlaf zerzausten, verklebten, schlechtsitzenden kleinen Perücke.

Lorchens Bett ist von Frauen umgeben: außer der blauen Anna stehen auch die Damen Hinterhöfer an seinem Geländer und besprechen sich mit jener sowohl wie untereinander. Sie treten zur Seite, als der Professor sich nähert, und da sieht man denn Lorchen in ihren kleinen Kissen sitzen, bleich und so bitterlich weinend und schluchzend, wie Doktor Cornelius sich nicht erinnert, sie je gesehn zu haben. Ihre schönen, kleinen Hände liegen vor ihr auf der Decke, das mit einer schmalen Spitzenkante versehene Nachthemdchen ist ihr von einer ihrer spatzenhaft mageren Schultern geglitten, und den Kopf, dies süße Köpfchen, das Cornelius so liebt, weil es mit seinem vorgebauten Untergesichtchen so ungewöhnlich blütenhaft auf dem dünnen Stengel des Hälschens sitzt, hat sie schräg in den Nacken gelegt, so daß ihre weinenden Augen hinauf in den Winkel von Decke und Wand gerichtet sind, und dorthin scheint sie ihrem eigenen großen Herzeleid beständig zuzunicken; denn sei es willkürlich und ausdrucksweise, sei es durch die Erschütterung des Schluchzens – ihr Köpfchen nickt und wackelt immerfort, ihr beweglicher Mund aber, mit der bogenförmig geschnittenen Oberlippe, ist halb geöffnet, wie bei einer kleinen mater dolorosa, und während die Tränen ihren Augen entstürzen, stößt sie monotone Klagelaute aus, die nichts mit dem ärgerlichen und überflüssigen Geschrei unartiger Kinder zu tun haben, sondern aus wirklicher Herzensnot kommen und dem Professor, der Lorchen überhaupt nicht weinen sehen kann, sie aber so noch nie gesehen hat, ein unerträgliches Mitleid zufügen.

Dies Mitleid äußert sich vor allem in schärfster Nervosität gegen die beistehenden Damen Hinterhöfer.

»Mit dem Abendessen«, sagt er bewegt, »gibt es sicher eine Menge zu tun. Wie es scheint, überläßt man es der gnädigen Frau allein, sich darum zu kümmern?«

Das genügt für die Feinhörigkeit ehemaliger Mittelstandspersonen. In echter Gekränktheit entfernen sie sich, an der Tür noch mimisch verhöhnt von Xaver Kleinsgütl, der frischweg und von vornherein gleich niedrig geboren ist und dem die Gesunkenheit der Damen allezeit den größten Spaß macht.

»Kindchen, Kindchen«, sagt Cornelius gepreßt und schließt das leidende Lorchen in seine Arme, indem er sich auf den Stuhl am Gitterbettchen niederläßt. »Was ist denn mit meinem Kindchen?!«

Sie benäßt sein Gesicht mit ihren Tränen.

»Abel ... Abel ...«, stammelt sie schluchzend, »warum ... ist ... Max ... nicht mein Bruder? Max ... soll ... mein Bruder sein ...«

Was für ein Unglück, was für ein peinliches Unglück! Was hat die Tanzgeselligkeit da angerichtet mit ihren Ingredienzien! denkt Cornelius und blickt in voller Ratlosigkeit zur blauen Kinds-Anna auf, welche, die Hände auf der Schürze zusammengelegt, in würdiger Beschränktheit am Fußende des Bettchens steht.

»Es verhält sich an dem«, sagt sie streng und weise, mit angezogener Unterlippe, »daß bei dem Kind die weiblichen Triebe ganz uhngemein lepphaft in Vorschein treten.«

»Halten Sie doch den Mund«, antwortet Cornelius gequält. Er muß noch froh sein, daß Lorchen sich ihm wenigstens nicht entzieht, ihn nicht von sich weist, wie vorhin auf der Diele, sondern sich hilfesuchend an ihn schmiegt, während sie ihren törichten, verworrenen Wunsch wiederholt, daß Max doch ihr Bruder sein möchte, und aufjammernd verlangt, zu ihm, auf die Diele, zurückzukehren, damit er wieder mit ihr tanze.

Aber Max tanzt ja auf der Diele mit Fräulein Plaichinger, die ein ausgewachsener Koloß ist und alle Rechte auf ihn hat – während Lorchen dem von Mitleid zerrissenen Professor noch nie so winzig und spatzenhaft vorgekommen ist wie jetzt, da sie sich hilflos, von Schluchzen gestoßen, an ihn schmiegt und nicht weiß, wie ihrem armen Seelchen geschieht. Sie weiß es nicht. Es ist ihr nicht deutlich, daß sie um der dicken, ausgewachsenen, vollberechtigten Plaichinger willen leidet, die auf der Diele mit Max Hergesell tanzen darf, während Lorchen es nur spaßeshalber einmal durfte, nur im Scherz, obgleich sie die unvergleichlich Lieblichere ist. Daraus aber dem jungen Hergesell einen Vorwurf zu machen, ist durchaus unmöglich, da es eine wahnsinnige Zumutung an ihn enthalten würde. Lorchens Kummer ist recht- und heillos und müßte sich also verbergen. Da er aber ohne Verstand ist, ist er auch ohne Hemmung, und das erzeugt eine große Peinlichkeit. Blau-Anna und Xaver machen sich gar nichts aus dieser Peinlichkeit, zeigen sich unempfindlich für sie, sei es aus Dummheit, sei es aus trockenem Natursinn. Aber des Professors Vaterherz ist ganz zerrissen von ihr und von den beschämenden Schrecken der recht- und heillosen Leidenschaft.

Es hilft nichts, daß er dem armen Lorchen vorhält, wie sie ja doch einen ausgezeichneten kleinen Bruder habe, in der Person des heftig schlafenden Beißers nebenan. Sie wirft nur durch ihre Tränen einen verächtlichen Schmerzensblick hinüber zum anderen Bettchen und verlangt nach Max. Es hilft auch nichts, daß er ihr für morgen einen ausgedehnten Fünf-Herren-Spaziergang ums Eßzimmer verspricht und ihr zu schildern versucht, in welcher glänzenden Ausführlichkeit sie das Kissenspiel vor Tische vollziehen wollen. Sie will von alldem nichts wissen, auch nicht davon, sich niederzulegen und einzuschlafen. Sie will nicht schlafen, sie will aufrecht sitzen und leiden ... Aber da horchen beide, Abel und Lorchen, auf etwas Wunderbares, was nun geschieht, was sich schrittweise, in zwei Paar Schritten, dem Kinderzimmer nähert und überwältigend in Erscheinung tritt ...

Es ist Xavers Werk – sofort wird das klar. Xaver Kleinsgütl ist nicht die ganze Zeit an der Tür gestanden, wo er die ausgewiesenen Damen verhöhnte. Er hat sich geregt, etwas unternommen und seine Anstalten getroffen. Er ist auf die Diele hinuntergestiegen, hat Herrn Hergesell am Ärmel gezogen, ihm mit seinen dicken Lippen etwas gesagt und eine Bitte an ihn gerichtet. Da sind sie nun beide. Xaver bleibt wiederum an der Tür zurück, nachdem er das Seine getan; aber Max Hergesell kommt durch das Zimmer auf Lorchens Gitterbett zu, in seinem Smoking, mit seinem kleinen dunklen Backenbart-Anflug neben den Ohren und seinen hübschen schwarzen Augen – kommt daher im sichtlichen Vollgefühl seiner Rolle als Glückbringer, Märchenprinz und Schwanenritter, wie einer, der sagt: Nun denn, da bin ich, alle Not hat nun restlos ein Ende!

Cornelius ist fast ebenso überwältigt wie Lorchen.

»Sieh einmal«, sagt er schwach, »wer da kommt. Das ist aber außerordentlich freundlich von Herrn Hergesell.«

»Das ist gar nicht besonders freundlich von ihm!« sagt Hergesell. »Das ist ganz selbstverständlich, daß er noch mal nach seiner Tänzerin sieht und ihr gute Nacht sagt.«

Und er tritt an das Gitter, hinter dem das verstummte Lorchen sitzt. Sie lächelt selig durch ihre Tränen. Ein kleiner, hoher Laut, ein halbes Seufzen des Glücks kommt noch aus ihrem Mund, und dann blickt sie schweigend zum Schwanenritter auf, mit ihren goldnen Augen, die, obgleich nun verquollen und rot, so unvergleichlich viel lieblicher sind als die der vollbeleibten Plaichinger. Sie hebt nicht die Ärmchen, ihn zu umhalsen. Ihr Glück, wie ihr Schmerz, ist ohne Verstand, aber sie tut das nicht. Ihre schönen, kleinen Hände bleiben still auf der Decke, während Max Hergesell sich mit den Armen auf das Gitter stützt wie auf eine Balkonbrüstung.

»Damit sie nicht«, sagt er, »auf ihrem Bette weinend sitzt die kummervollen Nächte!« Und er äugelt nach dem Professor, um Beifall einzuheimsen für seine Bildung. »Ha, ha, ha, in den Jahren! ›Tröste dich, mein schönes Kind!‹ Du bist gut. Aus dir kann was werden. Du brauchst bloß zu bleiben. Ha, ha, ha, in den Jahren! Wirst du nun schlafen und nicht mehr weinen, Loreleyerl, wo ich gekommen bin?«

Verklärt blickt Lorchen ihn an. Ihr Spatzenschulterchen ist bloß; der Professor zieht ihr die schmale Klöppelborte darüber. Er muß an eine sentimentale Geschichte denken von dem sterbenden Kind, dem man einen Clown bestellt, den es im Zirkus mit unauslöschlichem Entzücken gesehen. Er kam im Kostüm zu dem Kind in dessen letzter Stunde, vorn und hinten mit silbernen Schmetterlingen bestickt, und es starb in Seligkeit. Max Hergesell ist nicht bestickt, und Lorchen soll gottlob nicht sterben, sondern es hat sie nur »recht heftik erwischt«; aber sonst ist es wirklich eine verwandte

Geschichte, und die Empfindungen, die den Professor gegen den jungen Hergesell beseelen, der da lehnt und gar dämlich schwatzt - mehr für den Vater als für das Kind, was Lorchen aber nicht merkt -, sind ganz eigentümlich aus Dankbarkeit, Verlegenheit, Haß und Bewunderung zusammengequirlt.

»Gute Nacht, Loreleyerl!« sagt Hergesell und gibt ihr über das Gitter die Hand. Ihr kleines, schönes, weißes Händchen verschwindet in seiner großen, kräftigen, rötlichen. »Schlafe gut«, sagt er. »Träume süß! Aber nicht von mir! Um Gottes willen! In den Jahren! Ha, ha, ha!« Und er beendet seinen märchenhaften Clownsbesuch, von Cornelius zur Tür geleitet.

»Aber nichts zu danken! Aber absolut kein Wort zu verlieren!« wehrt er höflich-hochherzig ab, während sie zusammen dorthin gehen; und Xaver schließt sich ihm an, um drunten den italienischen Salat zu servieren.

Aber Doktor Cornelius kehrt zu Lorchen zurück, die sich nun niedergelassen, die Wange auf ihr flaches kleines Kopfkissen gelegt hat.

»Das war aber schön«, sagt er, während er zart die Decke über ihr ordnet, und sie nickt mit einem nachschluchzenden Atemzug. Wohl noch eine Viertelstunde sitzt er am Gitter und sieht sie entschlummern, dem Brüderchen nach, das den guten Weg schon soviel früher gefunden. Ihr seidiges braunes Haar gewinnt den schönen, geringelten Fall, den es im Schlafe zu zeigen pflegt; tief liegen die langen Wimpern über den Augen, aus denen sich soviel Leid ergossen; der engelhafte Mund mit der gewölbten, geschwungenen Oberlippe steht in süßer Befriedigung offen, und nur noch manchmal zittert in ihrem langsamen Atem ein verspätetes Schluchzen nach.

Und ihre Händchen, die weiß-rosig blütenhaften Händchen, wie sie da ruhen, das eine auf dem Blau der Steppdecke, das andere vor ihrem Gesicht auf dem Kissen! Doktor Cornelius' Herz füllt sich mit Zärtlichkeit wie mit Wein.

Welch ein Glück, denkt er, daß Lethe mit jedem Atemzug dieses Schlummers in ihre kleine Seele strömt; daß so eine Kindernacht zwischen Tag und Tag einen tiefen und breiten Abgrund bildet! Morgen, das ist gewiß, wird der junge Hergesell nur noch ein blasser Schatten sein, unkräftig, ihrem Herzen irgendwelche Verstörung zuzufügen, und in gedächtnisloser Lust wird sie mit Abel und Beißer dem Fünf-Herren-Spaziergang, dem spannenden Kissenspiel obliegen.

Dem Himmel sei Dank dafür!

[1925]

Nachbemerkung über Thomas Mann, den Ruhm und den Rang

Die Auswahl dieser neun aus insgesamt 32 Erzählungen folgte hemmungslos dem Lustprinzip und der leisen pädagogischen Hoffnung, der Leser möge diesem bei der Lektüre — bei jeder Lektüre — auch verfallen.

Die umfangreichen Novellen, kleine Romane fast, wie »Der Tod in Venedig«, »Herr und Hund«, »Die vertauschten Köpfe« und »Die Betrogene« fehlen allein schon aus Platzgründen, andere schöne Geschichten fehlen leider aus Rechtsgründen.

An ein weiteres Bildungsbuch jedenfalls war nicht gedacht, im Gegenteil, dies sei ein Unbildungsbuch: der Leser, der nichts oder nur wenig und dies schulgeschädigt zwangsweise von Thomas Mann kennt, möge für die Dauer eines Gedankenspiels versuchen, ihn gleichsam im Stande literarischer Unschuld zu lesen. Nichts schwerer als das. Selbst wer nichts von ihm weiß, weiß bereits zuviel: mit zuviel Bildungsgut ist dieser Mann beladen, zuviele Feuilletons, Funk- und Fernsehsendungen, Festakte und Tagungen, Ausstellungen und Ausgaben und die Werbekampagnen dafür lagern drückend darauf, haben die meisten schon satt gemacht, ehe überhaupt aufgetragen wurde.

Und man findet sich mit einem Bekenntnis zu Thomas Mann tatsächlich in einer merkwürdigen Gesellschaft von Würdenträgern, Schulmeistern, dichtenden Professoren und Großkritikern, die in der Gegenwartsliteratur stets mit sicherem Griff das Falsche fassen, daß man, läßt man sich darauf ein, sich betreten umblickt und gebannt auf eine moralisch-politisch argumentierende Opposition starrt, die sich an Thomas Manns schwankender Meinung und Haltung zu diesem oder jenem Tagesthema, seiner komfortablen Lebensführung, seiner sich in den Tagebüchern penetrant dokumentierenden Wehleidigkeit, seinem Erfolg zu Lebzeiten reibt und allerhand Richtiges auszusagen und -zusetzen weiß.

Und wenn tatsächlich auch mal die Literatur in Rede steht, geht sie gleich wissenschaftliche Wege: war er nicht eher Abschließer als Aufbrecher? welche Richtung geht von ihm aus, während doch — und schon fliegen einem die Köpfe von Brecht, Döblin, Musil, Kafka, Joseph Roth oder Hans Henny Jahnn an den Kopf, der immer wirrer und irrer wird und die naive Frage nicht mehr wagt: sind seine Bücher nicht immer noch unvergleichlich lesbar, unterhaltsam und anregend? Ob Thomas Mann der Repräsentant deutscher Demokratie oder ein präpotenter Poseur war — ob er als letzter eine literaturhistorisch rubrizierte Epoche abgeschlossen oder ein Heer von Proselyten, die so schreiben wie er nur nicht so gut wie er, hinterlassen hat — ist für die Frage nach seinem Rang völlig unerheblich. Der Konformismus der Alternativen ist ebenso schwachsinnig wie verbreitet: daß Brecht das epische Theater geschaffen, Döblin eine dem modernen Großstadtleben entsprechende neue Form gefunden, Kafka eine bedrückende Parabel der Welt gestaltet, Musil den komplexen Essay-Roman vorangetrieben und Benn die expressionistische Lyrik eingeleitet hat — was hat das mit Thomas Mann zu tun?

Dieser Nobelpreis-gekrönte Ruhm zu Lebzeiten, der seit den »Buddenbrooks« unvermindert anhaltende Erfolg, das bourgeoise Gehabe, der dabei leicht komische Anspruch des Repräsentanten — das macht wohl heute instinktiv mißtrauisch. Immer wieder muß etwas Außerliterarisches, im Biographischen Begründetes zur Beurteilung von Literatur herhalten. Einige Exempel zeigen, daß in Sachen Ruhm und Rang jede Kombination vorkommt:

Shakespeare war zu Lebzeiten sehr erfolgreich, aber keineswegs als Weltgenie erkannt, sein Zeit- und Zunftgenosse

Ben Jonson galt als weit bedeutender, er beherrschte die alten Sprachen, war rundum gebildet, und nie wären ihm Schnitzer unterlaufen, daß Böhmen am Meer liegt oder in Caesars Rom eine Turmuhr zwölf schlägt, Shakespeare war ein unterhaltender, etwas anrüchiger Schaubudenbesitzer; *Molière* war zu Lebzeiten sehr erfolgreich, aber für König und Kritiker konnte nicht wirklich bedeutend sein, was sie amüsierte, während die ledernen Häuptlinge Corneille und Racine als gewichtig gerühmt wurden; *Goethe* war bekanntermaßen weltbekannt und bereits Legende zu Lebzeiten; *Kleist*, sicher der bedeutendere Dramatiker, erlebte nicht eine Aufführung seiner Stücke; *Jean Paul* wurde zu Lebzeiten geliebt und gelesen, verschwand für ein Jahrhundert in Vergessenheit, um ausgerechnet durch Stefan George wieder ans literarische Licht gebracht zu werden; *Paul Heyse*, Star-Autor seiner Zeit und erster deutscher Nobelpreisträger, ist nur noch als Novellen-Theoretiker bei Germanisten zu Unrecht unvergessen; *Robert Walser* wird trotz allerhöchster Fürsprache weder einst noch jetzt populär; desgleichen *Robert Musil* und *Hans Henny Jahnn* — jeweils aus ganz verschiedenen Gründen; *Arthur Schopenhauer* mußte ein Greis werden, *Kafka* sterben, um zur Weltgeltung zu gelangen; was den viel esoterischeren *Heidegger* und *Sartre*, wiederum aus jeweils ganz anderen Gründen, mühelos zu Lebzeiten gelang. — Und so unangefochten ist auch Thomas Mann nicht in Walhalla einspaziert: die wort- und mächtigsten Kritiker seiner Zeit suchten das heftig zu verhindern: Theodor Lessing, Kurt Hiller und Alfred Kerr, dessen ganze Existenz aus literarischen Fehlgriffen bestand — wenn die Kritiker heute den prominentesten Preis ihrer Zunft nach ihm benennen, handeln sie ausnahmsweise völlig richtig —; dem angeschlossen war der konzertierte, wenn auch nicht stets offen artikulierte Haß der Kollegen Roth, Döblin, Brecht, Musil — der viel verzeihlicher ist, weil eine produktive Intelligenz die andere oft geradezu ausschließt, sowas gipfelt dann in Tolstoi, der nicht behauptet, der *beweist*, was für ein Nichtskönner und Charlatan Shakespeare war.

Daß auch da Subtilitäten der Urteilskraft den Rang eines Autors bekräftigen, beweisen zwei Thomas Mann nun in allem diametral entgegengesetzte große Autoren: Kafka und Benn: der eine hat neidlos bewundert, der andere widerwillig seinen Respekt bezeugt. Es gibt kein hinterhältigeres, hämischeres und rachsüchtigeres Volk als die Literaten; dem ganzen Gewusel ihrer verzwickt taktierenden Beziehungen nachzuspüren ist von hohem Unterhaltungswert, wird heute wissenschaftlich betrieben und dann Literatursoziologie genannt — wobei es an Unterhaltungswert erheblich einbüßt — und hat mit literarischer Urteilsfindung, die fünf Minuten nach dem Tod des Betroffenen noch von Bedeutung ist, nichts zu tun. Da finden sich Benn, Brecht und Thomas Mann einträchtig nebeneinander, auch wenn keiner den anderen ausstehen konnte. Und da befinden sich Benn, Brecht und Thomas Mann ebenfalls in der nämlichen mißlichen Lage, gegen die sich der erste gesträubt, die der zweite heimlich und der letzte offen angestrebt hat: sie sind Klassiker geworden und in Folge davon: offiziell vereinnahmt und entschärft. Die Literatur kann sich dagegen nicht wehren: daß die Mechanik der gemeinen Geschäfts- und Erfolgswelt unverändert und -vermindert auch da Anwendung findet, wo ausschließlich eine Gegenwelt ihr Gegenstand ist: das Erfolglose, Unangepaßte, Unterdrückte, Abseitige, Schwierige, Schwächliche, Diffizile, Differenzierte, Sensible, Nervöse, das immer in irgendeiner Form nicht Normierte ist Anlaß und Ausdruck aller Kunst.

Eine der erbitterndsten persönlichen Erfahrungen in diesem Zusammenhang war die schulische Behandlung des zweiten Kapitels im elften Teil der »Buddenbrooks«, darstellend die Leiden des jungen Hanno B. unter eben dem ganzen Schulbetrieb; die Decouvrierung eines Systems, das sich Alles peinigend in abfragbare und benotbare Portionen zuschneidet, wurde vom System skrupellos für das System benützbar aufbereitet. Die Literatur ist tatsächlich bis zur Leblosigkeit von den Leichenfingern der Schulmeister gewürgt worden. Und doch hat sie nur ihr eigentümliche subversive Kräfte, die im Einzelnen wirksam werden, wenn es der Literatur gelingt, das Bildungspack vergessen und unmittelbar betroffen zu machen. Mag der Schulbetrieb Thomas Mann weiter als Folterinstrument einsetzen — das Schulkapitel der »Buddenbrooks« hat die stupide Lächerlichkeit der Anstalten in Spiritus eingemacht und zur ewigen Besichtigung ausgestellt.

Auf der anderen Seite gibt es den Protest-Snobismus, der die »Buddenbrooks«, weil da diverse Buchclub-Ausgaben in prächtigen Kunsthalblederbänden mit üppig ornamentierender Goldrückenprägung wertvolle Teak-Wohnwände der Bürgerstuben zieren, bereits für ausreichend erledigt hält, das Ganze sei so zwischen Familie Trapp und Schloß Hubertus anzusiedeln. Tatsächlich lassen sich die »Buddenbrooks« auch auf der Ebene eines Familienschinkens verstehen und genießen. Daß dieser Roman das alles aushält und gleichzeitig ein formal-artistisch kompromißloses Meisterstück geworden ist — zeigt seine Spannweite und damit seinen Rang. Literatur ist dann groß, wenn sie auf vielen Ebenen verstanden und genossen werden kann, wenn das Private allgemeine, das Provinzielle universelle Bedeutung gewinnt. Und solang sie das nicht hat, mag sie alles sein: tiefsinnig, geistvoll, geschmackvoll, kunstvoll, kauzig, innovativ, stilbildend, Perspektiven aufzeigend, Wege weisend — groß im Sinne der Weltliteratur ist sie nicht. Und einen großen deutschen Roman hat es vor den »Buddenbrooks« nicht gegeben — auch die »Wahlverwandtschaften« können nicht mit »Rot und Schwarz«, »Der grüne Heinrich« nicht mit den »Verlorenen Illusionen«, »Der Nachsommer« nicht mit den »Toten Seelen«, der »Abu Telfan« nicht mit »Moby-Dick« und leider auch »Effi Briest« nicht mit »Madame

Bovary« verglichen werden; desgleichen blieb die vielgerühmte deutsche Novellistik, mit der Ausnahme Kleist, provinziell, rührend, gemütlich und Seminarliteratur, während Poe, Maupassant, Tschechow immerfort mitleben und unter Deutschen erst in Thomas Mann einen Zeitgenossen fanden. Wer Augen hat, zu lesen, kann sich durch diese Sammlung leicht überzeugen.

Für H. *G. H.*